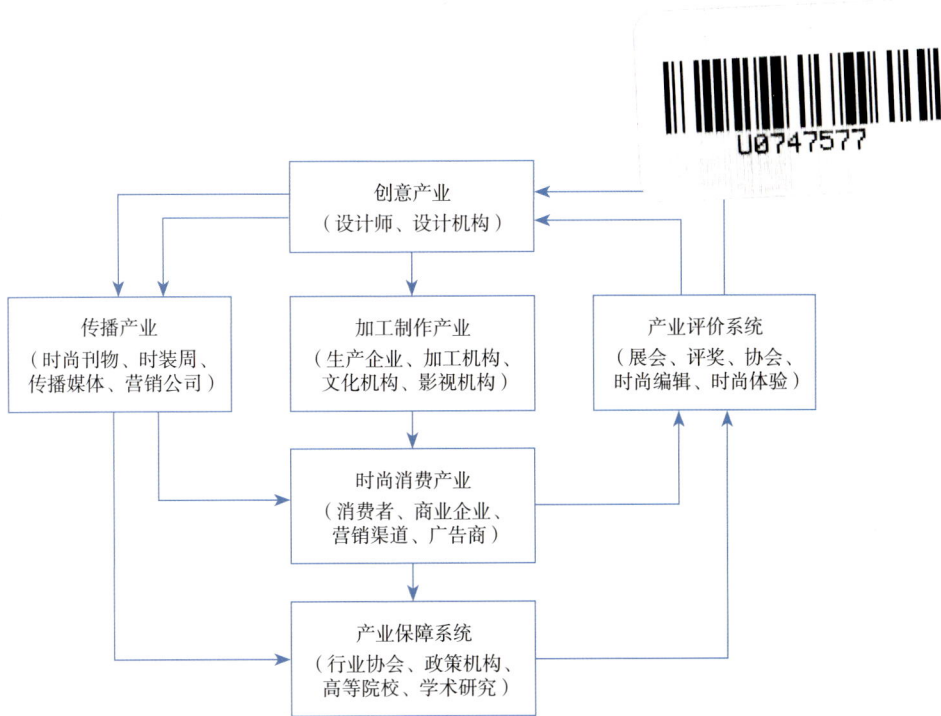

图1-1 时尚产业的分类（按产业链角度）

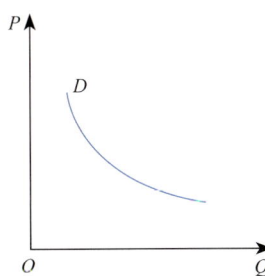

图2-1 需求曲线

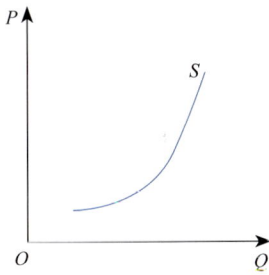

图2-2 供给曲线

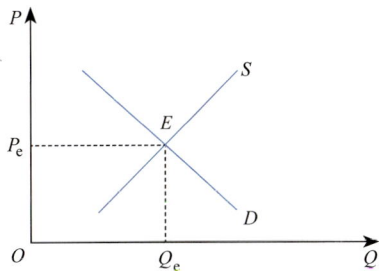

图2-3 均衡价格和均衡数量的形成

图2-4 中国服装行业主要分类情况

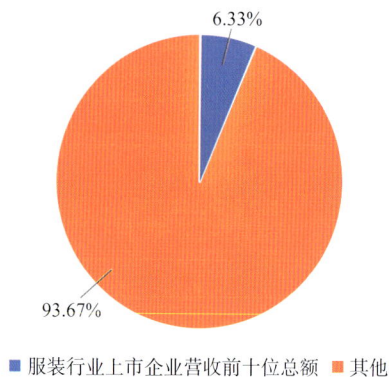

图2-5 2022年中国服装行业上市企业市场份额占比

■ 服装行业上市企业营收前十位总额 ■ 其他

6.33%

93.67%

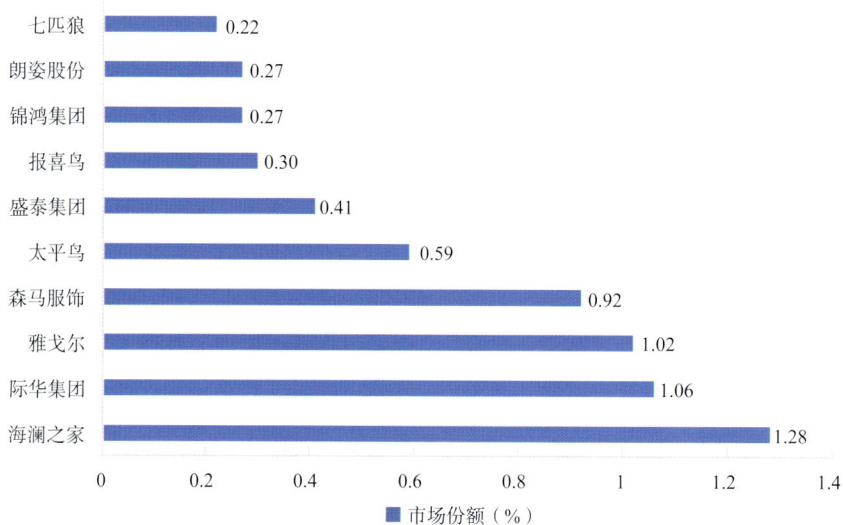

图2-6 2022年中国服装行业A股上市企业营收前十位市场份额

七匹狼 0.22
朗姿股份 0.27
锦鸿集团 0.27
报喜鸟 0.30
盛泰集团 0.41
太平鸟 0.59
森马服饰 0.92
雅戈尔 1.02
际华集团 1.06
海澜之家 1.28

■ 市场份额（%）

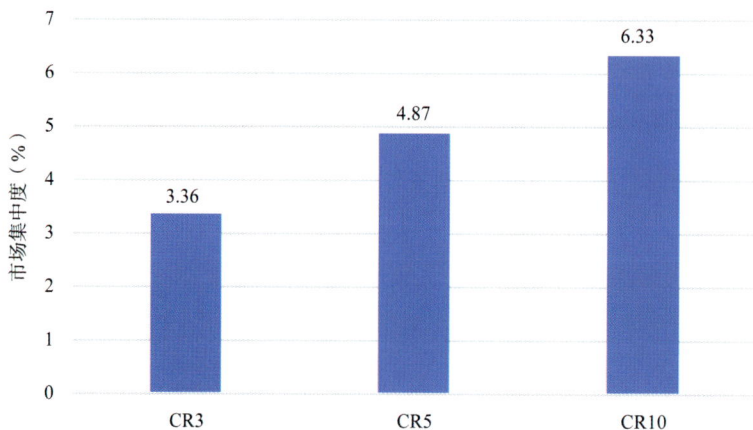

图2-7 2022年中国服装行业市场集中度

CR3 3.36
CR5 4.87
CR10 6.33

市场集中度（%）

销售额与利润额

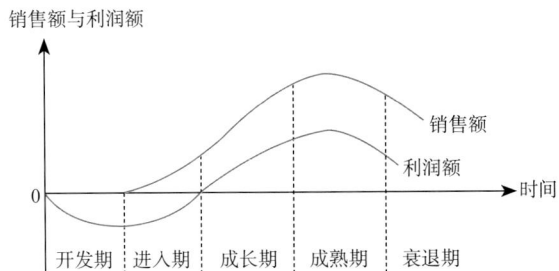

图2-8 产品生命周期

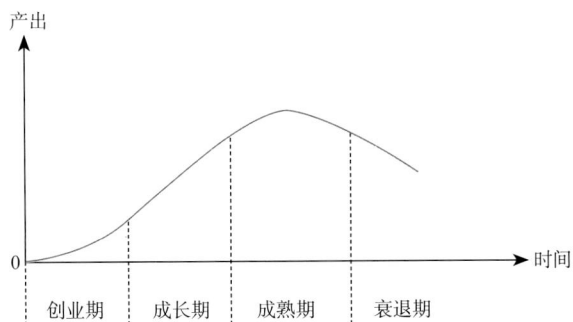

产出

图2-9 企业生命周期

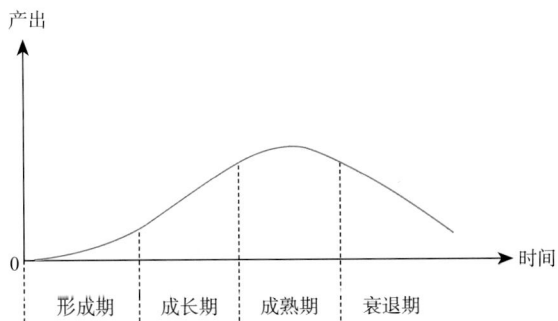

产出

图2-10 产业生命周期

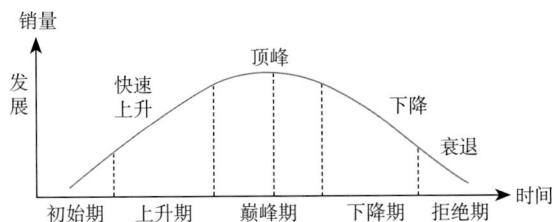

销量

图2-11 时尚生命周期曲线

开发期 进入期 成长期 成熟期 衰退期

时间

销售额

利润额

创业期 成长期 成熟期 衰退期

时间

形成期 成长期 成熟期 衰退期

时间

发展 快速上升 顶峰 下降 衰退

初始期 上升期 巅峰期 下降期 拒绝期

时间

时尚经济 —— 与时尚产业相关的一系列经济活动和经济形态

时尚产品的创意设计、生产加工、营销、传播、商贸流通等一系列工业或服务业的经营性活动总称 —— 时尚产业

时尚产品 —— 体现当今时尚、具有一定附加值和时代先进性的符合市场需求的产品

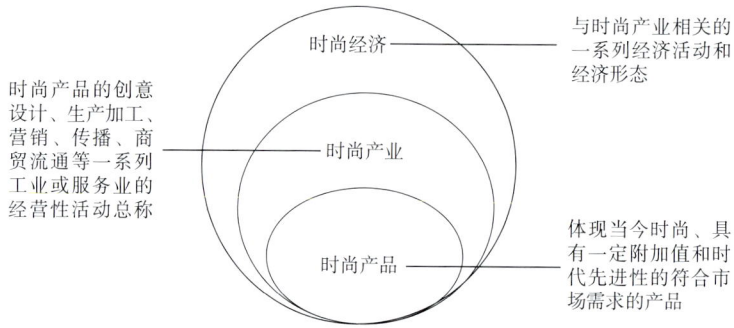

图3-1 时尚产品、时尚产业与时尚经济关系图

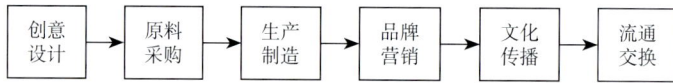

创意设计 → 原料采购 → 生产制造 → 品牌营销 → 文化传播 → 流通交换

图3-2 时尚产业价值链

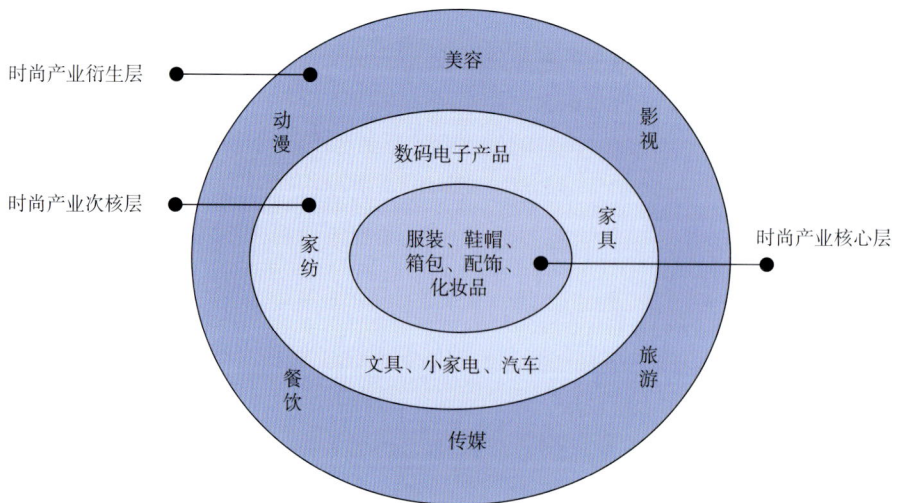

时尚产业衍生层 ●

时尚产业次核层 ●

美容

影视

动漫

数码电子产品

家具

家纺

服装、鞋帽、箱包、配饰、化妆品

时尚产业核心层 ●

餐饮

文具、小家电、汽车

旅游

传媒

图3-3 时尚涉及的范畴图

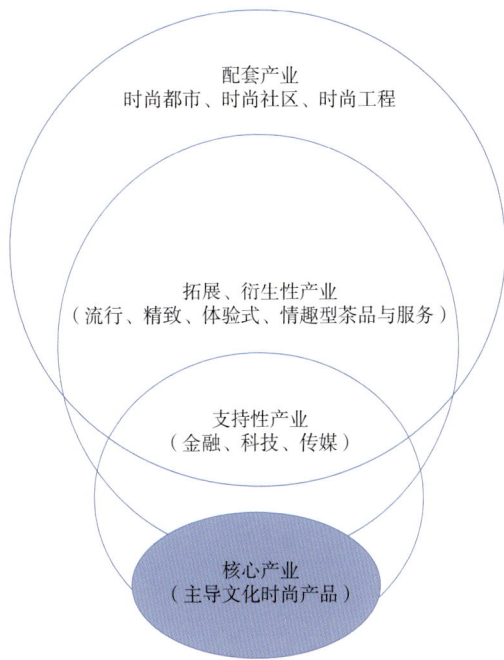

图3-4　时尚产业的价值系统与产业链体系

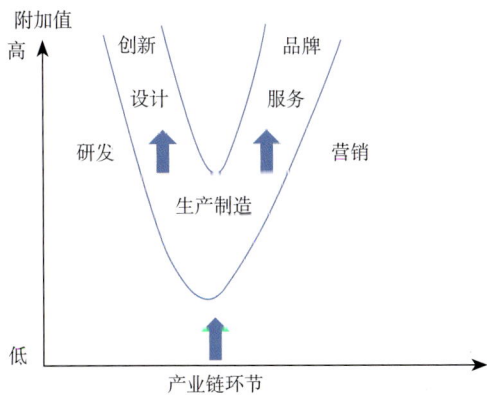

图3-5　时尚产业价值分布特征

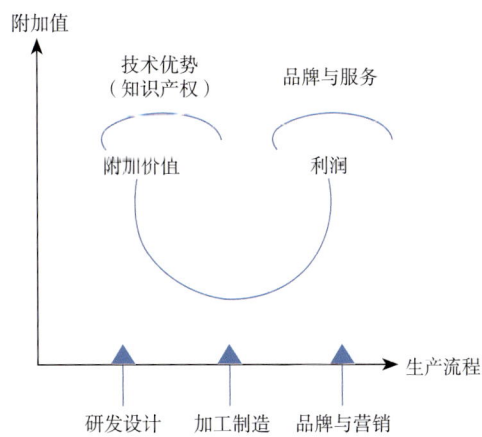

图3-6　新兴产业价值分布特征

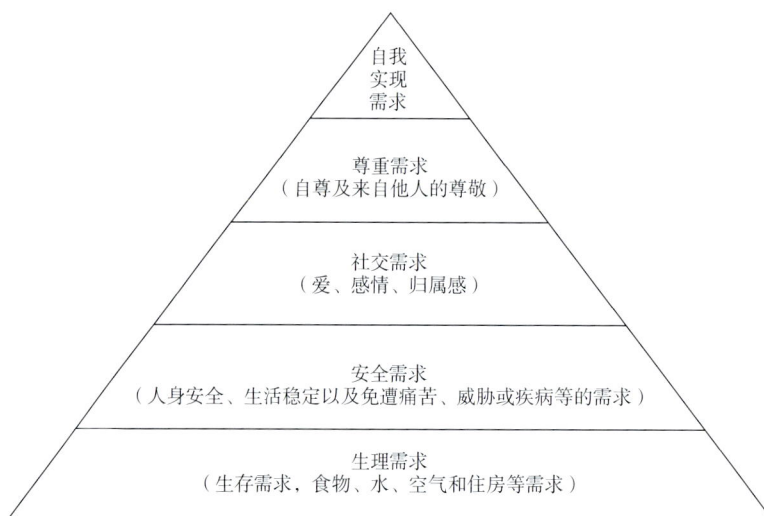

图3-7 马斯洛需求层次理论

图3-8 2019～2022年全国规模以上文化及相关产业企业营业收入情况

图4-1　2016~2022年规模以上家纺企业营业收入

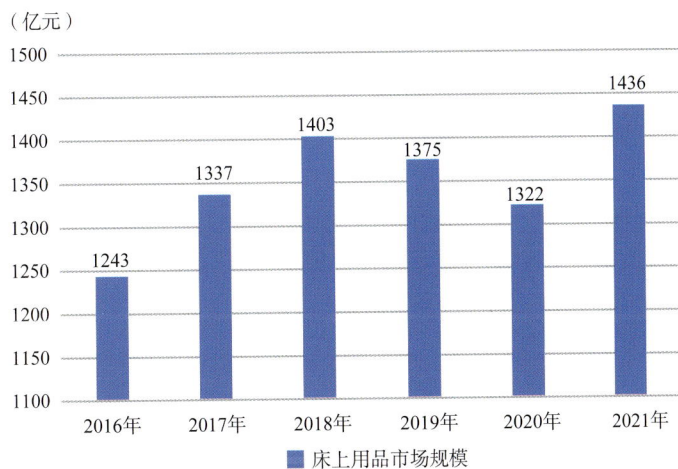

图4-2　2016~2021年中国床上用品行业市场规模

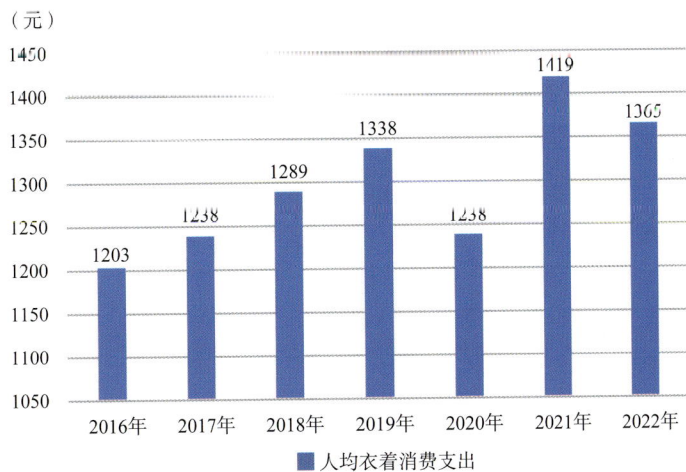

图4-3　2016~2022年我国居民衣着消费支出

（亿元）

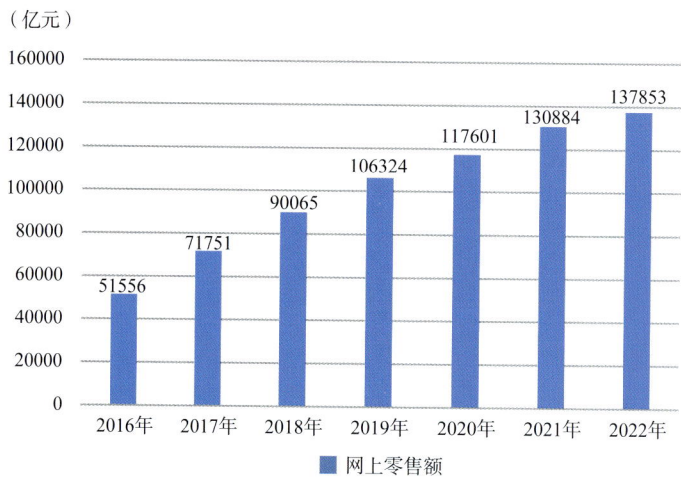

图4-4　2016～2022年我国网上零售额

（元）

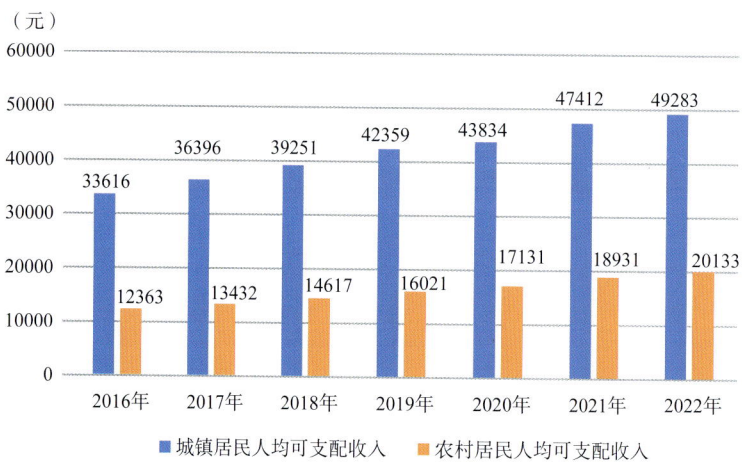

图4-5　2016～2022年我国城镇与农村居民人均可支配收入

（元）

图4-6 2016~2022年我国城镇与农村居民人均衣着消费

图例：
■ 城镇居民人均衣着消费支出
■ 农村居民人均衣着消费支出

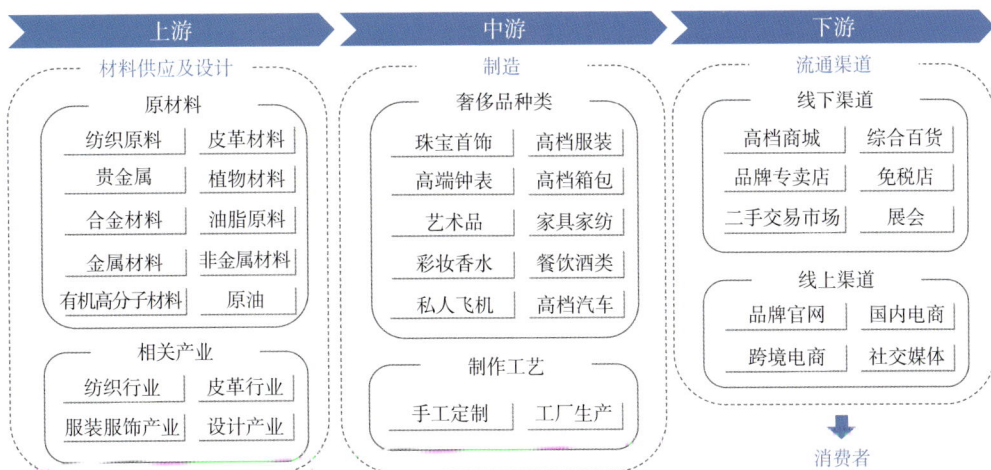

上游	中游	下游
材料供应及设计	制造	流通渠道

上游 材料供应及设计

原材料
纺织原料　皮革材料
贵金属　　植物材料
合金材料　油脂原料
金属材料　非金属材料
有机高分子材料　原油

相关产业
纺织行业　皮革行业
服装服饰产业　设计产业

中游 制造

奢侈品种类
珠宝首饰　高档服装
高端钟表　高档箱包
艺术品　　家具家纺
彩妆香水　餐饮酒类
私人飞机　高档汽车

制作工艺
手工定制　工厂生产

下游 流通渠道

线下渠道
高档商城　综合百货
品牌专卖店　免税店
二手交易市场　展会

线上渠道
品牌官网　国内电商
跨境电商　社交媒体

消费者

图5-1 奢侈品产业链示意图

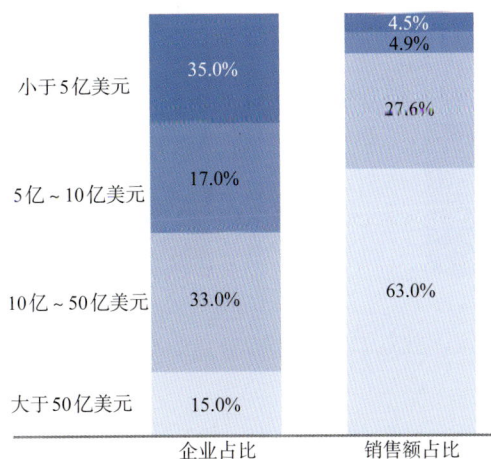

图5-2 2020年全球奢侈品百强企业销售额分布

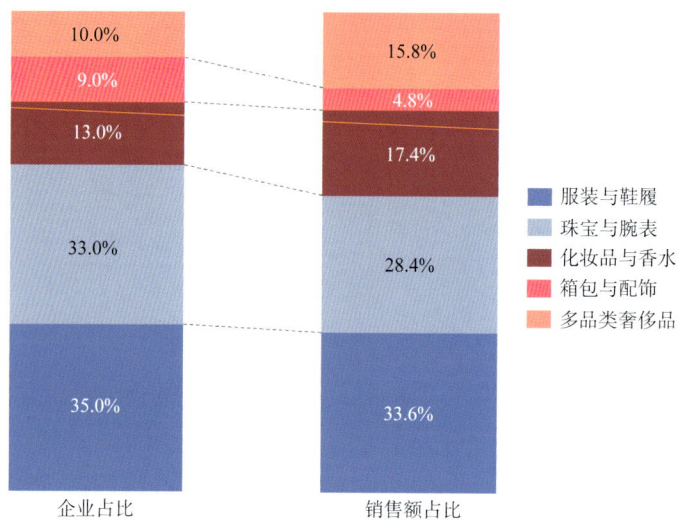

图5-3　2020年各产品板块百强企业、销售额占比 ❶

图中图例：
- 服装与鞋履
- 珠宝与腕表
- 化妆品与香水
- 箱包与配饰
- 多品类奢侈品

企业占比：
- 10.0%
- 9.0%
- 13.0%
- 33.0%
- 35.0%

销售额占比：
- 15.8%
- 4.8%
- 17.4%
- 28.4%
- 33.6%

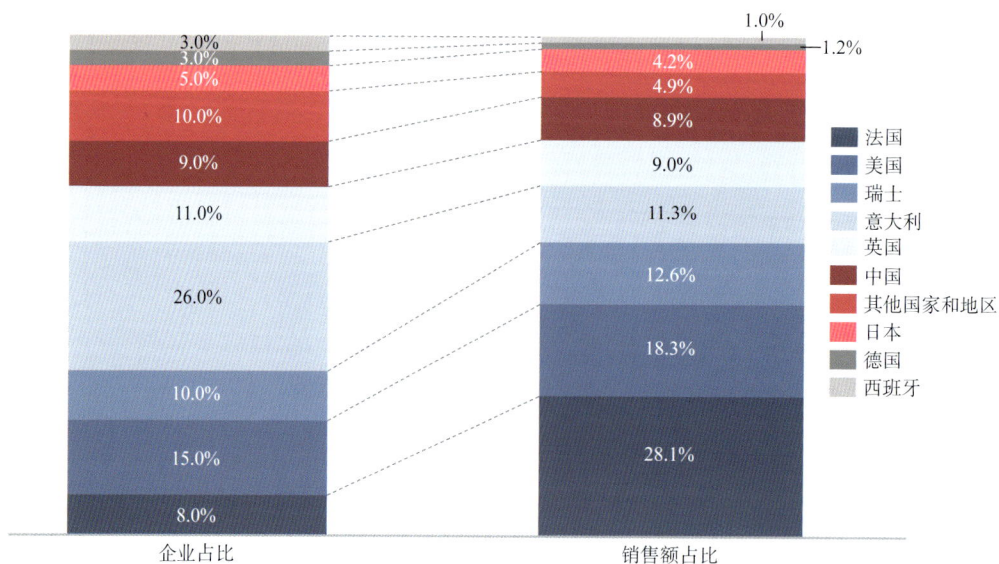

图5-4　2020年全球奢侈品百强企业国家和地区占比

图中图例：
- 法国
- 美国
- 瑞士
- 意大利
- 英国
- 中国
- 其他国家和地区
- 日本
- 德国
- 西班牙

企业占比：
- 3.0%
- 3.0%
- 5.0%
- 10.0%
- 9.0%
- 11.0%
- 26.0%
- 10.0%
- 15.0%
- 8.0%

销售额占比：
- 1.0%
- 1.2%
- 4.2%
- 4.9%
- 8.9%
- 9.0%
- 11.3%
- 12.6%
- 18.3%
- 28.1%

（亿元）

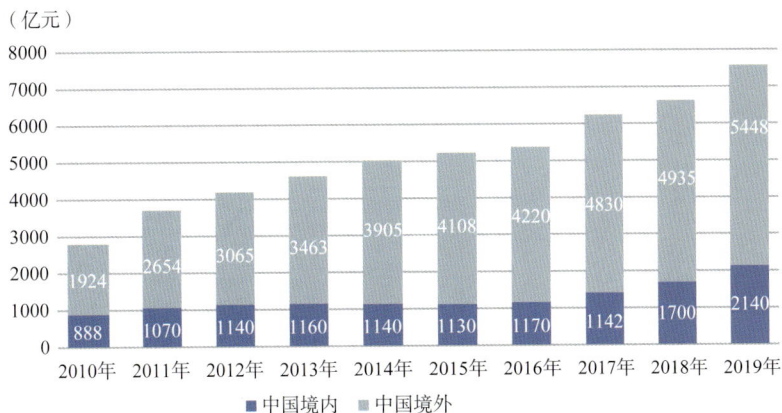

图5-5　2010～2019年中国消费者在全球奢侈品消费规模

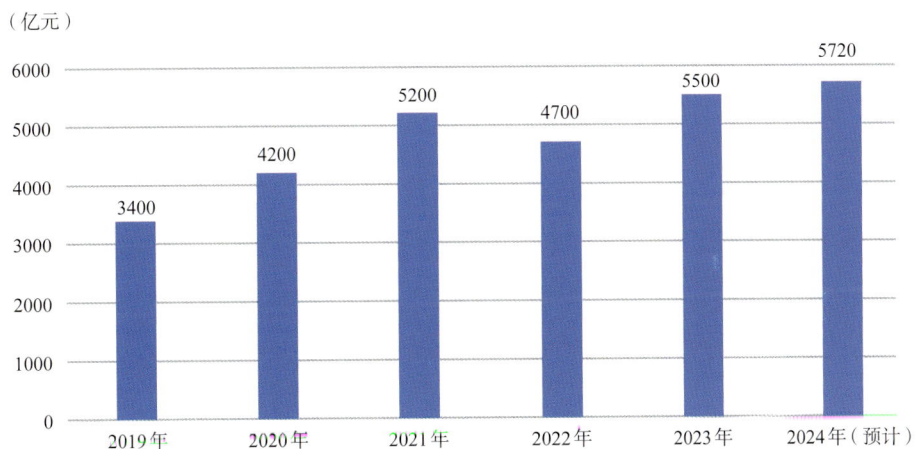

（亿元）

图5-6　内地消费者奢侈品支出金额

奢侈品消费梯级城市分布　　　　　　　奢侈品消费地域人数分布

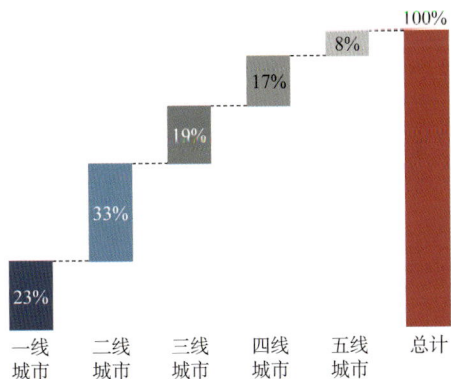

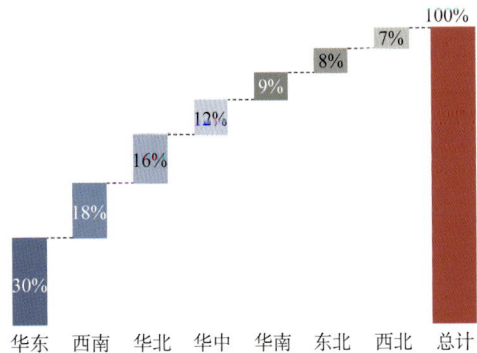

图5-7　中国内地奢侈品市场地域分布

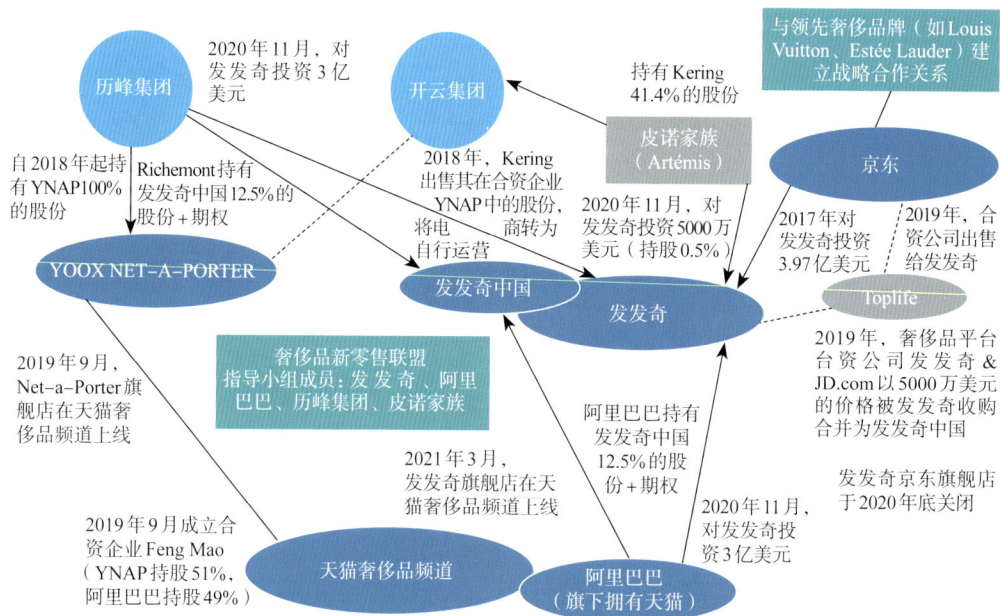

图5-8 中国奢侈品电商：合作伙伴关系网络

（资料来源：德勤，《2021年全球奢侈品力量》）

图5-9 技术创新在奢侈品产业链中的运用

图5-10 中国奢侈品牌「上下」产品系列示意

图7-1　2016~2023年中国本土护肤与彩妆市场规模占比

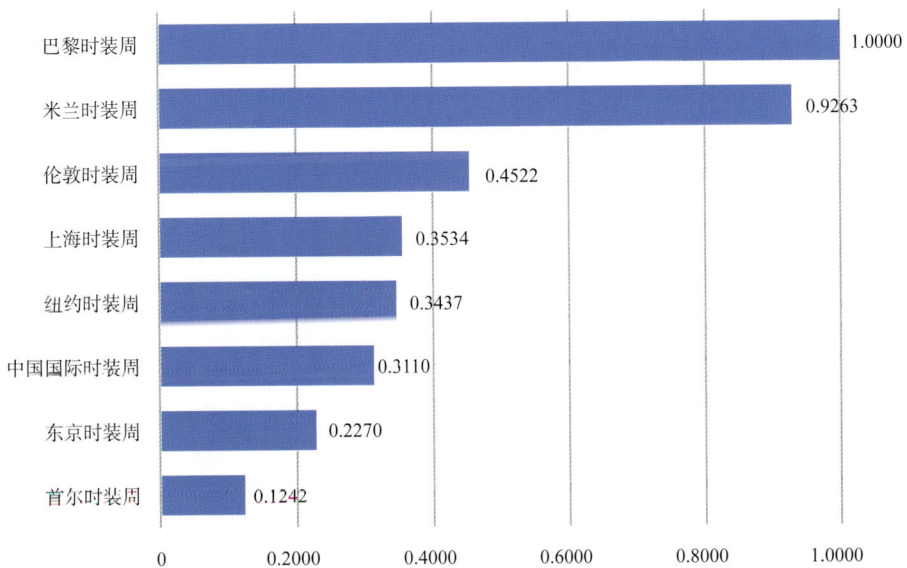

图8-1　2023年八大时装周要素聚集度综合评价得分图

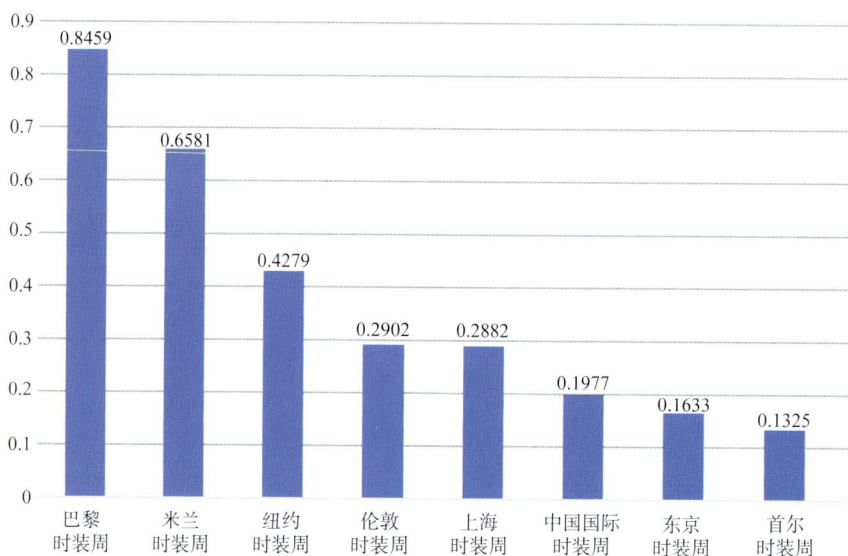

图8-2　全球时装周活力指数及排名（2022年）

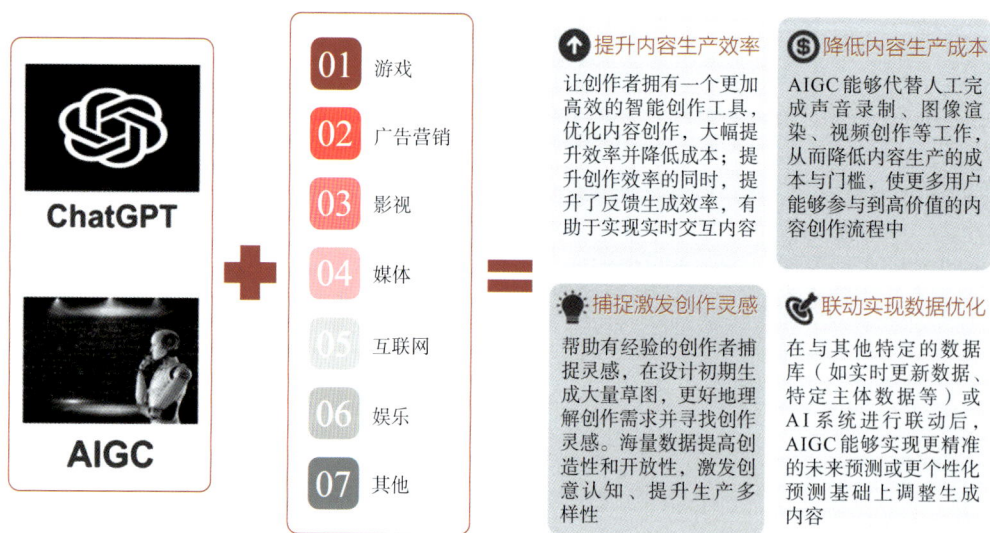

图8-3　AIGC对行业带来的变化

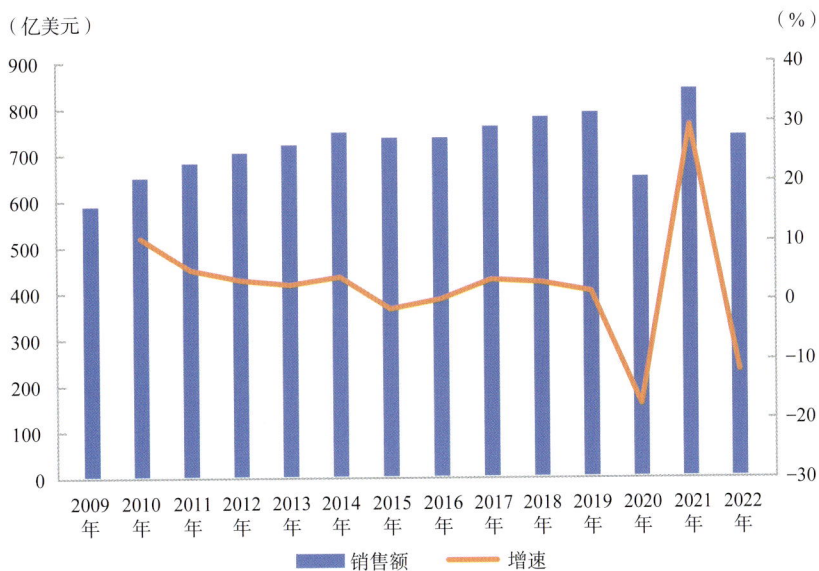

图 9-1　2009～2022 年全球钻石珠宝销售额统计

图 9-2　巴黎时尚产业链

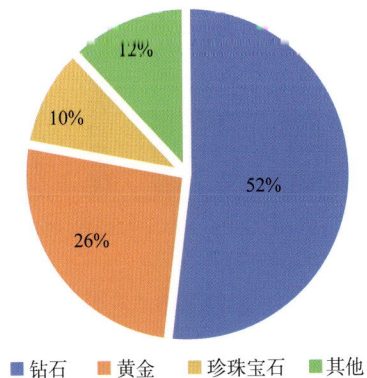

图 9-3　美国珠宝零售产品结构

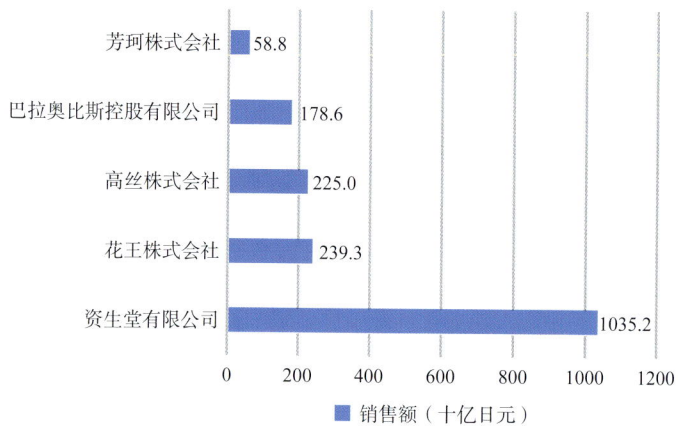

图9-4　2021年日本领先化妆品企业销售额

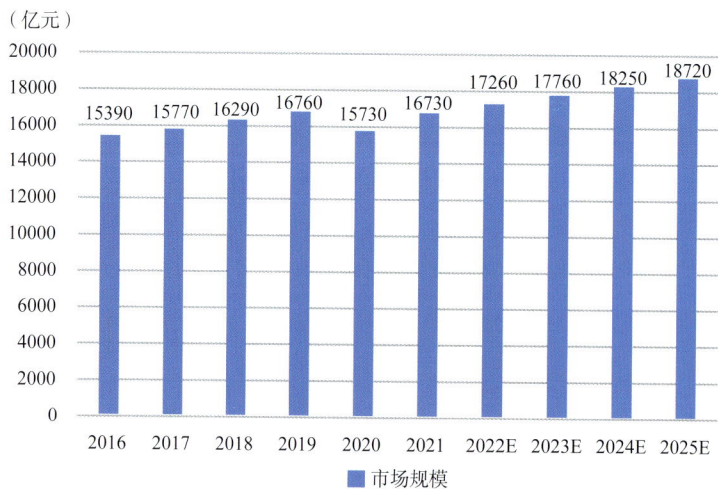

图9-5　2016~2025年中国时尚潮流行业市场规模统计

"十四五"普通高等教育本科部委级规划教材

中国时尚产业发展概论

zhongguo shishang chanye fazhan gailun

陈文晖　主编

中国纺织出版社有限公司

内 容 提 要

时尚产业是现代经济社会重要的创意产业之一，涵盖服装、家纺、奢侈品、工艺美术、化妆品等多个子产业，是国民经济全新的增长点。本书围绕时尚产业的概念、格局、政策等多个层面，详细梳理了当代时尚产业的发展情况。本书从时尚及时尚产业的定义出发，介绍了时尚产业发展相关理论、我国时尚产业的发展历程与主要内容、我国时尚产业各子产业的发展现状与对策、国际时尚产业的发展现状与趋势等，全面描绘了当前国内外时尚产业的发展图景。

本书可供高等院校相关专业师生及其他对时尚产业感兴趣的读者阅读，也可为行业管理部门、时尚产业相关企业和研究机构等提供参考。

图书在版编目（CIP）数据

中国时尚产业发展概论 / 陈文晖主编 . -- 北京：中国纺织出版社有限公司，2025. 2. -- （"十四五"普通高等教育本科部委级规划教材）. -- ISBN 978-7-5229-2189-1

Ⅰ . F426. 8

中国国家版本馆 CIP 数据核字第 202473GJ00 号

责任编辑：宗 静 郭 沫 特约编辑：余莉花
责任校对：寇晨晨 责任印制：王艳丽

中国纺织出版社有限公司出版发行
地址：北京市朝阳区百子湾东里 A407 号楼 邮政编码：100124
销售电话：010—67004422 传真：010—87155801
http://www.c-textilep.com
中国纺织出版社天猫旗舰店
官方微博 http://weibo.com/2119887771
三河市宏盛印务有限公司印刷 各地新华书店经销
2025 年 2 月第 1 版第 1 次印刷
开本：787×1092 1/16 印张：15.25 插页：16
字数：288 千字 定价：68.00 元

前 言
Preface

党的十九大以来，中国特色社会主义进入新时代，我国经济已由高速增长阶段转向高质量发展阶段。时尚产业作为国民经济战略性支柱产业，凭借其内生的创新引领性、协调带动性、开放互动性、环境友好性、共建共享性，成为贯彻五大发展理念，推动新时代产业结构优化调整，满足人民群众对美好生活向往的重要引擎。与此同时，随着全面建成小康社会深入推进，我国居民消费结构升级加速，供给侧结构性改革不断深化，为时尚产业的发展提供了重大机遇，也对时尚产业的发展提出了更高的要求。新业态、新技术、新产品、新体验将融入新时代时尚产业发展全局，这就意味着我国时尚专业人才培养与供给也必须顺应新时代时尚产业的新要求。本书结合当前国际和国内时尚产业的特点，对相关的知识进行整合，以素质教育为前提，着重对时尚产业进行全景式的展示，突出对时尚产业领域创造性和实用性人才的培养。

本书模式创新、理念先进，围绕时尚产业本科及高职高专人才培养，突出实用、适用、够用和创新的"三用一新"的特点，立足应用型时尚产业人才培养的实际情况，服务于时尚类专业的建设与发展。

本书为服饰时尚类专业课教师在充分研究和总结教学中的实际情况之后，针对时尚产业的发展现状与趋势编写而成。全书以时尚产业的发展为主线，侧重时尚产业的内容与发展解读，注重内容的系统性、时效性和可读性。在介绍时尚产业基本定义和原理的基础上，导入产业发展的现状、趋势及案例，使读者能更好地理解时尚产业，并对其有一定的借鉴和启发作用。

本书在编写过程中得到了时尚产业内专家学者和业界精英的大力帮助，参考了相关专家学者的研究论著，以及同行的作品、相关网站的资讯，这些专家学者的真知灼见赋予了这本书更强的时代性、科学性和生命力。在此，谨向这些作者和给予本书支持的相关人士表示衷心的感谢。同时十分感谢中国纺织出版社有限公司的真诚合作和相关编辑人员付出的艰辛劳动。希望这本书能够为培养新时代时尚产业人才，进而为推动中国时尚产业高质量发展贡献力量。

因作者水平所限，书中难免有不妥之处，敬请读者批评指正。

陈文晖

2024 年 10 月

"中国时尚产业发展概论"教学内容及课时安排

章/课时	课程性质/课时	节	课程内容
第1章 (4课时)	基础理论 (8课时)		·绪论
		一	时尚及时尚产品
		二	时尚产业
		三	时尚产业的兴起及发展
		四	国内外对时尚产业的研究
第2章 (4课时)			·产业发展相关理论
		一	产品供求理论
		二	产业组织理论
		三	产业生命周期理论
		四	产业布局理论
第3章 (4课时)	应用理论与训练 (28课时)		·时尚与时尚产业
		一	时尚的内涵
		二	时尚产业的特征及类型
		三	时尚产业的功能及作用
		四	时尚产业的发展模式
		五	中国时尚产业的发展
第4章 (4课时)			·中国服装家纺产业发展
		一	中国服装家纺产业概述
		二	中国服装家纺产业发展的现状
		三	中国服装家纺产业存在的主要问题与成因
		四	中国服装家纺产业发展对策
第5章 (4课时)			·中国奢侈品产业发展
		一	中国奢侈品产业概述
		二	全球奢侈品市场概况
		三	中国奢侈品产业发展现状
		四	国内外奢侈品产业发展趋势
		五	问题与挑战
		六	发展对策与展望
第6章 (4课时)			·中国工艺美术产业发展
		一	中国工艺美术产业概述
		二	中国工艺美术产业发展现状
		三	中国代表性工艺美术产业集群
		四	中国工艺美术产业存在的主要问题
		五	中国工艺美术产业面临的困境
		六	产业发展对策

续表

章/课时	课程性质/课时	节	课程内容
第7章 （4课时）	应用理论与训练 （28课时）		·中国化妆品产业发展
		一	中国化妆品产业概述
		二	中国古代化妆史概述
		三	中国化妆品产业近现代发展历程
		四	中国化妆品产业发展现状
		五	中国化妆品产业存在的主要问题
		六	中国化妆品产业发展对策
第8章 （4课时）			·中国时尚传播产业发展
		一	中国时尚传播产业概述
		二	中国时尚传播产业发展现状
		三	中国时尚传播产业面临的机遇与挑战
		四	中国时尚传播产业的发展对策
第9章 （4课时）			·国际时尚产业的发展现状及趋势
		一	部分国家的时尚产业
		二	国际时尚产业发展过程中面临的机遇与挑战
		三	国际时尚产业发展趋势

目　录

CONTENTS

第 1 章　绪论 ……………………………………………………………… 1

  1.1　时尚及时尚产品 ……………………………………………… 2

    1.1.1　时尚的概念 ……………………………………………… 2

    1.1.2　时尚的特征 ……………………………………………… 3

    1.1.3　时尚产品 ………………………………………………… 4

  1.2　时尚产业 ……………………………………………………… 6

    1.2.1　时尚产业的概念 ………………………………………… 6

    1.2.2　时尚产业的分类 ………………………………………… 6

    1.2.3　影响时尚产业发展的因素 ……………………………… 10

  1.3　时尚产业的兴起及发展 ……………………………………… 12

    1.3.1　西方时尚产业的发展 …………………………………… 13

    1.3.2　中国时尚产业的发展 …………………………………… 14

  1.4　国内外对时尚产业的研究 …………………………………… 18

    1.4.1　国内对时尚产业的研究 ………………………………… 18

    1.4.2　国外对时尚产业的研究 ………………………………… 21

    1.4.3　国内外时尚产业研究比较 ……………………………… 25

  本章思考题 ……………………………………………………… 25

第 2 章　产业发展相关理论 …………………………………………… 27

  2.1　产品供求理论 ………………………………………………… 28

    2.1.1　产品供求理论的背景 …………………………………… 28

    2.1.2　产品供求理论的内容 …………………………………… 28

    2.1.3　时尚产业的供求分析 …………………………………… 31

  2.2　产业组织理论 ………………………………………………… 33

2.2.1 产业组织理论的背景···33

2.2.2 产业组织理论的内容···34

2.2.3 产业组织理论在时尚产业的应用····································37

2.3 产业生命周期理论··40

2.3.1 产业生命周期理论的背景··40

2.3.2 产业生命周期理论的内容··41

2.3.3 时尚产业生命周期分析··44

2.4 产业布局理论··45

2.4.1 产业布局理论的背景··45

2.4.2 产业布局理论的内容··45

2.4.3 时尚产业布局的研究··51

本章思考题··55

第3章 时尚与时尚产业··57

3.1 时尚的内涵··58

3.1.1 时尚的解读··58

3.1.2 时尚的范畴··59

3.1.3 时尚的构成要素··60

3.2 时尚产业的特征及类型··61

3.2.1 时尚产业的界定··61

3.2.2 时尚产业的特征··63

3.2.3 时尚产业与相关产业的关系··64

3.2.4 时尚产业界定的原则··66

3.3 时尚产业的功能及作用··67

3.3.1 时尚产业兴起的动力及内在逻辑····································67

3.3.2 时尚产业对经济社会发展具有推动作用·························68

3.4 时尚产业的发展模式··70

3.4.1 "制造时尚"发展模式··70

3.4.2 "政府主导"发展模式··71

3.4.3 "市场导向"发展模式··71

3.5 中国时尚产业的发展··72

3.5.1 中国时尚产业发展的阶段及特点····································72

3.5.2 中国时尚产业发展的主要内容和模式·····························73

本章思考题··78

第4章　中国服装家纺产业发展 ································ 79

4.1　中国服装家纺产业概述 ····························· 80

4.1.1　服装服饰 ······························· 80

4.1.2　家纺产业 ······························· 82

4.2　中国服装家纺产业发展的现状 ······················· 85

4.2.1　中国服装服饰行业发展现状 ·················· 85

4.2.2　中国家纺产业发展现状 ···················· 92

4.3　中国服装家纺产业存在的主要问题与成因 ··············· 95

4.3.1　存在的主要问题 ························· 95

4.3.2　主要成因 ····························· 98

4.4　中国服装家纺产业发展对策 ························· 106

4.4.1　服装产业的发展对策 ····················· 106

4.4.2　家纺产业的发展对策 ····················· 109

本章思考题 ····································· 111

第5章　中国奢侈品产业发展 ······························· 113

5.1　中国奢侈品产业概述 ····························· 114

5.1.1　奢侈品的概念与特征 ····················· 114

5.1.2　奢侈品产业的定义、分类及发展历程 ············ 115

5.2　全球奢侈品市场概况 ····························· 118

5.2.1　全球奢侈品产业规模情况 ·················· 118

5.2.2　全球各区域奢侈品产业发展情况 ·············· 118

5.2.3　全球奢侈品企业发展情况 ·················· 119

5.2.4　全球主要奢侈品产业供应商 ················· 122

5.3　中国奢侈品产业发展现状 ·························· 123

5.3.1　市场规模日益扩大，切实引领全球增长 ·········· 123

5.3.2　消费结构发生变化，终端市场逐步下沉 ·········· 124

5.3.3　奢侈品电商加快发展 ····················· 125

5.3.4　消费回流态势仍将持续 ···················· 127

5.4　国内外奢侈品产业发展趋势 ························ 127

5.4.1　奢侈品消费市场仍有增长空间 ················ 127

5.4.2　奢侈品消费市场格局逐步变化 ················ 127

5.4.3　加速部署数字化解决方案 ·················· 128

5.4.4　积极拥抱低碳、循环经济 ·················· 129

5.4.5　二手奢侈品市场日益活跃···129

5.4.6　世代交替影响着奢侈品的需求趋势及消费者行为特征·······130

5.5　问题与挑战···130

5.5.1　经济形势复杂多变带来的不确定性·····································130

5.5.2　本土奢侈品品牌竞争力相对不强···130

5.5.3　奢侈品品牌本土化、数字化存在一定障碍·······················130

5.6　发展对策与展望···131

5.6.1　着力开拓国内市场，挖掘潜在消费潜力·····························131

5.6.2　加大改革创新力度，推动产业价值链提升·························132

5.6.3　完善多元销售渠道体系，提升数字化营销能力·················133

5.6.4　构建中国特色价值体系，提升本土奢侈品品牌价值···········134

本章思考题···136

第6章　中国工艺美术产业发展···137

6.1　中国工艺美术产业概述···138

6.1.1　基本概念···138

6.1.2　基本特征···139

6.1.3　基本分类···141

6.2　中国工艺美术产业发展现状···142

6.2.1　空间集聚特征明显，政策体系持续完善·····························142

6.2.2　社会贡献度较高，行业发展日趋成熟·································142

6.2.3　市场规模优势显著，对外贸易分布广泛·····························143

6.3　中国代表性工艺美术产业集群···144

6.3.1　福建德化陶瓷···144

6.3.2　浙江东阳木雕···144

6.3.3　广东深圳水贝···145

6.4　中国工艺美术产业存在的主要问题···146

6.4.1　产业要素亟待完善，市场开拓能力略显不足·····················146

6.4.2　产业区域发展不平衡，产权保护意识相对缺乏·················147

6.4.3　规划前瞻性有待提升，政策配套亟待完善健全·················147

6.5　中国工艺美术产业面临的困境···147

6.5.1　传统工艺业濒临失传···147

6.5.2　行业间缺乏合作机制···147

6.5.3　原材料资源供应不足···148

6.5.4 质量标准体系亟待健全 ·······148

6.6 产业发展对策 ·······148

6.6.1 融入城市发展战略，助力文化强国建设 ·······148

6.6.2 聚焦数字化新技术，为行业发展保驾护航 ·······148

6.6.3 创新文化消费场景，提高产品内容体验 ·······149

6.6.4 突破产业人才瓶颈，健全人才培养梯队 ·······149

本章思考题 ·······150

第7章 中国化妆品产业发展 ·······151

7.1 中国化妆品产业概述 ·······152

7.1.1 基本概念 ·······152

7.1.2 主要特征 ·······153

7.1.3 分类 ·······154

7.1.4 产业链 ·······154

7.1.5 中国知名化妆品企业与化妆品品牌 ·······156

7.2 中国古代化妆史概述 ·······160

7.2.1 夏商周时期 ·······160

7.2.2 春秋战国时期 ·······160

7.2.3 秦汉时期 ·······160

7.2.4 魏晋南北朝时期 ·······160

7.2.5 隋唐五代时期 ·······161

7.2.6 宋元时期 ·······161

7.2.7 明清时期 ·······161

7.3 中国化妆品产业近现代发展历程 ·······161

7.3.1 萌芽阶段：17世纪初至20世纪40年代末 ·······161

7.3.2 起步阶段：20世纪50年代至80年代 ·······162

7.3.3 发展阶段：20世纪80年代至21世纪初期 ·······162

7.3.4 成熟阶段：21世纪中期至今 ·······162

7.4 中国化妆品产业发展现状 ·······163

7.4.1 本土市场规模庞大，自主创新意识不断增强 ·······163

7.4.2 行业迎来消费升级，功能性产品备受青睐 ·······165

7.4.3 法规体系不断完善，市场环境趋于优化 ·······166

7.5 中国化妆品产业存在的主要问题 ·······169

7.5.1 龙头企业数量较少，研发投入占比相对落后 ·······169

7.5.2 本土品牌影响力弱，市场占有率有待提升 ……………170

7.5.3 产品细分领域不足，多元消费市场亟待挖掘 ……………170

7.6 中国化妆品产业发展对策 ………………………………171

7.6.1 强化产品研发创新，提升国产品牌竞争力 ……………171

7.6.2 积极探索多元市场，大力开拓蓝海领域 ……………171

7.6.3 加强政策引导，促进行业高质量发展 ……………172

本章思考题 ……………………………………………172

第8章 中国时尚传播产业发展 ……………………………………173

8.1 中国时尚传播产业概述 ………………………………174

8.1.1 时尚传播的定义与特征 ……………………………174

8.1.2 时尚传播产业的组成与趋势 ……………………177

8.2 中国时尚传播产业发展现状 ………………………179

8.2.1 时尚类平面媒体日渐式微 ……………………179

8.2.2 电视传统业务发展受阻 ……………………179

8.2.3 时尚会展水平稳步提升 ……………………180

8.2.4 新媒体推动了时尚传播产业的改革创新 ……………182

8.3 中国时尚传播产业面临的机遇与挑战 ……………184

8.3.1 主要机遇 ……………………………………184

8.3.2 主要挑战 ……………………………………186

8.4 中国时尚传播产业的发展对策 ……………………187

8.4.1 促进传播媒介的转型与整合，开展差异化、精准化

传播服务 ……………………………………187

8.4.2 推动资源的跨界融合，打造时尚传播生态系统 ……………188

8.4.3 推动时尚传播与营销模式的创新，提升时尚传播产业

发展水平和效益 ……………………………188

8.4.4 充分利用新兴数字技术，提升时尚传播的效果 ……………189

本章思考题 ……………………………………………190

第9章 国际时尚产业的发展现状及趋势 ……………………191

9.1 部分国家的时尚产业 ………………………………192

9.1.1 法国时尚产业 ……………………………192

9.1.2 美国时尚产业 ……………………………199

9.1.3 日本时尚产业 ……………………………206

9.2 国际时尚产业发展过程中面临的机遇与挑战 ················214
　　9.2.1 时尚将进一步全球化 ················214
　　9.2.2 时尚与国民经济之间的联系将更紧密 ················214
　　9.2.3 时尚产业将更加多元化 ················214
　　9.2.4 快时尚发展脚步放缓 ················215
　　9.2.5 街头潮牌开始崛起 ················215
　　9.2.6 网络成为奢侈品的新兴分销渠道 ················216
　　9.2.7 时尚产业与自然的关系是未来世界时尚产业关注的焦点 ·····216
9.3 国际时尚产业发展趋势 ················216
　　9.3.1 时尚产业的商业模式将持续创新改变 ················216
　　9.3.2 产品创新日益成为时尚产业吸引客户的核心竞争力 ········218
　　9.3.3 科技驱动为时尚产业带来全新的变革契机 ················221
　　9.3.4 时尚产业更加注重品牌文化的塑造 ················222
本章思考题 ················224

参考文献 ················225

基础理论

第1章　绪论

课程名称： 绪论

课程内容： 1.时尚及时尚产品

2.时尚产业

3.时尚产业的兴起及发展

4.国内外对时尚产业的研究

上课时数： 4课时

训练目的： 通过本章的学习，同学生解释时尚、时尚产品的概念、时尚产业的逻辑特征，使其了解时尚产业的研究范围、发展史，学习时尚产业的重要性等。

教学要求： 1.使学生了解时尚以及时尚产品的特征与价值。

2.使学生了解影响时尚产业发展的主要因素。

3.使学生了解21世纪以来我国时尚产业发展的主要特征。

4.使学生掌握时尚产品生命周期与时尚产业生命周期的区别。

课前准备： 阅读时尚产业发展史方面的书籍。

提到"时尚"，人们大都会联想到巴黎、纽约、伦敦、米兰、东京五大时尚中心的五光十色，以及T台上光彩夺目的模特，但准确定义时尚却很难，因为它跨越的领域太过广泛，从服装服饰、黄金珠宝、化妆品、消费类电子产品等轻工产品，到科技、教育、创意、零售等在内的现代服务都有时尚的身影。也许对于"时尚"仁者见仁，但共同点是它代表了一种积极的生活态度，不一定奢华，不一定耀眼，但一定体现了大众对艺术和生活的理解。

1.1 时尚及时尚产品

1.1.1 时尚的概念

自人类产生即有时尚，时尚是世界的通用语言，是"时"与"尚"的结合，即"时间"与"崇尚"的融合。所谓"时"，就是时间，即"在一定时间段内"；"尚"就是"崇尚、前卫和追求"。可以说，时尚是人们在一定时间段内对社会某项事物的崇尚、追求，或者是短时间里一些人所崇尚的生活。时尚包罗万象，外延很广，涉及人类生活的方方面面，如衣着打扮、饮食、行为、居住、消费、情感表达和思考方式等。

从我国现有史料来看，"时尚"一词始见于明代。晚明名僧祩宏所著《竹窗随笔》有如下解释："今一衣一帽，一器一物，一字一语，种种所作所为，凡唱自一人，群起而随之，谓之时尚。"这就是说，时尚的形成，通常"唱自一人"，而其影响力则是"群起而随之"，形成一股区域性甚或全国性的冲击波。

英国学者玛尼·弗格在其著作《时尚通史》一书中认为："fashion（时尚）"一词源于拉丁语"facito"，字面意思为"制作"，用来表示各种各样的价值观，包含了诸如一致性和社会联系、反叛和古怪、社会愿望和地位、诱惑和欺骗这些差异巨大的概念。盛装打扮的欲望突破了历史、文化以及地理的限制，尽管形式和内容可能会有所不同，但动机都是一致的：装扮人体，表现身份。❶

所以，基于不同角度，可以对时尚有不同的理解。广义的时尚，涵盖范围比较宽泛，既指流行的风尚、方式、观念、态度、理念，又指体现流行特征的物品；狭义的时尚，则仅指时装和与时装有关的饰品（包括配饰、鞋包等），即体现受众衣着特征和品位的物品。

综合各学者对于时尚概念的分析和界定，我们对时尚做出如下定义：时尚是指在一定时期内社会上或一个群体中普遍流行的，并为大多数所仿效的生活方式或消费模式。时尚既体现在物质生活（如衣、食、住、行）方面，也反映在精神生活

---

❶ 玛尼·弗格. 时尚通史［M］. 陈磊，译. 北京：中国画报出版社，2020.

（如文化、娱乐、活动）方面。它经过模仿、感染和从众等大众连锁反应，成为社会生活一时的普遍倾向。

时尚行为既是一种群众行为，又是一种普遍的社会心理现象，它同风俗一样，也是众人一致的行为模式。因此，时尚现象是调节大群体活动不可缺少的一种重要因素。无论是人们的衣着打扮、仪表风度，还是思想观念、行为方式都在不同程度上反映了时尚现象。

1.1.2　时尚的特征

基于上述时尚的概念及人们对时尚的理解，时尚具有新奇性、短暂性、差异性、从众性和周期性等特征。

1.1.2.1　新奇性

新奇性是时尚最为显著的特征，任何一种时尚都表现出强烈的"新"之崇拜，可以说新奇性是时尚生命力之所在。然而，某一事物是否时尚并不在于它本身是否新奇，而在于对这种"新奇性"的理解和认识。

具体来讲，新奇性又包含"新"和"奇"两个方面。"新"是相对"旧"而言的，它可以是前所未有的、开天辟地的"新"，也可以是老酒装新瓶的"新"。前者是创造发明，后者是包装改造。更多的情况是后者，同样的事物在被不断地重新赋值、重新定义而呈现为一种新事物的状态。"奇"即特别的、与众不同的，如果说"新"是某事物构成时尚的充分条件，"奇"则可认为是其构成时尚的必要条件。总之，只有具备足够新奇性的事物才有成为时尚的可能。

1.1.2.2　短暂性

时尚往往表现为在短时间内迅速兴起、扩散，达到顶峰后又迅速衰退、消失。在传媒技术高度发达的今天，时尚的这种短暂性特征表现得尤为明显。一般而言，短暂性特征并不会降低时尚的地位，相反，正是时尚的这种短暂性增加了其吸引力。从某种意义上来说，时尚的短暂性也正是保证其新奇性特征的必然要求。

大多数时尚在辉煌一时之后迅速消亡，它们从兴起到退出时代舞台只不过是昙花一现。当然，时尚的短暂性并不表示所有的时尚都只是浮光掠影、缺乏生命力。有些时尚能够引起社会上大多数人群的兴趣和持续关注，经过时间的沉淀成为经典。某些经典的事物，在它们创立之初都是作为引领一时风气的面目出现的，但它们在时间的洗礼中能够始终保持良好的品质，最终凝成经典的风范。

1.1.2.3　差异性

差异性，即不同群体中有着不同的时尚。由于不同人群对于新奇性的不同理解，特别是随着现代社会时尚涉入社会生活更深、更广的层面，时尚的差异性越发明显起来。可以说，不同阶层、不同身份地位，不同地域、种族，不同年龄、性别甚至不同职业的人群中都具有这种差异性，并且这种差异性即使在各种群体内部的个人之间也是存在的。

关于时尚在不同年龄段人群中的差异性，相关研究已经讨论很多。例如，近年来大量关于"80后""90后""00后"的描述，又如早些年被广泛关注的代沟问题等。时尚的这种差异性实际上是不同年龄段人群由于社会财富和社会资本占有程度不同而体现在生活方式和价值理念上的差异。然而，即使在所谓"80后""90后"或"00后"内部，时尚的个体差异性也是显而易见的。

1.1.2.4 从众性

从众性，指个人受群体压力的影响，而在自己的知觉、判断、认识上表现出符合于公众舆论或多数人的行为方式。对于被动赶潮者而言，追求时尚、模仿他人的各种行为只是不愿意在追求时尚的队伍中掉队，不愿意被社会边缘化甚至被孤立地成为社会的另类分子。他们仅仅为了寻求一种心理上的安全感、归属感而不断模仿周围人的时尚行为。

模仿是个人有意或无意地对于某种刺激做出类似反应的行为方式。就时尚而言，可以根据时尚追随者的目的将其分为"虔诚性模仿"和"竞争性模仿"，前者是出于模仿者对模仿对象的尊敬或崇拜，后者是模仿者为赶上甚至胜过模仿对象的行为。虔诚性模仿主要存在于等级界限较为严格的传统社会，竞争性模仿则是现代大众追逐时尚的常见方式。

1.1.2.5 周期性

时尚的周期性至少具有以下两层含义：首先，几乎每一种时尚都要经历从诞生、兴起、传播、高峰、衰退直至消失的过程，这是时尚的生命周期；其次，时尚的周期性还意味着流行过后的某些时尚在一定的社会条件和文化心理的支撑下可能卷土重来，在此成为一种社会风尚。当然，时尚变迁的周期性并不是简单的重复，重复的只是时尚的载体形式，不同的是时尚所蕴含的内在意义。

1.1.3 时尚产品

时尚产品指体现当今时尚、具有一定附加值和时代先进性的符合市场需求的产品，它往往代表了特定时期主流消费者的偏好，分为时尚商品和时尚服务。时尚商品一般包括时尚服装鞋帽、皮草皮具、各种饰品、名表、珠宝、香水、护发护肤化妆品、美食和消费类电子产品等。时尚服务包括美容美发、健身旅游、流行音乐、影视摄影、动画漫画、时尚书籍期刊、餐馆酒吧等时尚休闲娱乐产业的配套服务。

时尚产品是相对于普通产品和奢侈品而言的。就产品功能和特征而言，普通产品是满足人们衣食住行等基本生活需要的一般产品，通常来说，文化品位和附加值不高。奢侈品在国际上被定义为"可拥有但并非必需"，是超出人们生存与发展需要范围并具有高贵身价的产品，价格一般要高于同类必需消费品数倍甚至数十倍。奢侈品除了产品本身和品牌外，往往还具有"独特、稀缺、珍奇"等特点，并附带一些增值服务，以增加产品特性，强化品牌精神，巩固其在顶级细分市场上的高价位。但是，广义的时尚产品可以是包括奢侈品在内的（表1-1）。

表1-1 普通品、奢侈品与时尚品的界定和典型特征

类别	定义	主要功能和特点	价格	主要受众	案例（以服装服饰、鞋类为例）
普通品	满足人们衣食住行用的基本生活需要的一般产品	具有实用性、同质化；流程化机器生产；产品附加值较低	价格较低	中低收入人群	小品牌或广为人知但定价较低的产品
时尚品	代表当今时尚、具有一定附加值和时代特征的符合现实需要的产品，往往代表特定时期主流消费者的消费倾向	除具备一般消费品的功能外，还具备吸引人的情感内涵，凸显使用者的品位和独特个性；有时可以实施差异化策略，如限量版和纪念版，但本质仍属于大众化产品	中等价位，略高于普通品，但明显低于奢侈品	中等收入人群及持理性消费理念的高收入人群	快消品牌
奢侈品	超出人们生存与发展需要范围并且价格高昂，主要为实现消费者精神愉悦和反映社会地位的产品	具有卓越品质，能够体现消费者高贵身份，实用价值不大；通常具备稀缺性、难以替代性等特点，通常附带高附加值服务；某些奢侈品部分流程采用手工制作，以彰显其高品质的独特性	极高价位，一般高于普通品数倍甚至数十倍	高收入人群以及热衷于炫耀性消费的中等收入人群	路易威登、爱马仕、香奈儿等

注：据姜荣春（2009）修改调整。

时尚产品的生命周期一般比较短，大致经历三个阶段：一是特色阶段，消费者对特色敏感，愿意购买，相当于一般产品的介绍期；二是模仿阶段，消费者有模仿趋势，销量猛增，相当于一般产品的成长期；三是衰退消失阶段，当这种新式样被广大消费者所接受成为大众化的商品后，它就失去了"时髦消费品"的特点，人们的注意力又逐渐转向新的时尚产品。❶

时尚产品的发展一般要经历五个阶段：提倡—传播—形成风气—下降—消失。

时尚产品的扩散传播途径：沿海—内地大城市—中小城市—城镇—乡村。

---

❶ 高长春. 时尚产业经济学导论［M］. 北京：经济管理出版社，2011.

1.2 时尚产业

1.2.1 时尚产业的概念

从产业经济学视角来看，时尚产业是以消费时代人们的精神及文化等需求为基础的，设计、制造、推广、销售具有时代先进性并装饰、美化人们生活的产品或服务的企业组织及其在市场上的相互关系的集合。

从产品和服务提供的角度分析，凡是有效提供时尚商品和时尚服务的产业和部门，都属于时尚产业。比较典型的时尚产业可以有服装服饰产业、纺织行业、珠宝首饰产业、化妆品行业、文化创意产业、工艺美术产业、时尚传播产业、消费电子产业等。可以看出，时尚产业是一个跨行业、跨部门、跨领域重组或者创建的新型产业集群，在产业发展中彰显创意资源对产业的高渗透性和高贡献率的产业形态。

从上述具体产业及行业分析，时尚产业大多属于轻工产业和服务业，是对各类传统产业资源要素进行整合、提升后，加入时尚消费元素而形成的产业集群，是加工制造业和生产性服务业的重要范畴之一。服装作为时尚产业的核心，与其相关的有鞋帽、饰品、化妆品、美容美发、眼镜、箱包，延伸到室内装饰装潢、家居用品等，还可以进一步延伸到文化创意产业、工艺美术产业、时尚传播产业、消费电子产业等。

时尚产业具有丰富的文化艺术内涵和极强的包容性，逐步成为一张涵盖面极其广泛的产业网。在这张网上，各种产业元素之间相互影响、彼此作用，形成环环相扣的纽带，只要与时尚元素结合，就能产生不可估量的经济效益。时尚产业是随着社会的发展和历史的进步，在新的历史条件下所产生的一种新的经济产业概念，因其自身具有特殊的时代特征，从而成为最具发展潜力的新兴产业。

1.2.2 时尚产业的分类

正如上文所言，时尚产业是一个跨行业、跨部门、跨领域重组或者创建的新型产业集群，因此从不同的角度，可以对时尚产业进行不同的分类。

1.2.2.1 从产业发展次序分析

从传统的产业发展次序分析，全社会不同的产业可以归结为第一产业、第二产业和第三产业。首先，把国民经济划分为三次产业的是新西兰经济学家费歇尔（A.B.Fischer）和英国经济学家克拉克（C.G.Clark）。费歇尔在1935年所著《安全与进步的冲突》一书中提出对产业的划分方法。英国统计学家克拉克在费歇尔的基础上，采用三次产业分类法对三次产业结构的变化与经济发展的关系进行了大量的实证分析，总结出三次产业结构的变化规律及其对经济发展的作用。第二次世界大战后，经济学界普遍采用了这种划分方法。

三次产业划分的基本标准是：直接从自然界获取生产生活资料的经济活动划入第

一产业；对生产生活资料进行加工的经济活动划入第二产业；为生产生活提供服务的经济活动划入第三产业。为此，一旦出现新的经济活动，都能划入三次产业中。

根据我国《国民经济行业分类》（GB/T 4754—2017），三次产业的划分标准为：第一产业是指农、林、牧、渔业（不含农、林、牧、渔专业及辅助性活动业）；第二产业是指采矿业（不含开采专业及辅助活动业），制造业（不含金属制品、机械和设备修理业），电力、热力、燃气及水生产和供应业，建筑业；第三产业即服务业，是指除第一产业、第二产业以外的其他行业，主要包括批发和零售业，交通运输、仓储和邮政业，住宿和餐饮业，信息传输、软件和信息技术服务业，金融业，房地产业，租赁和商务服务业，科学研究和技术服务业，水利、环境和公共设施管理业，居民服务、修理和其他服务业，教育，卫生和社会工作，文化、体育和娱乐业，公共管理、社会保障和社会组织，国际组织，以及农、林、牧、渔业中的农、林、牧、渔专业及辅助性活动业，采矿业中的开采专业及辅助活动业，制造业中的金属制品、机械和设备修理业。据此，也可以将当前的时尚产业归结到三次产业分类之中（表1-2）。

表1-2　时尚产业的分类（按产业发展次序）

项目	主要产业	时尚产业
第一产业	农业	观光农业、休闲农业、旅游农业等
第二产业	矿业、建筑业和加工制造业等	服装服饰产业、纺织行业、珠宝首饰产业、化妆品行业、消费电子产业等
第三产业	服务业	文化创意产业、工艺美术产业、时尚传播产业等

1.2.2.2　以产品消费特性分析

在激烈的时尚消费产品竞争中，各个企业生产的时尚产品也具有不同的表现形式，消费者在消费、选购产品时，可以根据不同的审美要求、经济承受能力和个人偏好程度，选择与自己消费程度相适应的时尚产品。所以，从消费者角度分析，我们可以根据时尚消费的不同，将时尚产业分为实体产品类、精神产品类和文化创意类（表1-3）。

表1-3　时尚产业的分类（按消费产品特性）

项目	主要产品	对应产业	特性分析
实体产品类	服装服饰、鞋帽衫袜、珠宝、香水、化妆品、箱包伞具、眼镜表具、家用纺织、电子产品	服装服饰产业、纺织行业、珠宝首饰产业、化妆品行业、消费电子产业	消费者在选购实体产品类的时尚产品时，不仅关注产品的款式、功用，也因消费者能够真实感受产品的存在，会更加注重时尚产品的相关因素，如质地等

续表

项目	主要产品	对应产业	特性分析
精神产品类	美容美发、餐饮旅游、出版、书籍期刊、影视等	生活服务、旅游业、影视制作、出版印刷业、时尚传播产业等	相对于实体产品类而言，精神产品类主要是由相关部门（企业）提供的，主要体现为消费者的一种心理舒适消费，满足在于消费者的精神需求
文化创意类	动漫、电玩、游戏设计、VR/AR、工业设计、美术设计	文化创意产业、工艺美术产业、游戏开发设计、现代IT产业等	主要是由文化创意类企业针对特定时期大众时尚文化消费需要而提供的产品。消费者表现为主动消费、体验此类产品

1.2.2.3　以产业链逻辑分析

从产业链角度分析，时尚产业集群是由时尚产品的设计、生产、营销、销售企业及外部评价机构、政策研究机构组成的完整群体，其内在运行具有完整的相互依存关系。时尚产业链包含了时尚知识输入、转化、传播和反馈这一系列步骤，如图1-1所示。

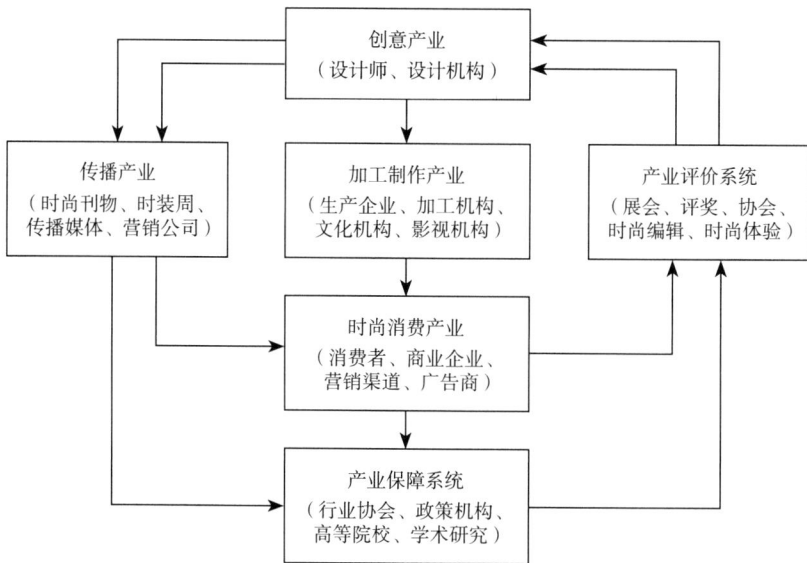

图1-1　时尚产业的分类（按产业链角度）

（1）创意产业

创意产业是以设计机构为核心，由设计师、艺术家、时尚从业者等为参与人员组成的完整产业部门。从时装产业发展角度分析，19世纪末至20世纪初的时装设计师与高级时装屋的出现，带动了法国高级时装产业的发端，借由1900年巴黎世博会，法国高级时装产业逐步形成兼具艺术与商业的特征，并开始逐步拓展海外市场。自此，法国高级时装以创意设计、商业运营与高级时装屋开始引领世界时尚。

到大工业化时代，时尚创意由高端贵族开始走向平民，越来越多的设计师与艺术家加入创意设计领域从而形成产业规模。

（2）加工制作产业

加工制作产业的作用主要是将设计师所设计的产品进行加工制作。早期主要体现为高级时装的"私人定制"，由手工匠人、高级裁缝为贵族手工缝制、打造服装、私人服饰等。后期，高级时装产业的繁荣由于缝纫机的问世与分工细分，推动了手工生产到流水线机械生产方式的转变。通过与现代化工业相结合，从而形成时尚产品加工制造产业。现代时尚产业因越来越多的文化机构、影视机构、影视体坛明星加盟得到了快速发展。

（3）传播产业

早期传播产业以时尚期刊、时尚沙龙等宣传渠道为主体成员，完成从上层阶级集体选择的时尚现象到大众群体模仿选择的转变过程。20世纪彩色印刷技术的快速发展丰富了时尚传播的媒介，时尚传播媒介开始转向以时尚期刊为核心。早期法国主要的时尚期刊有《时尚画廊》（*Galleries Des Modes*，1778年）、《勒弗蕾》（*Le Follet*，1829年）。美国早期最具代表性的时尚期刊服饰与美容（*Vogue*，1892年）和时尚芭莎（*Harper's Bazaar*，1867年）。现在，时尚传播产业的渠道还包括时装展、时装发布会、时尚沙龙及艺术展览、博览会等。另外，各国发达的广播传媒、影视艺术、广告宣传、网络平台已经成为传播业的辅助渠道。

（4）时尚消费产业

时尚消费产业以大众消费群体为主，结合专卖店、目录邮购、百货商店、连锁店、工厂直销等多形态零售渠道以及广告商所形成的时尚产品消费业。20世纪初期开始，受资本主义经济与工业革命的冲击，生产技术变革，社会财富得以重新分配，政治、经济、文化的支配地位逐渐被日益富裕的资产阶级掌握，宫廷贵族主义逐渐退出历史舞台，20世纪50年代新型零售方式——百货商店、超级市场的产生开拓了新的销售市场，时尚消费群体开始由贵族消费群体向大众消费群体转变。大型展销会、促销会及广告商，为时尚产品进入普通家庭提供了更多可能。21世纪后，特别是近十年来，电子商务平台、直播带货、VR/AR及3D远程测量技术的快速发展，进一步助推着时尚消费大众化。

（5）产业评价系统

产业评价系统是由包括时尚记者、时尚编辑、艺术展览等形式多方通过对时尚产品及消费的评价反馈系统，其目的在于通过时尚评论员、各类时尚展会等形式来评价与反馈时尚的相关咨询，促进时尚及其相关产业的发展。在美国，时尚体系发展进程中有一个具有历史特殊性的评价形式载体，即博物馆。纽约作为新的世界艺术中心，拥有多座世界级的艺术博物馆，如纽约现代艺术博物馆（The Museum of

Modern Art）、大都会艺术博物馆（Metropolitan Museum of Art）、美国国家美术馆（National Gallery of Art）等。大都会艺术博物馆从1948年开始每年举行慈善筹款晚会（Met Gala），将设计师与风格推动者和其他文化精英联系起来，成为当时业内最盛大的活动。在意大利，时尚展会业十分发达，尤其在米兰关于时尚产业的展览不仅规模大，而且大多是世界一流的展览。

（6）产业保障系统

产业保障系统是以政府部门的管理、扶持项目与政策为主要保障，行业协会机构为辅，与教育机构一同构成产业保障机制。法国时尚产业发展，除了1793年的《共和二年法令》规定保护各类艺术形式和艺术人才外，1886年的《伯尔尼公约》与1793年颁布的《著作权法》也特别强调保护艺术家与设计师的知识产权。在行业协会保障方面，法国于1868年率先设立了高级时装协会。在美国，主要的管理机构有商务部、美国纺织品制造商协会、国际贸易管理局和出口管理局等政府部门；主要的产业扶持项目有政府1941年举办时尚活动"纽约时尚未来"（New York's Fashion Futures），在曼哈顿于1987年建立"服装中心特别区"（Special Garment Center District），以及美国于1973年联合日本、加拿大等国家签订《国际纺织品贸易协定》；主要的行业协会有时尚集团（The Fashion Group）、美国时装设计师协会（FDA）、美国色彩协会（CAUS）等；主要的时尚教育院校有纽约时装技术学院、帕森斯设计学院、芝加哥艺术学院等。

可见，时尚产业链中涉及的生产要素众多，有关传统制造业的要素有资金、技术、生产资料、生产管理等，有关现代服务业的要素有创意、营销、舆情监测、人才培养等。时尚产业链构建的目的在于以顾客需求为核心，以时尚流行趋势为指导，为顾客提供内在价值最大化的时尚相关产品或服务，并实现产业链内企业和机构的经济效益。

1.2.3 影响时尚产业发展的因素

产业发展是指产业的产生、成长和进化过程，既包括单个产业的进化过程，又包括产业总体，也包括整个国民经济的发展程度。一个产业发展受到多种因素的影响，从产业发展角度分析，主要有政府政策规制、经济体制、文化制度、科技进步、自然社会环境、市场消费需求等。时尚产业涉及众多具体的行业、部门和企业，因此在其发展过程中会受到外部因素的影响。

1.2.3.1 政治体制

国家的政治体制在一定程度上影响着时尚的审美标准，影响着人们穿着的方式。如在我国封建社会，赤黄色被历代皇帝所推崇，明末清初思想家王夫之在《读通鉴论》中记载："开皇元年，隋主服黄，定黄为上服之尊，建为永制。""开皇"

是隋文帝建国时的年号，登基之初便穿黄色的衣服，从式样上讲，当时流行的款式是袍子，并规定这种黄服为最尊贵的制服。隋文帝将黄色定为他服装的主色调，着黄袍临朝以视天下，但并没有独享。到了唐朝高宗时，就把黄色当作皇帝专有服装色了，明文规定其他人一律不准穿黄。

在世界各国历史上，凡有重大的政治变革，服装形式亦随之产生很大变化。例如，辛亥革命推翻了清王朝，便于活动的短装——中山装就代替了长袍马褂。社会的动荡和政治的变革常常会引起服装流行的变化。

1.2.3.2 经济因素

一种新的样式是否在社会上流行，首先要求社会具有大量提供该样式的物质能力，其次人们须具备相应的经济能力和闲暇时间。从某种意义上来说，流行或时尚实际上追求的是一种奢侈的生活方式。

19世纪服饰的变化速度比以往任何一个世纪都要快，有一个重要的原因就是此时的经济飞速增长。经济水平的提高，促进纺织、服装工业的发展，也使人们对服装的材质、造型和花色等不断提出新的需求。因此，服装消费的进展带动了服装业、纺织业的快速发展，加快了时尚速度。现代社会由于经济的急速增长，产品的大规模生产和成本的降低，人们收入的增加，生产水平和消费水平的大幅度提高，一方面加速了服装流行的节奏，另一方面使时尚成为一种人们普遍追求的大众化的生活方式。

1.2.3.3 文化因素

文化人类学家拉尔夫·林顿指出："文化是社会的全部生活方式""一种文化是习得行为和各种行为的综合体，构成文化的各种要素是一定的社会成员共有的"。在我们的社会中，妇女穿裙子、留长发被认为是正常的行为，是我们社会中的文化观念。一个社会或民族的道德观念、风俗习惯、基本生活技能是在社会化过程中习得的。通过文化的习得，使其不断地积累和继承。

社会文化思潮是时尚的重要影响因素。一些文艺思潮和艺术的兴起，对服装设计产生了重大的影响。不同的时代有不同的反映其时代精神的艺术风格与艺术思潮。每个时代的艺术思潮都在一定程度上影响着该时代的服装风格。无论是哥特式、巴洛克、洛可可、古典主义，还是现代派艺术，其风格和精神内涵无一不反映在人们的衣着服饰风格上。现代妇女的解放思潮使女装表现出了男性化、个体化的意识。追随时尚的人们保持着对新事物的敏感和兴趣，他们对思想文化艺术方面的各种新思潮、新作品、新术语和新人物保持着经久不衰的兴趣和热情，甚至对自己不理解的事物也努力去适应。

1.2.3.4 科学技术因素

在古代，人们主要使用手工织布机，生产出来的面料和花色品种单一、色牢度不高。随着纺织业的发展，服装面料的生产日新月异，品种花样繁多，为服装生产

11

奠定了良好的基础。

随着社会的进步，利用科技成果设计相应的服装，尤其是利用新颖的高科技服装面料和加工技术可以打开新的设计思路。20世纪70年代杜邦公司莱卡纤维的面世，解决了服装外观美与功能性的不协调性，使运动型服装在满足功能性的基础上进一步求得美观与舒适。

1.2.3.5 民风民俗

作为社会文化的服装，从某种意义上来说，是对人的行为的一种限制。人们穿着服装扮演各自的角色，在群体中生活与工作，以及在与他人的交往中，对礼节、礼仪的重视程度，都受到自己所在社会的规范和行为准则的制约。人们的穿着方式不是任意的，不是可以自由选择的，除了受到气候、经济发展水平的影响外，还受到风俗习惯、道德、禁忌、法律等社会规范的约束。

风俗习惯对消费嗜好、消费方式、购买行为等方面都有着重要的影响。例如，藏族的风俗习惯就是把"财富"穿在身上，各地藏族男女特别讲究饰物，饰品的质地较多，有金、银、珍珠、玛瑙、玉、松石、翡翠、珊瑚和琥珀等。形式主要有头饰、发饰、鬟饰、耳环、项链、胸饰、腰饰和戒指等，造型美观，多为自然形状。妇女都喜欢戴珊瑚、玛瑙、项链和银质佛盒；男子普遍佩戴各种腰刀、火镰等饰物，也有戴耳环、戒指和手镯的。

1.2.3.6 社会热潮

社会上的一些重大事件或人们所关注的热点问题，也常常成为时尚的诱发因素。1910年，俄罗斯芭蕾舞在巴黎公演，以此为契机，法国服装流行有了新的变化，如芭蕾舞服一般色彩鲜艳、强调边饰，同时胸腰放松，出现了否定传统细腰型的直线廓型。20世纪60年代，人造卫星、宇宙飞船相继上天，人类开创了征服自然的新纪元。随着太空时代的到来，服装界受到冲击，太空服、飞行服以及层出不穷的太空色、宇宙色、太空纹样在世界各地迅速风行。

20世纪80年代之后，工业生产带来的负面效应，刺激了人们的环保意识，全球掀起了一股反对过度消费，反对资源浪费的环保热潮。表现在服装上则是对工业化生产的服装进行再造，如面料上粗大的针脚，毛衣上故意出现的破洞，牛仔裤也在不同部位进行磨损处理。

1.3 时尚产业的兴起及发展

从历史发展角度来看，作为诸多产业发展中的一个特殊门类，时尚产业发端于欧洲。现在我国时尚产业蓬勃发展，正成为全球时尚产业的重要组成部分。时尚产业中的系列经营活动构成了时尚产业链，时尚消费是时尚产业发展的基础。

1.3.1　西方时尚产业的发展

1.3.1.1　西方时尚产业的发端

时尚产业发端于17世纪的欧洲，在路易十四执政时期（1661～1715年），重商主义盛行。在重商政策引导下，法国巴黎成为欧洲时尚产品贸易中心。

路易十四痴迷于时尚享受，倡导"带有时尚文化意味的政治发展模式与国家管理方式"。同时，路易十四希望通过与其他国家的贸易往来不断提升法国的国家实力与世界范围的影响力，于是他大力提倡并积极传播法国的宫廷时尚，企图为自己国家打造一个利润丰厚的商品市场——奢侈品市场。他以独特的时尚视角制定了当时的时尚标准，促使其他国家和地区以巴黎为时尚标杆，巴黎对欧洲的时尚奢侈生活产生了巨大的影响力。

17世纪，时尚产业开始在法国巴黎萌芽，设计师、制造商、零售商和消费者组成了最初的时装产业链，服饰产品开始按季节在市场上流行。在路易十四执政期间，法国新增45家手工工厂，在国内修缮水陆交通和促进市场发展，在国外扩大海外殖民地和推广法国纺织品。17世纪中期，法国共有110家手工厂，纺织品生产和贸易成为国家经济的主要来源。17世纪晚期，法国的时尚产业形成了一定的经济规模，时尚经济的特征开始显露。时尚产品不再是宫廷贵族的专利，而是社会的公众产品。时尚也从财富和社会地位的象征，变成了宣扬时尚个性的工具。

18世纪法国皇后玛丽·安托瓦内特（Marie Antoinette）使用御用裁缝为其制作衣物，这为高级定制时装开启了先河。高级定制时装承袭了传统宫廷时装绚丽奢华的风格，所有产品均采用手工制作的方式来生产。每一件产品都是独一无二的精品，最大限度地满足了较高阶层群体对时尚独特性的追求。

"巴黎时装之父"查尔斯·弗雷德里克·沃斯（Charles Frederick Worth）是现代意义上的第一个时装设计师，是在巴黎开设高级时装店的第一人。19世纪50年代，沃斯在巴黎开设了时装屋，开始设计和出售女装。沃斯以少女模特进行时装展示，在巴黎的影响力不同凡响。他推出了"女装沙龙马车"，以真人模特在各地展示他的设计作品。沃斯在英美各国都开设有时装沙龙，吸引了欧洲各国的王公贵族前来消费。他设计的女装成为欧美的潮流标杆，自此法国女装和高级定制时装都开启了辉煌历程，巴黎也被认为是高级定制时装的起源地。此外，沃斯还将戏剧元素引入时尚设计中，用服装品牌名为香水命名，开启了高级时装附属产业的发展。

1.3.1.2　西方时尚产业发展

时尚产业也是工业化与城市化成熟后的产物，工业发展和城市繁荣推动了时尚产业的发展。第二次工业革命后，时尚产业正式进入大规模生产时代。第一次世界大战期间，欧洲男性离开家乡走上战场，女性也开始走出家门参加工作。女性社会地位的变化带来了女性消费需求的变化，女装设计出现了诸多变化且开始注重实用性，以满足工作方便的需要。长裤取代长裙成为女性工作服装，参加工作的女性逐渐将长裤视为正式着装。第一次世界大战之后，法国经济的繁荣带来了高级定制时装业的第一次繁荣。

第二次世界大战期间，为了首先供给战争物资需求，各国政府对纺织品的生产和供给进行了一定的管制，服饰产品在市场上一度十分匮乏。这促使人们对服装耐用性产生需求，人们开始意识到以往服装制造中的过度装饰问题，意识到服装纺织业对环境存在污染问题以及资源有限性问题。原材料的稀缺性激发了人们的创造性，推动利用有限资源来制作服装。第二次世界大战期间，全球时尚产业的发展基本处于停滞状态，人们进行衣着改变都是为了生存需求。

战争结束之后，美国纽约开始在全球时尚产业崭露头角，先进的机械化生产能力让美国的大规模服装制造商获得了快速发展。1948年，美国正式向欧洲实行马歇尔计划，西欧各国接受了包括金融、技术等各种形式的援助，西欧各国经济得到了快速恢复。20世纪60年代，美国纽约成为新的时尚焦点，美国时尚经济由此崛起。同时，西方国家开始重视建设自有的时尚产业，打造时尚之都。凭借原有的基础优势，巴黎、伦敦和米兰等城市成为全球时尚中心，影响全球时尚趋势。20世纪70年代，日本的时尚产业蓬勃发展，东京成为国际第五大时尚之都，亚洲在全球时尚产业中的地位开始显现。

20世纪80年代，英国以撒切尔夫人为代表的英国政府将时尚产业提升到一个较高的地位，时尚设计师受到前所未有的重视。原本以服装为主的时尚产业逐渐扩展到音乐、电影、珠宝、家居等行业。最终在20世纪90年代，英国政府明确提出"创意产业"的发展概念，将时尚行业纳入创意产业范畴，并日益成为英国新的"金字招牌"。至此，以"贵族文化与创意产业"为特色的英国时尚文化初步形成。

进入21世纪以来，英国把时尚产业重心全部转移到创意设计，创意产业俨然成为英国重要的经济支柱和核心产业。在2002年，英国政府还专门组建了创意出口集团（CEG），旨在开拓全球创意市场。2005年11月英国政府发布了创意经济计划（The Creative Economy Programme），2006年又公布《英国创意产业竞争力报告》，2008年英国发布新的政策报告《创意英国：新经济新人才》（*Creative Britain: New Talents for the New Economy*）。英国一直坚持将创意产业视为英国文化传播的物态形式与有效载体，重视将民族文化、传统文化等社会主流核心价值观融入创意产品设计中，并以此在社会生活中营造一个良好的文化氛围。

1.3.2　中国时尚产业的发展

1.3.2.1　中国服饰时尚的发端

中国服饰的历史源远流长，可以上溯至原始社会。"中国有礼仪之大，故称夏；

有服章之美，谓之华。"我们的祖先自古以来就以衣冠礼仪的美誉"华夏"作为族称，这既有重视仪容的文明，也是衣冠之治的传统，这是中国服饰制度的特色。商、周、春秋战国、秦汉、魏晋南北朝、隋唐、宋、元、明、清，到近现代，华夏服饰都以鲜明特色为世界所瞩目。

中国古代服饰制作工艺复杂，注重面料质感，服饰图案多样且看重图案寓意。在7世纪，中国就是世界上服饰最精美的国家之一。此时的中国已经有几百年的养蚕经验了，缫丝和纺织技术在当时也相当成熟，此时的提花织机已经能够编织出复杂的彩色图案。唐朝时期中国女性的服装穿着自由度达到了前所未有的高度。19世纪中期，西方服饰进入中国，中国传统服饰受到西方现代服饰的影响，开始出现改良和变革。

民国初期，中国的男女服饰已经出现明显变化，尤其中山装❶融合了西式服装和中式服装的优点，形成了具有代表性的时尚风格。女性除了模仿西方生活方式外，旗袍❷在不断改良后也受到广泛青睐。20世纪40年代起，旗袍开始趋向于降低领高、缩短裙身长度、取消袖子和开后背，开始追求曲线型。

1.3.2.2 中国时尚产业发展

中华人民共和国成立后的一段时期，中国服饰风格变化不大，形成了比较固定的特征。我国处于计划经济时期，国民经济发展缓慢，通货膨胀率基本为零。在实行凭票供应制度的年代，基本是工厂生产什么，人们就接受什么，市场处于单一的生产导向，人们对服装等物品，以温饱需求为主。

改革开放之后，中国服饰产业才开始正式进入现代化发展阶段。时尚文化于20世纪90年代在中国大地开始大范围传播，这一时期人们的思想开始解放，对新事物的接受能力增强。时尚文化逐渐在中国社会生根发芽，日常消费对象从日化产品延伸至家用电器、消费电子、知识、艺术等方面的产品或服务。

改革开放之初，受经济水平限制，只有少数居民能负担得起时尚产品的购买，并且购买的大多是服装服饰等。随着改革开放的深入，人民消费能力的不断攀升、科技传媒技术的日益更新，我国各大城市都在逐渐进入消费社会。这些都为时尚产业的形成与发展创造了不可或缺的经济基础与技术保障。20世纪90年代前后，更多

---

❶ 中山装（Chinese tunic suit）是以孙中山先生命名的一种服式，在广泛吸收欧美服饰的基础上，综合了日式学生服装（诘襟服）与中式服装的特点，设计出的一种立翻领、有袋盖的四贴袋服装。20世纪50年代以后，中山装成为从国家领导人到普通老百姓的正式服装。20世纪80年代以后，中山装逐渐被人们遗忘。

❷ 旗袍形成于20世纪20年代，为最普遍的女子服装，1929年被确定为国家礼服之一。20世纪50年代后，旗袍逐渐被冷落。20世纪80年代之后，随着传统文化被重新重视，以及影视文化、时装表演、选美活动等带来的影响，旗袍不仅逐渐在国内复兴，还遍及世界各个时尚之地。

国际时尚品牌进入中国市场，中国消费者也更多地熟知了国际时尚企业。

2001年，中国正式加入WTO，中国经济迎来新一阶段的腾飞。国内消费者购买力逐年增强，国内时尚产业也随之增长。2008年后，欧洲和美国的时尚经济增长乏力，中国成为世界时尚产业增长的重要地区。

近年来，我国时尚产业克服国内外日益复杂多变的经济环境，总体保持平稳发展态势，时尚产业格局基本形成，时尚设计与创新能力不断增强，时尚品牌效应逐步提升，时尚产业集群日益壮大，时尚城市建设步伐明显加快。❶

一是时尚产业格局基本形成。目前，我国已经具备全球最大、最完善的纺织服装工业体系，连续多年稳居世界最大的纺织服装生产国、消费国和出口国地位。同时，化妆品、奢侈品、消费电子产品等行业的市场规模也位居世界第二，我国时尚产业大国的地位毋庸置疑。根据国家统计局数据显示，2022年我国限额以上服装鞋帽、针纺织品类商品零售额为13003亿元，虽然受到国外复杂贸易环境的影响，整个行业发展承压严重，然而立足于强大国内市场需求，我国纺织服装行业基本保持良性发展态势，产业规模保持在1.3万亿元以上，整个产业良性发展的积极因素仍在。同时，时尚消费、时尚创意、时尚服务等周边领域也加快布局，新消费、新模式、新业态不断涌现，多元化时尚业态协同发展的产业格局基本形成。

二是时尚创新能力不断增强。新一轮科技革命推动时尚产业创新创业进入加速期，技术瓶颈逐步突破，新生产工艺广泛应用，新业态模式不断涌现。直面国际时尚产业发展浪潮，我国时尚产业设计创新能力快速提升，以新型纤维材料为代表的材料革命推动时尚产品功能多元化发展，以智能制造为代表的数字化生产技术不断提升时尚制造的柔性化水平，以人工智能为代表的新型技术科学同样颠覆了时尚设计流程。据中国纺织工业联合会数据显示，截至2022年，我国纺织行业专利有效量为30.4万件，时尚产业创新能力明显增强。为应对激烈的国际竞争，我国时尚产业加快新型基础设施布局，不仅前瞻性布局5G、工业互联网、大数据等"硬"性基础设施，而且加快布局时尚产业的科技创新服务体系"软"性基础设施。2022年工业和信息化部评定公布了五批"纺织服装创意设计试点园区（平台）"共53家单位，涵盖时尚设计的主要领域。数字平台连接打通数据流，赋能中小企业。截至2022年年底，全国工业企业数字化研发设计工具普及率达78.3%，生成式AI正在高速渗透。❷时尚行业科技创新服务体系逐步完善，为时尚产业高质量发展注入创新动力。

---

❶ 马胜杰. 中国时尚产业发展蓝皮书（2020）［M］. 北京：经济管理出版社，2020.

❷ 孙瑞哲. 坚定信心、开拓奋进，书写新型工业化的锦绣篇章［EB/OL］. 中国纺织工业联合会，
【2023-12-19】.

三是时尚品牌效应逐步提升。近年来，我国十分重视品牌建设工作，时尚品牌建设取得突出成效。2016年国务院启动消费品工业增品种、提品质、创品牌"三品战略"专项行动；2017年国务院正式设立"中国品牌日"，发展品牌经济不仅有利于发挥优质品牌的引领示范效应，促进国内传统产业提质增效和转型升级，而且可以彰显中国文化自信力，推动国内企业"走出去"，与国际大型品牌集团展开竞争。当前，我国时尚品牌建设成效突出，纺织服装品牌已经在国际高端市场占据一席之地，珠宝首饰等细分时尚领域也形成国际品牌及中国香港品牌、中国内地品牌三足鼎立的市场格局。随着人们观念的转变，国潮品牌也成为新生代消费群体的流行新趋势，不同地域、不同年龄、不同文化的消费群体对中国品牌的认可程度与日俱增。

四是时尚产业集群日益壮大。随着国内产业转移和国内消费升级，我国时尚产业集群快速发展，逐步形成以粤港澳、长三角、京津冀为核心的区域性时尚产业集群，产业链配套体系不断完善，供应链上下游日趋成熟。截至2022年，与中国纺织工业联合会建立产业集群试点共建关系的地区有193个，其中纺织产业基地市（县）27个，纺织产业特色名城71个，纺织产业特色名镇95个。❶从地区分布来看，时尚产业集群主要分布于浙江、江苏、广东、山东和福建等东部沿海地区。以产业集群发展为基础，发展特色时尚小镇成为最近几年我国时尚经济发展的热点，深圳大浪、西安国际、杭州湾新区等相继大批时尚小镇闪亮登场，不仅是我国打造世界级时尚小镇的标志性成果，而且也助推我国时尚经济迈进国际时尚顶尖领域。

五是时尚城市建设步伐明显加快。在上海、深圳、杭州之后，青岛、西安、温州等城市相继出台一系列推进时尚之都建设的政策措施，把时尚经济作为未来城市的发展定位。青岛市定位为国际时尚城市，西安高新区定位为大西安的时尚核，深圳市定位为新锐时尚产业之都，温州市突出国际时尚智造的发展特色。风生水起的时尚之都、时尚城市建设，不仅有利于提升现有城市时尚产业集群化程度，而且打造时尚的城市名片，既能吸引国际著名时尚品牌落地，又可以彰显城市的品牌影响力和文化软实力。

虽然当前我国时尚产业发展已取得一定成效，但是在产业链、创新能力、设计水平、产业生态等方面仍存在一些发展不充足、不充分的问题，与高质量发展的要求并不相适应。下一步，我国时尚产业必须以设计创新成为第一动力，以协调发展为内生机制，以循环绿色发展为基本形态，充分利用新一轮科技革命的变革机遇和

❶ 张贵东. 从1万亿到5万亿，纺织产业集群20年贡献有多大［EB/OL］. 中国纺织报，【2022-12-09】.

国内消费升级的时代机遇，加快传统产业转型升级，推动技术工艺改造和发展方式转变，对标国际时尚品牌，引领未来时尚消费浪潮，实现新旧动能转换，全面体现创新、协调、绿色、开放、共享的新发展理念。

1.4 国内外对时尚产业的研究

1.4.1 国内对时尚产业的研究

1.4.1.1 关于时尚的界定

《辞海》中的时尚是指"外在行为模式很快流传于社会的现象"，中文"时尚"一词对应英文"fashion"。20世纪40年代社会学家孙本文在《社会心理学》一书中曾给时尚做出如下定义："所谓时尚即一时崇尚的式样。式样就是任何事物所表现的格式……只要社会上一时崇尚，任何有式样可讲的事物，都可称为时尚。"他认为，时尚不仅是人的行为模式，并且也可以包括物的形状模式。❶

周晓虹认为，时尚"是在大众内部产生的一种非常规的行为方式的流行现象。具体地说，时尚是指一个时期内相当多的人对特定的趣味、语言、思想和行为方式等各种模型或标本的随从和追求"❷。周晓虹还较为系统地分析了时尚产生的主客观条件，认为"社会的物质生活条件的丰裕或相对丰裕""日常生活中大众的相对闲暇"与"社会的大众传播媒介的发达程度"都是时尚形成的客观条件，而"一般大众的时尚意识（即大众对时尚现象的总体认识和评价，以及对各种具体的流行事物的敏感与介意程度）的强弱，则是时尚形成的主观条件"。

周宪认为，时尚是一种复杂的社会行为，兼具文化意义与社会意义。并且时尚的现代性、先锋性、文化性是一个复杂的社会学习过程，影响到趣味和品位的区分，是对现存社会生活方式、价值和伦理的有力冲击。❸

程建强、黄恒学认为，时尚的本质与内涵以及时尚外延的表现形式反映了时尚具有社会功能与文化价值。❹

杨道圣认为，时尚是在人与人之间的相互追随和模仿中产生的，也就是在人群的传播中形成的。同时，时尚的选择被视为品位的一种新型表达形式，往往特权阶层常常成为时尚的引领者。正因如此，时尚的更替总是通过模仿而实现的。可见，

❶ 孙本文. 孙本文文集：第二卷 社会心理学［M］. 北京：社会科学文献出版社，2012.

❷ 周晓虹. 时尚现象的社会学研究［J］. 社会学研究，1995（3）：35-46.

❸ 周宪. 从视觉文化观点看时尚［J］. 学术研究，2005（4）：122-126.

❹ 程建强，等. 时尚学［M］. 北京：中国经济出版社，2010：22-25.

时尚重要的特征就是模仿与传播，并且是一种持续而有规律变化的风格。❶

1.4.1.2 关于时尚文化

目前国内学者主要是从社会心理机制和社会文化意义的角度对时尚文化进行研究和分析。

贺雪飞把时尚作为一种独特的文化现象和文化形态，在对时尚文化的属性和定义、产生和形成条件、话语特征等方面进行论证之后指出，"时尚文化不仅是文化的表征，也是社会的镜子，其潮起潮落的转换无不折射着社会政治、经济、文化不断演变的轨迹"❷。还有一些学者则倾向于将时尚定义为一种流传的生活方式，认为时尚是指一个时期里相当多的人对特定的趣味、语言、思想和行为等各种模型或标本的随从或追求。

黄小熳认为，时尚产生于传播，从传播学视角解读时尚，就是研究在社会情境中时尚符号如何通过各类媒介实现扩散与共享。时尚讯息的水平流动与纵向传递相互交错，与此同时，时尚传播表现出的悦目性、符号性、可复制性的核心特征，使其价值体系、实践风格与其他传播形态有显著差异。❸

对于时尚文化与城市发展的关联。蔡尚伟认为时尚文化在建设城市文化，塑造文化氛围上的作用至关重要，弥合成都时尚文化内核韵味是建设成都国际时尚之城的必由之路。❹

1.4.1.3 关于时尚产业发展的研究

国内学者对于时尚产业的研究则聚焦在性质与路径方面的探讨。

一是性质的剖析：中欧国际工商学院时尚产业研究中心发布了《中国时尚产业蓝皮书2008》，针对时尚产业进行了市场、要求和发展趋势的分析；❺颜莉分析了时尚产业的性质，认为时尚产业应遵循艺术性本质、"以人为本"特征、结构性与层次性特征的三大原则，并指出时尚产业是以服装产业为核心，对日常生活体验进行装饰和美化的产业。❻

二是时尚产业发展路径的探讨：刘长奎从政府、产业结构、市场等视角解读消费及其四类主流发展模式与路径。❼陈建忠在聚焦于浙江时尚产业的特殊性，对创意设计、营销渠道等方面的提升提供建议，提升时尚产业数字化制造所占比重、培育

❶ 杨道圣. 时尚的历程 [M]. 北京：北京大学出版社，2012.

❷ 贺雪飞. 论时尚文化的成因及其话语特征 [J]. 当代传播，2007（3）：22-25.

❸ 黄小熳. 时尚传播的模式与特征：时尚文化的传播学研究 [J]. 出版广角，2017（12）：80-82.

❹ 蔡尚伟. 浅析成都时尚文化的发展路径 [J]. 文化产业，2018（12）：31-32.

❺ 中欧国际工商学院时尚产业研究中心. 中国时尚产业蓝皮书 [R]. 2008.

❻ 颜莉. 时尚产业国内外研究述评与展望 [J]. 经济问题探索，2011（8）：54-59.

❼ 刘长奎，刘天. 时尚产业发展规律及模式选择研究 [J]. 求索，2012（1）：31-33.

重点国际时尚品牌等方面展开部署，并以构筑时尚产业链为主攻方向。❶

刘娟认为，时尚产业的发展要加强政府和时尚协会的引导力量，加大时尚媒体对时尚传播的力度，尤其要注重时尚产业的产教融合教育，吸引高端时尚设计人才，完善时尚产业法律制度，并形成独具特色的文化氛围。❷李采姣指出，我国时尚产业发展一直面临的瓶颈问题是对文化内涵挖掘的缺失。这不仅导致我国时尚产业在国际同行竞争中的劣势，同时还丧失了在国际时尚产业界的话语权。❸

近年来，随着互联网技术、网络技术的快速发展和社会观念变迁，时尚产业正在迎来新的发展机遇。刘晓喆、熊兴、纪怡分析了消费升级与时尚产业发展的关系，认为一方面消费升级促进时尚产业发展，另一方面市场产业的发展推动消费升级。通过对北京、上海、深圳以及浙江等省市的时尚产业政策要点及政策举措的分析发现，未来在制定时尚产业政策时，一是要注重突出资源禀赋和比较优势，二是要注重培育特色时尚产业，三是要注重营造良好的产业发展环境。❹

陈文晖、熊兴、王婧倩也围绕消费升级背景，对我国时尚产业发展战略调整进行了相应研究，认为我国居民消费保持着平稳较快增长，特别是消费升级不断加快，新兴消费热点不断涌现，消费成为经济稳定运行的"压舱石"。消费升级为时尚产业发展提供了强大的市场支撑，众多城市也将发展时尚产业作为促进产业提质增效、培育新的经济增长点、实现经济高质量发展的重要抓手。在消费升级的关键时期，时尚产业要深化供给侧结构性改革，切实推动传统产业转型升级，加快技术突破、业态融合和模式创新，扩大高质量时尚产品和高品质时尚服务的有效供给，培育形成经济发展的新动能。❺

陈文晖、王婧倩还对数字化赋能对时尚产业转型升级进行了分析，认为工具的数字化引发人类思维方式的变革，数字时尚是人们新思维方式下消费和生活方式的变迁。数字与时尚的融合改变了时尚产业从设计、制造到销售的所有环节，并带来革命性的变革。提出我国时尚产业数字化转型应该走时尚设计数字化、时尚营销数字化、时尚供给数字化、时尚消费数字化的全面提升之路。❻

2022年7月27日在江苏盛泽举办的第二届中国设计峰会上，来自国内外的时尚

❶ 陈建忠.浙江时尚产业发展规划研究［J］.浙江经济，2015（4）：38-41.

❷ 刘娟，孙虹.五大时装之都的经验对浙江时尚产业发展的启示［J］.丝绸，2018（7）：64-69.

❸ 李采姣.我国时尚产业文化内涵提升研究［J］.城市学刊，2018（6）：84-88.

❹ 刘晓喆，熊兴，纪怡.消费升级与时尚产业发展研究［J］.价格理论与实践，2018（6）：159-162.

❺ 陈文晖，熊兴，王婧倩.消费升级背景下时尚产业发展战略研究［J］.价格理论与实践，2018（11）：155-158.

❻ 陈文晖，王婧倩.数字化赋能时尚产业转型升级研究［J］.价格理论与实践，2022（6）：38-41，105.

行业品牌代表、设计师代表、院校代表等共同以"可持续时尚的设计突围"为主题对时尚产业可持续发展、设计如何引领时尚产业可持续发展等问题进行了探讨。可持续发展已成为全球时尚产业的广泛共识和国际竞争、合作的重大议题。

1.4.2 国外对时尚产业的研究

1.4.2.1 关于时尚的界定

1890年法国社会学家加布里尔·塔尔德（G.Tarde）出版了其传世名篇《模仿律》，作者从时尚的心理机制进行了研究。塔尔德认为时尚即是建立在人们相互模仿基础上的社会现象。他指出，时尚有两种主要的传播方式：一是从上而下的瀑布式传播，从社会上层优异者流入下层普通大众；二是从个人内部向外部，由心理想象到实际行为的转化。❶

美国社会心理学家罗斯在1908出版的《社会心理学》一书中对时尚进行了专门的论述。罗斯将时尚看作一种动态的社会心理现象，他认为：时尚是某一个人类群体中某种现象周而复始的变化。

德国著名哲学家、社会学家格奥尔格·西美尔（Georg Simmel）对于时尚的研究最为经典，他指出：时尚是既定模式的模仿，它满足了社会调适的需要，它把个人引向每个人都在行进的道路，它提供了一种把个人行为变成样板的普遍准则，但同时它又满足了对差异性、变化、个性化的要求。❷

20世纪60年代以后，法国当代著名学者罗兰·巴特（Roland Barthes）用后结构主义符号学原理作为基本方法，对时尚现象进行了独到的研究，主要观点收入在其代表性作品《流行体系》一书中。他认为：时尚是一种符号性的表意实践，"它从不固定意义但却保持意义的某种机制，它永远是落空了的意义，但它也是意义；它没有内容，于是便成为一种景象，即人类赋予自己以权力，用没有意义来意指；时尚于是便呈现为一般表意行为的范例形式……所以它变为'真正人类'的符号。"❸

1.4.2.2 关于时尚文化

将国外学者关于时尚文化的相关研究加以提炼总结，主要聚焦在关于时尚文化内涵方面的研究。其中维尔纳·桑巴特（Werner Sombart）的《奢侈与资本主义》、加布里埃尔·塔尔德的《模仿律》以及苏珊·凯瑟（Susan Kaiser）教授的《时尚与文化研究》研究从多个视角推进了时尚文化相关研究。

❶ 塔尔德.模仿律[M].何道宽,译.北京：中国人民大学出版社,2008.

❷ 西美尔.时尚的哲学[M].费勇,译.广州：花城出版社,2017.

❸ 罗兰·巴特.流行体系[M].敖军,译.上海：上海人民出版社,2016.

其中比较有代表性的是美国加州大学苏珊·B.凯瑟教授在其《时尚与文化研究》著作中认为，时尚和文化一样既是一种社会过程也是一种物质实践，为此她基于时尚与文化各自的属性特点，提出了时尚与文化研究全新的思维范式：风格—时尚—装扮。通过分析文化在服装设计、制造、销售、消费、时尚主体构成等各个环节之间的流动，说明时尚文化如何影响时尚主体、塑造主体身份。❶

目前影响最广的时尚理论莫过于法国社会学家让·波德里亚在其《消费社会》（2001）研究中提出的时尚见解。在他看来，时尚是现代性之下事物存在的一种普遍的形式。具体地说，时尚是一种周期性的文化消费实践，而时尚之所以成为一种周期性的循环现象，是因为"在这种情况下，每个人同样都应该做到跟上潮流，并且每年、每个季度、每月对自己的服装、物品、汽车进行再循环"。在波德里亚给我们描述的消费社会中，人们为了消费而消费，这种情况下的消费行为服从的是欲望的逻辑，而与实际功用无关。❷

1.4.2.3 关于发展时尚产业

20世纪初期，国外就有学者针对时尚产业展开研究。主要从概念方面展开讨论，美国社会心理学家罗斯E.A.在其著作《社会心理学》（1908）一书中较早展开了关于时尚产业的研究，研究的主要内容是围绕基础的概念和理论，把时尚产业的雏形归结为某一人类群体中对某一现象的周而复始的异常变化，这也标志着正式揭开了时尚产业的神秘面纱。

围绕时尚产业的界定，普里斯特A.认为，时尚产业的核心产品范围不仅包括传统的服装，还包括珠宝首饰、香水、手表、箱包、帽子、眼镜、鞋子和腰带。由于服装业是时尚产业中具有优势性的行业，时尚产业应该围绕以服装业为核心和龙头，家居和消费类电子为外围，根据不同层次进行资源配置，实现产业效率最大化。❸奥孔握认为，不能仅就产品特性来考察时尚的跨产业本质。过去的几个世纪里，服装（还有其他产业）仅仅被看作一种生活必需品，而服装制造业也仅仅是出于功能性的目的，然而这并没有揭示时尚作为这些行业功能组成的重要作用，实际上，由于材质、款式设计、配饰和原材的不同，服装往往被作为某一社会阶层特定的标志。❹

总的来看，时尚产业的生产本质，是围绕示差性和垄断性，通过跨行业的生产

❶ 苏珊·B.凯瑟. 时尚与文化研究［M］.郭平建，等译. 北京：中国轻工业出版社，2016.

❷ 让·波德里亚. 消费社会［M］.刘成富，全志钢，译. 南京：南京大学出版社，2001.

❸ PRIEST A. Uniformity and differentiation in fashion［J］. International Journal of Clothing Science and Technology，2005，17（3/4）:253−263.

❹ OKONKWO U. Luxury Fashion Branding［M］. Hampshire：Palgrave Macmillan，2007.

方式得以展开。

围绕时尚产业发展，以上多位学者从不同行业进行了比较周全的分析和研究。从整体上分析时尚产业发展的文献，包括以下几类：首先在做好知识产权保护工作方面，罗杰斯·D.S.和加门斯认为，时尚企业生产商在全球化市场当中面临的一个重大问题是仿冒问题。通过对不同类型的仿冒产品的研究，他们"分析了时尚产业中的仿冒现状及其带来的道德问题"，认为"本土的模仿往往比较容易得到宽容，这样造成了政府在判断仿冒问题上面临道德和经济的双重困境。但是知识产权保护法案也许有帮助"❶。苏克·J.和赫姆菲尔·C.S.考察了美国时尚设计知识产权保护的状况，认为与欧洲相比，美国这方面的法律法规必须得到强化，同时他提出解决这个问题唯一有效的途径就是反盗版。❷其次，针对时尚产业供应链，金·R.E.和霍吉森·T.J.等提出"快速反应供应系统（Quick Response Replenishment System）"的概念，利用布料量化供应系统控制体系来实现最优生产计划和控制的问题。❸随后，克里斯多夫·M.和罗森·R.在《时尚产业弹性供应链的创造》一文中，进一步提出"弹性供应链"概念，认为时尚市场应适应市场的变化，"传统的组织架构和前瞻性的供应链已经难以满足典型时尚市场多变的需求。相反，此时弹性组织的产生反映了弹性的供应链，适应了这一需求"。❹

围绕时尚品牌管理，纽曼·A.J.和帕蒂尔·D.从零售商与业绩的视角提出品牌价值管理的作用，认为"围绕品牌的零售商形象对于时尚企业的业绩尤为重要"，因此"可以从战略和整体的角度看待零售商形象，从而考察对其业绩产生影响的变量"。❺戴维斯·F.在其著作《时尚、文化与身份认同》一书中，将时尚品牌与"溢价"联系在一起，认为"时尚商标，根据其声誉和给顾客带来的心理满足的程度可以获得一定的溢价"，❻进一步明确了时尚品牌与消费者评价之间的关系。布里德

❶ ROGERS D S, CAMANS L R. Fashion：a marketing approach［M］. New york：Holt, Rinehart and Winston, 1983.

❷ SUK J, HEMPHILL C S. The Law, Culture and Economics of Fashion［D］. Harvard Law School John M. Olin Center for Law, Economics and Business Discussion Paper Series, 2009：648.

❸ KING R E, HODGSON TJ, LITTLE AL. Analysis of Apparel Production System to Support Quick Response Replenishment［J］. National Textile Center Research Briefs, 1998（8）：37-38.

❹ CHRISTOPHER M,LOWSON R,PECK H. Creating agile supply chains in the fashion industry［J］. International Journal of Retail&Distribution Management, 2004, 32（8）：361-376.

❺ NEWMAN A J, FOXALL C R. In-store customer behaviour in the fashion sector：some emerging methodological and theoretical directions［J］. International Journal of Retail & Distribution Management, 2003, 31（11）：591-600.

+F DAVIS F. Fashion, culture, and identity［M］. Chicago：University of Chicago Press, 1994.

森·K.和伊万斯·J.将品牌价值管理具体化，提出"有四个维度可以用于评价品牌导向：特殊性、功能性、增殖性和符号性""时尚零售商的品牌导向越强烈，其获得的竞争优势就越多"。❶

近年来，联合国越发关注时尚产业在可持续发展中的承诺和行动，根据联合国大会2025发展规划，可持续时尚未来将影响整个时尚产业的发展。2017年11月16日，联合国在纽约总部举办了一场独特的时装秀，旨在引发人们对时尚业与可持续发展关系的思考，并推动时尚促成改变。

2018年12月全球时尚界在波兰卡托维兹联合国气候变化大会（COP24）期间发布了《时尚业气候行动宪章》（*Fashion Industry Charter for Climate Action*），大大加强了时尚行业应对气候变化的势头。在《联合国气候变化框架公约》（UNFCCC）秘书处的支持下，43个主要品牌、零售商、供应商组织和其他公司已同意共同解决时尚行业在整个价值链中对气候的影响。这一《宪章》包括16项原则和目标。《宪章》指出，时尚业是温室气体排放者，在减排并促进可持续发展的过程中发挥重要作用。《宪章》与"巴黎协定"的目标一致，载有该行业到2050年实现净零排放的愿景，并确定了签署方将解决的问题，包括脱碳生产，环保和可持续材料的选择，低碳运输，提高消费者意识，与融资界和政策制定者合作，并探索循环商业模式。

印度学者阿努帕玛·古普塔在其论文《时尚行业：亚洲和欧洲品牌的比较研究》（*Sustainability Policies for the Fashion Industry: A Comparative Study of Asian and European Brands*）中，运用与可持续发展相关的方法、活动和协同模式，讨论对比了典型的亚洲和欧洲品牌在可持续发展方面存在的差异，文章认为欧洲品牌倾向于采取一种整体的、结构化的和目标导向的方法来营销他们与环境可持续性的联系，而典型的亚洲品牌更加注重社会可持续性基本理念方面。❷

美国学者凯德伦·托马斯（Kedron Thomas）在文章《时尚产业的可持续性文化》（*Cultures of Sustainability in the Fashion Industry*）中指出可持续性将会是未来时尚产业的主要研究视角，通过深入调研及数据分析，指出发展可持续性时尚产业要基于可持续性文化的注入、业务经理的拓展以及时尚设计师观念的转变等一系列措施。❸

---

❶ BRIDSON K，EVANS J. The secret to a fashion advantage is brand orientation［J］. International Journal of Retail & Distribution Management，2004，32（8）：403-411.

❷ ANUPAMA GUPTA. Sustainability Policies for the Fashion Industry：A Comparative Study of Asian and European Brands［J］. Indian Journal of Public Administration. Volume 65，Issue 3. 2019：733-748.

❸ KEDRON THOMAS. Cultures of Sustainability in the Fashion Industry［J］. Fashion Theory，2020，24（5）：715-743.

1.4.3 国内外时尚产业研究比较

通过查阅国内外学者对于时尚所做的研究发现，国外时尚相关理论研究无论是经济学家凡勃伦还是社会学家西美尔，都将时尚视为一种阶级区分的符号，时尚在模仿中同化与分化的过程也与当下时尚的发展轨迹不谋而合，种种时尚现象从表征与内涵看，均与西方社会的有闲生活方式遥望呼应。国内时尚相关研究则聚焦于时尚的社会现象与时尚的特征研究，归纳时尚具有社会属性、经济属性、时效属性三大特征。与国外学者侧重时尚理论研究相比，国内学者针对时尚的研究更倾向产业实际问题的解决。

关于时尚文化，在国外研究中主要聚焦于时尚文化内涵的研究，从学理层面肯定了时尚文化对于西方社会奢侈风潮的影响。同时从心理学角度分析时尚文化既是一种物质实践的过程，也是人们追求精神活动的一种实践。反观国内时尚文化相关研究则主要关注在时尚文化对于城市文化的影响，与中国时尚文化内核缺失方面的探讨，众多国内学者多次提到要重视建构新时代中国特色时尚文化理念，但鲜有关于时尚文化驱动时尚产业与品牌发展路径的研究，这也是本文研究的价值所在。

综合时尚产业研究总体来看，国外对于时尚产业的研究虽起步较早，但研究的范围较为狭窄，主要对时尚的概念与视角研究较多，这对于起步较早的国外时尚产业来说，显然远远不够。相反，国内学者对于时尚产业的研究虽起步较晚但研究内容相对丰富，无论是以国家层面、行业协会层面，还是时尚产业自身层面，都详细做了全面分析，并且落实到具体实施措施，为时尚产业的研究提供了丰富的维度。但在研究深度方面也存在一定不足，尤其提及了时尚产业需要独具特色的时尚文化氛围，但未有以时尚文化为驱动力的时尚产业发展路径研究，为未来时尚产业的研究提供了新的研究方向。

本章思考题

1.什么是时尚？时尚有哪些特征？

2.什么是时尚产业？时尚产业具体包括哪些产业？

3.影响时尚产业发展的主要因素有哪些？

4.试比较普通品、奢侈品与时尚品定价与营销模式。

5.进入21世纪以来，我国时尚产业发展有哪些特征？

6.时尚产品生命周期与时尚产业生命周期有何区别？

7.试就时尚、时尚文化、时尚产业研究为主题，撰写一篇文献综述。

基础理论

第 2 章　产业发展相关理论

课程名称：产业发展相关理论

课程内容：1.产品供求理论

　　　　　2.产业组织理论

　　　　　3.产业生命周期理论

　　　　　4.产业布局理论

上课时数：4课时

训练目的：通过本章的学习，使学生了解产品供求理论、产业组织理论、产业生命周期理论、产业布局理论等成熟理论，为我国时尚产业发展研究奠定可靠基础。

教学要求：1.使学生掌握产品供求理论中需求的含义。

　　　　　2.使学生掌握产业组织理论的内容。

　　　　　3.使学生了解时尚产业的市场结构。

　　　　　4.使学生掌握产业生命周期理论的主要内容。

　　　　　5.使学生明确时尚产业的布局特点。

课前准备：阅读产业发展理论方面的书籍。

产业经济学中的产品供求理论、产业组织理论、产业生命周期理论、产业布局理论等成熟理论，为我国时尚产业发展研究奠定了可靠基础。

2.1 产品供求理论

2.1.1 产品供求理论的背景

供求理论是新古典主义经济学的核心支柱和分析工具。对经济增长问题的研究是古典经济学的理论传统，既然人人都是为了消费或者出售而生产，普遍的生产过剩是不会发生的，所以分析的重点是生产与供给，至于需求则不在研究的范围之内。而奥地利学派则从消费经济出发，利用边际分析研究了商品的（效用）价值与需求规律，意图说明在资源供给一定的条件下，如何最经济地使用这些资源，使得消费者的效用最大。所以需求问题是他们所要讨论的重点，而生产成本等问题则是派生的，是不重要的。新古典主义经济学代表人物马歇尔首次将这两者结合起来，说明了商品价格的形成并不是单独地由生产成本决定，也不是单独地由商品的效用决定，而是两者共同决定了商品的价格。马歇尔关于需求和供给共同决定商品价格的理论，至今仍是经济学的核心内容之一。

2.1.2 产品供求理论的内容

产品供求理论主要包括需求理论、供给理论和价格均衡理论。

2.1.2.1 需求理论

（1）需求的含义

需求是在一定的时期，在一个既定的价格水平下，消费者愿意并且能够购买的商品数量。在这一概念中，消费者是指能够独立做出购买决策的经济单位。在微观经济学中，家庭是最基本的消费单位。需求有两个基本构成要素：一是消费者的购买欲，二是消费者的支付能力。两个要素同时具备，称为现实需求。缺少其中一个要素的需求可以称为潜在需求。潜在需求与现实需求在一定的条件下可以互相转化。例如，消费者存在通货膨胀预期，为减少损失，消费者会在价格进一步上涨以前购买本来不想购买的商品，从而把没有购买欲望的潜在需求转化为现实需求（最典型的例子是通货膨胀预期下的抢购）。再如，房地产开发商推出的分期付款策略，就是把没有支付能力的潜在需求转化为现实需求。

（2）影响需求的基本因素

正常条件下，影响需求的因素主要包括以下几方面。

① 商品本身的价格。一般而言，商品的价格与需求量呈反方向变动，即价格越高，需求越少，反之则相反。产品的价格上升了，消费者将会减少购买。反之，如

果产品的价格下降了，消费者将会增加购买。但也有例外情况，如劣等品、炫耀性商品等。另外，在非常时期，如战乱、自然灾害等，也会出现一些相反的现象。

② 消费者的收入水平。当消费者的收入提高时，会提高消费者的购买能力，从而增加对商品的需求。反之，如果消费者的收入减少，购买力下降，对商品的需求也自然会下降。质量较差的劣等品除外。

③ 相关商品的价格。当一种商品本身价格不变，而其他（相关）商品价格发生变化时，这种商品的需求也会发生变化。相关商品包括互补品和替代品。互补品是指两种互相补充使用的商品，如照相机和胶卷，胶卷的需求与照相机的价格有着密切关系。一般而言，照相机价格上升，胶卷的需求量下降，两者呈现反方向变化。替代品是指两种可以互相替代的商品，如牛肉的价格不变而猪肉的价格上升时，牛肉的需求上升。反之，则牛肉的需求下降。

④ 消费者对未来的预期。当消费者存在通货膨胀预期时，意味着商品的价格即将上升，消费者会增加对该商品的现期需求，因为理性的人会在价格上升以前购买产品。如果存在通货紧缩预期，情况就会相反。人们"买涨不买跌"的购买习惯，就可以用这种购买心理来解释。同样，消费者预期的收入提高时，也将影响他的购买行为。

⑤ 消费者的嗜好。当消费者对某种商品有了一种特殊的爱好时，该商品的需求就会增加，相反偏好程度减弱，需求就会减少。

⑥ 人口规模。一般而言，人口规模越大，需求越大。

（3）需求定理

需求定理描述的是商品的价格（P）与需求量（Q）之间的关系。假定影响商品需求量的其他因素不变，商品的需求量随着商品价格的上升而减少，随着商品价格下降而增加，这就是需求定理。根据需求定理可得出需求曲线（D），如图 2-1 所示。

需求曲线是根据需求表中的商品的不同价格与需求量的组合，在平面上拟合的一条曲线。

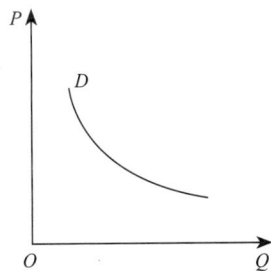

图 2-1　需求曲线

2.1.2.2　供给理论

（1）供给的含义

供给是在一定的时期，既定的价格水平下，生产者愿意并且能够生产的商品数量。在经济学中，生产者又叫"企业"，是指能独立做出生产经营决策的经济单位。供给有两个构成要件：一是企业愿意生产，在假定企业的行为是获取利润的条件下，供给的数量取决于利润的多少。这意味着企业总是愿意生产价格最高、成本最低的产品。二是企业生产的能力，大致取决于企业的技术装备和资源的稀缺程度。

两个要件缺一不可，它们共同组成有效供给。

（2）影响供给的基本因素

① 商品本身的价格。一般而言，一种商品的价格越高，生产者提供的产量就越大。相反，商品的价格越低，生产者提供的产量就越小。

② 生产成本。在商品价格不变的条件下，生产成本的提高会减少利润，从而使商品生产者不愿意生产，进而减少供给量。如果面粉的价格上升，生产饼干的成本就会上升，企业愿意提供的饼干的数量就会减少。相反，面粉的价格下降，生产饼干的成本下降，在饼干价格不变的条件下，企业产生的利润就会增加，生产的积极性就高，从而饼干的供给就会增加。

③ 相关商品价格。当一种商品的价格不变，而其能生产的其他商品的价格发生变化时，该商品的供给量会发生变化。例如，在玉米价格不变而小麦价格上升时，农户就可能多生产小麦而减少玉米的供给量。

④ 技术水平。一般而言，技术水平的提高可以降低生产成本，增加生产者的利润，使生产者愿意提供更多的产量。例如，计算机刚刚出现的时候，体积很大，要占用好几个房间，随着技术的进步，计算机可以在流水线上批量生产，供给量增加的同时，价格也就下降了。

⑤ 生产者对未来商品的价格预期。如果生产者对未来的预期看好，如价格上升，则制订生产计划时就会增加产品供给。反之，如果生产者对未来的预期是悲观的，在制订生产计划时，就会减少产量供给。

⑥ 政府的政策。包括产业政策（产业支持政策和产业限制政策）和税收政策等，都会对供给产生一定的影响。

（3）供给定理

当影响商品供给的其他因素不变时，商品的供给量会随着商品价格的上升而增加，随着商品价格的下降而减少，这种趋势就是经济学所讲的供给定理。

根据供给定理可得出供给曲线（S），如图2-2所示。

供给曲线是根据供给表中的商品的价格—供给量组合在平面图上所绘制的一条曲线。

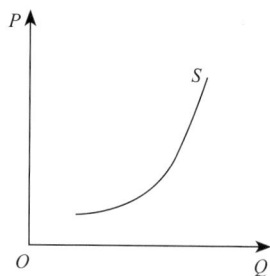

图2-2　供给曲线

2.1.2.3　价格均衡理论

根据上文的分析，消费者和生产者根据市场价格，决定愿意并且能够购买或者提供的商品数量。消费者与生产者的行为共同作用于市场，最终决定市场的均衡。

图2-3中，D线表示需求曲线，S曲线表示供给曲线。我们把供求相等的E点定义为均衡点，把与E点相对应的价格水平定义为均衡价格P_e，即供求平衡时的价格；把与E点相对应的产量定义为均衡数量Q_e，即供求平衡的产量。

均衡价格与均衡数量是经济学家理想中的价格和产量。因为在这一价格水平和产量条件下，市场上稀缺的资源可以达到最佳的配置，是一种理想的状态。但是实际的市场价格总是与这一理想的价格相背离。当实际的市场价格与这一理想的价格相背离时，价格就会发生变动。价格的变动会使供求关系发生变动，从而实现市场均衡。

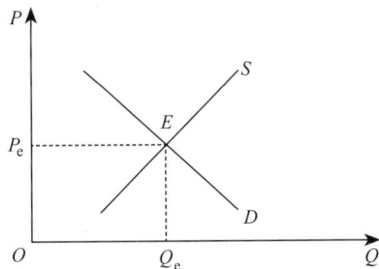

图2-3 均衡价格和均衡数量的形成

2.1.3 时尚产业的供求分析

时尚产业的经济效用是由时尚产品与市场的相互作用机制决定的。时尚产品的供给和需求关系促使时尚企业不断生产出符合时代特点并具有功能有效性的时尚产品。

2.1.3.1 时尚产品需求分析

（1）时尚产品需求的特点

与普通品相比，时尚产品的需求具有以下特点。

① 时尚产品的需求具有变动性，且产品生命周期较短。对于具体产品而言，一旦被生产出来，其内含的时尚元素就已经被定位，只能满足当下的时尚消费。而时尚产业的发展具有鲜明的流动性和时代性，时尚一旦改变，就会使时尚产品因过时而滞销。因此，时尚产品的产品生命周期一般较短，经典纪念版的奢侈品除外。据统计，服装、IT数码产品的生命周期只有3个月至2年，而传统家电的生命周期可以达到8~10年，家具的生命周期则长达数十年。❶

② 时尚产品的需求具有个性化。时尚产品消费者在购买时尚产品的过程中，会随着时间的变化对时尚产品提出不同的个性化需求，大部分时尚产品不具有大规模生产的可操作性。例如，美容、发型、服饰等时尚产品，个性化定制的特性非常明显。

③ 时尚产品的需求具有符号性。时尚产品的消费在某种程度上是一种"炫耀性消费"，即这类消费的目的不在于实用价值，而在于炫耀自己的社会地位、财富和身份。这种符号和炫耀，通常会通过时尚品牌加以体现，这一点在奢侈品品牌上体现得尤为突出。❷

（2）时尚产品需求的决定因素

时尚产品需求因素主要有消费者收入、消费者偏好、时尚产品价格等。

---

❶ 王琴.由《时尚女魔头》引发的思考——从设计角度看时尚产品的消费[J].电影评价，2007（17）：73-74.

❷ 郎咸平，等.破解时尚产业战略突围之道[M].上海：东方出版社，2007.

① 消费者的消费意愿和偏好。如果消费者投资和储蓄意愿过强而挤占了消费意愿，时尚产品的需求就会受到抑制。另外，由于审美标准具有地域性，时尚产品的需求直接受到该地区消费者的品位和喜好的影响。但随着经济全球化的蓬勃发展，流行趋势的全球化越来越明显，全球消费者对于时尚产品的品位越来越趋于一致，对于时尚产品的需求也越来越强烈。

② 消费者的可支配收入。一般来说，收入与需求是正相关的，消费者可支配收入越高，对正常商品的需求就越多。时尚产品需求属于正常商品中的非生活必需品，这就决定了消费者的可支配收入达到某一程度之后，时尚产品的需求才会产生。

③ 社会的发展程度。一般来说，人均GDP达到1000美元以上，社会对文化精神的消费就会急剧膨胀。社会发展程度越高，对时尚产品的需求也就越大，时尚形成产业的机会也才越大。

因此对于时尚产品而言，其需求量的大小，首先受时尚产品的基本使用价值的影响。普通产品P越大，最终的需求量越小。然后由产品的时尚元素决定，表现为ΔP部分。从时尚产品的需求函数可以看到，对于消费同样数量的产品，由于时尚产品的定价高于普通产品，其相同情况下的消费量也小于普通产品。

2.1.3.2 时尚产品供给分析

随着社会经济发展与生产力的提高，时尚产品作为享受性和发展性的产品，在社会总供给结构中所占比重将不断增加。

（1）时尚产品的生产要素

微观经济学普遍认为生产要素主要包括劳动力、土地、资本和企业家才能四类。生产时尚产品的生产要素也需要这四种要素的相互结合。不过时尚产业提供的产品又与创意、文化为核心的产品和服务有关，因此时尚产品生产时的主导生产要素不是土地、一般劳动力，而是才智、才能等要素。

（2）时尚产品的供给特点

时尚产业是新兴的都市产业，其发展与城市发展密不可分，生产具有地域特色的时尚产品是时尚产业发展的必然需求。❶时尚以产品为载体，产品以设计为先驱，世界五大时尚之都——伦敦、巴黎、纽约、米兰、东京都将出色的设计贴上了地域文化的标签。同样的，我国沿海经济发达地区，如上海、江苏、浙江等地的时尚产业发展走在了全国的前列，其时尚产品的供给也富含当地的特色，如"海派时尚"已经成为上海时尚产业一个靓丽的文化标签。

---

❶ 唐忆，詹歆晔，蔡云，等.国际时尚产业发展趋势及上海借鉴［J］.上海文化，2013（4）：66-72.

（3）时尚产品的供给成本

时尚产品的供给成本是指厂商为了生产并提供一定数量和质量的时尚产品与服务而花费的费用或代价。与创意产业相类似，时尚产业价值系统主要由专有知识、资金、人才和管理四类要素构成。❶

专有知识对于时尚产品而言，很大程度上是以知识产权的形式表现出来的，如版权、品牌、设计、专利等。资金成本对于时尚产业主要指的是从产品设计开始，到产品推广、营销等整个过程中所需的资金，由于时尚产品的特殊性，又有商业元素融入其中，所以时尚产业说是资金密集型产业也不足为过。人才成本指的是专业设计人才和营销人才，这对于我国时尚产业的发展来说起到至关重要的作用，以服装行业为例，设计师、视觉推广师、陈列师、培训师等专业人才的缺乏已严重制约了中国服饰产业的发展。❷管理成本则主要体现在企业通过建立系统的人员与设备管理机制，提高生产率和交货率的同时降低存货量。

一般情况下，时尚产品价格 P 由产品的基本使用价值和时尚溢价共同决定。其中，时尚溢价 ΔP，是指人才运用相关知识，结合资金、技术及管理等要素，将时尚元素整合入普通产品的过程中体现出来的。由于时尚溢价 ΔP 直接衡量商品的"时尚"程度，其影响更为重要。

2.2 产业组织理论

2.2.1 产业组织理论的背景

产业组织理论是研究市场在不完全竞争条件下的市场结构、企业行为、市场绩效及其制度安排的理论。1776年，亚当·斯密在《国富论》一书中详细阐述了自由竞争市场，认为市场这只"看不见的手"是实现市场资源配置的有效手段，创立了古典经济学。19世纪末20世纪初，西方发达国家从自由资本主义阶段进入垄断资本主义阶段，市场集中度不断提高，部分行业出现寡头甚至垄断的现象，古典经济理论对市场发展的新情况、新问题无法解释，其论断的合理性受到质疑。经济学家开始对不完全竞争条件下的企业行为、产业结构等问题进行深入研究。1890年，马歇尔提出企业追求规模经济和由此造成的市场垄断扼杀竞争活力之间的矛盾，即"马歇尔冲突"。20世纪30年代资本主义经济危机与大萧条使人们对自由市场失去信心，1933年张伯伦的《垄断竞争理论》和琼·罗宾逊的《不完全竞争经济学》开启了垄

❶ 杨永忠. 创意产业经济学［M］. 福州：福建人民出版社，2009.

❷ 杨大箔. 推动时尚——杨大箔纵观中国时尚产业［M］. 北京：东方出版社，2006.

断和不完全竞争理论研究的新时代，为产业组织理论的形成奠定了基础。

2.2.2 产业组织理论的内容

2.2.2.1 代表人物和各派观点

西方产业组织理论在发展过程中前后出现过若干比较有影响力的学派和经典理论，包括哈佛学派、芝加哥学派、新奥地利学派、新产业组织理论等（表2-1）。

表2-1 产业组织理论比较

名称	提出者	形成时间	内涵	理论主张	特点
哈佛学派	贝恩、梅森等	1959年	市场集中度提升到寡头或垄断的程度必然产生超额利润，导致削弱竞争的市场行为，从而降低资源配置效率	采取积极的反垄断政策和政府管制，改善市场结构，限制企业滥用市场支配地位的行为	将市场结构作为重点研究对象，提出"SCP分析范式"
芝加哥学派	斯蒂格勒、德姆塞茨等	20世纪60~70年代	企业参与市场竞争过程中的优胜劣汰就是"生存检验"，企业行为才是决定市场结构和绩效的关键变量	反对政府直接干预经济活动，主张放松政府管制	注重企业经营行为对市场绩效影响的研究，重新定义进入壁垒
新奥地利学派	米塞斯、哈耶克、熊彼特等	20世纪70年代后	市场的本质是对分散的知识和信息的发现过程，高额利润是市场竞争过程一个特征信号指引	废除政府管制和不必要的行政垄断，反对企业分割、禁止兼并，主张实行自由放任政策	以奈特式的不确定性为理论基础，注重创新和企业家精神的重要作用
新产业组织理论	科斯、诺斯、威廉姆森、泰勒尔、克瑞普斯等	20世纪80年代后	将产权理论、交易费用理论、博弈论、可竞争市场理论、委托代理激励机制设计理论等最新成果引入产业组织理论	将反垄断调查的重点转移到企业行为对经济效益和消费者福利的影响上，积极推行能够减少沉没成本的新技术和新工艺	从理论范式、研究方法和政策主张等方面对传统产业组织理论进行突破和创新

2.2.2.2 主要内容

产业组织理论以价格理论为基础，通过对现代市场经济发展过程中产业内部企业之间竞争与垄断及规模经济的关系和矛盾的具体分析，着力探讨产业组织状况及其变动对产业内资源配置效率的影响，从而为维持合理的市场秩序和经济效率提供理论依据和对策途径。

（1）产业组织的定义

经济学中的组织概念是由英国著名经济学家马歇尔首先提出来的。马歇尔在1890年出版的《经济学原理》一书中提出，把组织定义为一种新的生产要素，是一种能够强化知识作用的要素。所谓产业组织是指同一产业内企业间的组织机构或者市场关系。这种企业之间的市场关系主要包括交易关系、行为关系、资源占用关系和利益关系。需要说明的是，产业组织考察的是同一产业内的企业，即处于同一商品市场的企业之间的市场关系。产业组织中的组织也不是通常所说的生产组织、企业组织，而是专指产业"组成部分之间的关系"。

（2）产业组织理论的形成与发展

现代产业组织理论是在产业组织理论的思想渊源的基础上产生和发展起来的。

① 产业组织理论体系的建立：20世纪30年代的经济大危机，使以马歇尔为代表的正统经济理论与现实的矛盾日益显现，从而为新理论的产生提供了基础。尤其是美国经济学家张伯伦在1933年出版的《垄断竞争理论》一书中提出的一些概念和理论观点，成为现代产业组织理论的重要来源，他本人也因此被称为现代产业组织理论的奠基人。张伯伦《垄断竞争理论》的问世，标志着产业组织理论体系的建立。张伯伦对现代产业组织理论的贡献主要体现在以下几个方面。

一是以分析纯粹竞争为出发点，否定了纯粹竞争存在的条件，提出了垄断竞争的概念。张伯伦认为，完全竞争和完全垄断只是两种极端的市场形态，现实经济则是介于这二者之间的"中间地带"，现实的市场既存在竞争因素，也存在垄断因素，二者的并存与交织形成了所谓"垄断（性）竞争"格局。其根本原因在于，每个厂商提供的产品具有差异性，所以它是个垄断者，但该产品又具有一定的替代性，因而对生产同类产品的其他企业来说，它又是一个竞争者。于是，垄断竞争市场便形成了。

二是对垄断竞争的市场结构进行了具体分类和分析。张伯伦对完全竞争和纯粹垄断两种极端市场形态及位于这两者之间的广阔的"中间地带"的市场结构进行了具体分类，分析了特定产业内的市场结构、价格、利润、广告和效率等的相互关系。

三是提出了生产同类产品的企业集团及与之相关的厂商企业的关系问题。由于不同的供给厂商生产的同类产品具有一定的替代性，因而可能导致将同类产品企业间的价格、产量予以协调的企业集团的出现，进而产生了集团内企业间、集团企业与非集团企业间纵横交错的竞争关系。通常，由于集团内企业可以保持统一价格，并凭借其集团实力取得一定的市场垄断地位，集团外的企业很可能因此而处于不利状态。当然，它们也可以采取灵活的价格政策与集团企业竞争。

四是界定了"产品差别"的内涵及其对市场竞争的影响。产品差别包含三层含义：商品的品质、包装等产品本身的差异，产品销售条件、服务态度的不同，消费者想象的心理差别，如品牌、广告等。张伯伦进一步分析了垄断与竞争的关系，他认为产品差别既是垄断因素，又是一种竞争力量，只要销售量与产品差别有关，则产品差别的非价格因素就可能比传统的价格竞争更为重要。

五是提出并讨论了企业在市场上的进入和退出问题。一个产业的兴起、发展和衰退必然包含着企业的进入和退出问题。企业进入某一产业的难易程度是决定该企业成本—收益关系的基本因素。伴随企业进入和退出市场的行为，集团企业和非集团企业也可能在某一点上达到均衡。

②产业组织理论的形成：比较完整的产业组织理论体系是20世纪30年代以后在美国以哈佛大学为中心逐步形成的。1938年梅森（E.Mason）在哈佛大学建立了一个产业组织研究小组，1939年梅森在张伯伦理论的基础上，出版了《大企业的生产价格政策》一书，提出了产业组织的理论体系和研究方向。

1959年，梅森的学生、美国经济学家贝恩（J.Bain）在其出版的《产业组织》一书中，系统地提出了产业组织理论的基本框架，标志着现代产业组织理论基本形成，第一次完整而系统地论述了产业组织的理论体系；明确地阐述了产业组织研究的目的和方法，提出了现代产业组织理论的三个基本范畴——市场结构（Market structure）、市场行为（Market Conduct）、市场绩效（Market Performance），即SCP分析框架。

以梅森和贝恩为代表创立的SCP范式标志着产业组织理论的形成。由于该学派以哈佛大学的经济学教授为主，故又被称为哈佛学派（Harvard School）。它与有效竞争理论一脉相承，其研究重点是市场结构。而且，哈佛学派的理论主张被美国的竞争政策采纳，对美国的反垄断发挥着极大的影响。哈佛学派在某种程度上可以说是产业经济学的主流学派。哈佛学派的产业组织理论，以新古典学派的价格理论为基础，以实证研究为主要手段，按结构、行为、绩效三个方面即所谓的"三分法"对产业组织进行分析，构造了一个既能深入具体环节又有系统逻辑体系的分析框架；并通过对市场关系的各方面进行实际测量，从市场结构、市场行为和市场绩效三个方面提出政府的公共政策（产业组织政策），从而规范了产业组织理论的体系。

（3）产业组织理论的内容

基于哈佛大学的SCP分析框架，产业组织理论的内容如下：

①市场结构：市场结构是指市场主体的构成以及市场主体之间的相互作用和相互联系的状态，如市场竞争和市场垄断等。在市场上，进行商品交换的主体是具有独立经济利益的集团、企业和个人。这些市场主体在市场中的地位、规模和数量比例关系，以及它们的生产技术特点、它们在市场上交换物品的特点等构成了具体的市场。

影响市场结构的主要因素包括市场集中度和市场进入与退出壁垒。市场集中度是指产业市场上大企业的数量及它们的规模分布，即大企业在产业市场上占有的比率。在一个产业内，企业规模大小和企业数量多少，对企业间的竞争关系有直接的影响。企业规模大，在市场上销售产品的数量多、市场占有率高，企业对市场价格的影响作用就大。如果企业规模小且数量多，企业间往往难以达成协议，即使达成了也很难维持，企业之间的竞争较为激烈。市场进入壁垒又称市场进入障碍，主要是指与产业内的原有企业相比，潜在的新进入企业在竞争条件上所具有的不利性。市场退出壁垒又称市场退出障碍，主要是指产业内的企业停止生产经营退出产业时的难度。

②　产品市场需求成长率：指在一定时期内，市场上对产品需求量的扩大比率。市场需求成长率对市场构成造成了影响。一般来讲，当一定时期内的产品市场需求成长率较高时，产品价格会在供不应求的情况下提高，产业内出现超额利润，从而吸引新的企业大量进入产业，改变产业的集中度。当产品的市场需求成长率较低时，市场价格稳定或趋于下降，新企业在低价格条件下，很难进入产业市场，原有企业之间的竞争也更为激烈。

③　纵向生产一体化程度：如果产品市场上存在的大型企业既能大量生产上游产品，又可以生产下游产品，说明该行业的企业纵向生产一体化程度较高。此时，由于企业拥有整个产业链的产品生产能力，可以通过调整上游产品或下游产品的价格来更好地控制市场，从而达到限制新企业进入产业市场的目的。

④　多元化程度：产品市场上较大规模的多元化企业在向技术相关的其他市场挺进时，可以利用原有的技术向相关市场扩散，使新产品在少投入的条件下进入市场，所以，多元化大企业不仅容易克服进入障碍，而且易于获得竞争优势。

⑤　政府介入的强度和企业制度：政府介入程度不同，对市场结构的影响程度也不同。政府介入某一产业市场的程度越深，范围越大，强度越高，企业组织受市场影响的程度就越低，企业组织间的关系就更多地表现为行政组织关系而非市场组织关系；反之，企业间的市场关系就较活跃，市场对企业行为的调节作用就较显著。

2.2.3　产业组织理论在时尚产业的应用
2.2.3.1　时尚产业的市场结构

时尚市场具有明显的竞争性市场特征。由于时尚产品具有与众不同的差异性，不同企业生产的时尚产品在款式、颜色、设计细节、原料材质、质感、搭配等方面各不相同，时尚市场的需求更是变化多端，这就决定了时尚产业具有天然的不完全竞争的特质，由于时尚产业具有垄断竞争的特点，不断创造产品差别是获得长期垄断利润的关键，这就决定了时尚产业的企业必须不断创新，不断引领时尚潮流，才能获得对市场的竞争优势，并获取超额利润。❶对于时尚行业主管部门来说，有必要应用产业组织理论的思想观点优化产业发展环境，制定合适的产业政策，促进时尚产业更好地做大做强。

---

❶ 赵君丽. 时尚产业的经济学分析［J］. 云南社会科学，2011（3）：33-36.

时尚市场需求的个性化是时尚产业的基础特质，标新立异是时尚产品创新的推动力，也是众多时尚企业研发设计的不变追求。个性化的导向使得时尚产品的品种越来越多，平均批量也越来越少，这就要求时尚企业不断提高设计、创新能力，以满足消费者需求，同时，加入更多产品个性化定制设计的元素，改变传统的批量化、规模化、流水线式的生产方式，转而采用个性化、数字化、定制化的柔性生产方式。

时尚产业的某些领域也存在寡占甚至是垄断的市场结构。例如，钻石开采和销售市场就属于近乎垄断的一个领域，早在18世纪中期，人们就发现钻石这种物质，由于产量少，在当时十分稀缺，价格也非常昂贵。19世纪70年代起，南非陆续发现了多处钻石矿藏资源，产量的大量增加导致钻石产品市场价格的大幅下降。为了维持自身的巨额利益，这些钻石开采经营商们联合起来，组建了戴比尔斯矿业公司，通过资源整合，几乎收购了当时全球所有大型钻石矿的开采权，基本实现了对钻石资源开采的垄断，戴比尔斯矿业公司几乎掌控了全球90%以上的钻石市场，并通过"钻石恒久远，一颗永流传"等广告语不断强化其市场需求刚性，导致钻石价格一直居高不下。

2.2.3.2 时尚产业的市场集中度

中国服装行业竞争者众多，其中A股上市服装企业中，代表企业有海澜之家、森马服饰、雅戈尔、太平鸟、美邦服饰、报喜鸟、安正时尚、锦泓集团等。各企业旗下品牌按细分市场可分为男装品牌、女装品牌、童装品牌和男女装兼备的综合品牌，其中男装品牌代表有海澜之家、雅戈尔、太平鸟男装等；女装代表品牌有LANCY、VGRASS、玖姿等；童装品牌有balabala、Annil、拉比等；综合品牌代表有森马、美特斯邦威等（图2-4）。

图2-4 中国服装行业主要分类情况

（资料来源：前瞻产业研究院整理）

2.2.3.3 中国服装行业市场份额

根据中国纺织工业联合会数据显示，2022 年中国规模以上服装企业 13219 家，实现营业收入 14538.89 亿元，利润总额 763.82 亿元。其中以海澜之家、森马服饰、雅戈尔等企业为代表的 2022 年 A 股服装上市企业中，排名前十位营收总额占比仅为 6.33%（图 2-5）。

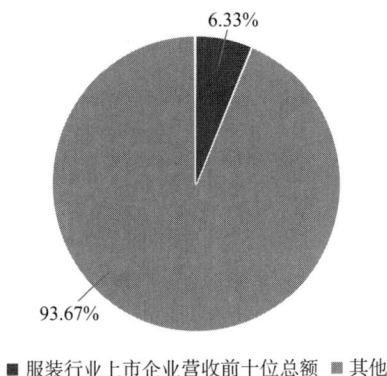

图 2-5 2022 年中国服装行业上市企业市场份额占比

（资料来源：根据中国纺织工业联合会、中商情报网等数据整理）

从 2022 年中国服装行业 A 股上市企业前十位市场份额占比情况来看，排名第一的海澜之家占比仅为 1.28%，际华集团以 1.06% 排名第二，雅戈尔占比 1.02% 位列第三（图 2-6）。

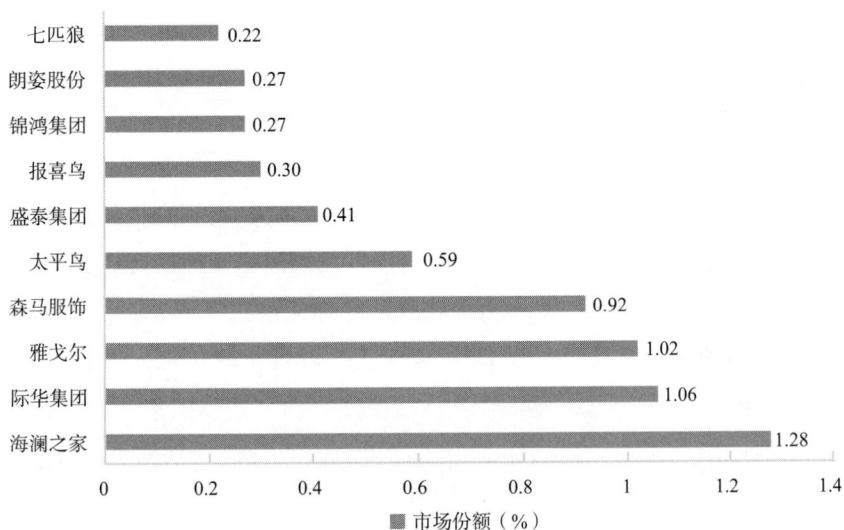

图 2-6 2022 年中国服装行业 A 股上市企业营收前十位市场份额

（资料来源：根据中国纺织工业联合会、中商情报网等数据整理）

2.2.3.4　中国服装行业市场集中度

2022年，中国服装行业CR3为3.36%、CR5为4.87%、CR10为6.3%（根据上市企业数值计算）。综合看来，我国服装行业市场集中度较低，竞争较为激烈（图2-7）。

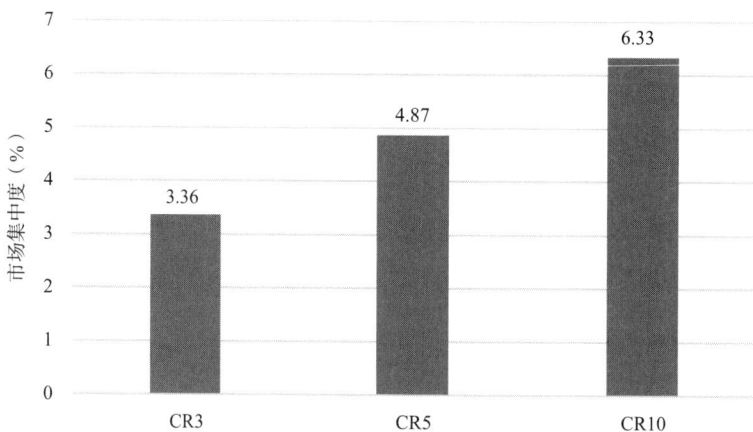

图2-7　2022年中国服装行业市场集中度
（资料来源：根据中国纺织工业联合会、中商情报网等数据整理）

2.2.3.5　中国服装行业竞争状态总结

综合分析来看，我国服装行业市场集中度较低，竞争较为激烈；上游供应商议价能力适中；下游客户在低档服饰议价能力较强，高档服饰议价能力较弱；由于服装属于生活必需品，不存在替代品威胁；随着我国服装行业高端化、品牌化的发展，进入门槛将提高。

2.3　产业生命周期理论

2.3.1　产业生命周期理论的背景

产业生命周期理论是描述某个产业从形成、发展成熟再到衰亡的过程中，行业内企业数目、产业结构、产品销售、产品创新等动态演变规律的理论，是将生物学的生命生长规律引入管理学、经济学研究的跨界理论创新。[1]产业生命周期理论是从产品生命周期理论演变而来，20世纪50年代，随着全球化深入发展，全球经济贸易格局发生重大调整，产业国际竞争日益激烈，西方发达国家为保持领先优势，开始对产品的市场销售变化趋势和需求规律进行深入分析。1957年，美国的波兹

---

[1] 李超，李伟，张力千. 国外新兴产业生命周期理论研究述评与展望［J］. 科技进步与对策，2015（1）：155-160.

（Booz）、阿伦（Allen）在《新产品管理》一书中，将产品生命周期划分为投入期、成长期、成熟期和衰退期四个阶段。之后，英国的戈波兹（Kuznets）等人借鉴生物生长老化的演变过程，提出戈波兹成长曲线数学模型，将产品生命周期理论的研究由定性分析提升至定量分析阶段。❶

2.3.2 产业生命周期理论的内容
2.3.2.1 代表任务和主要观点

产业生命周期理论在发展过程中出现过一些经典理论，如国际产品生命周期理论、A–U产品生命周期理论、G–K产业生命周期理论等（表2-2）。

表2-2 产业生命周期理论比较

名称	提出者	提出时间	内涵	理论主张	特点
国际产品生命周期理论	弗农	1966年	一种新产品推出后，其市场营销发展规律具有诞生、发展、衰亡的生命周期，可划分为产品导入期、产品成熟期和标准化期三个阶段	产品在不同阶段具有不同的特征属性，企业应该采取因时制宜的经营策略	将产品生命周期同国际贸易理论相结合，对产业分工比较优势演变进行动态分析
A–U产品生命周期理论	阿伯纳西、厄特巴克	20世纪70年代	依据产出增长率将产品生命周期划分为流动期、过渡期和稳定期三个阶段，并不断循环往复、迭代升级	产品技术生命周期叠加产品市场周期后，将形成一个新产品代替旧产品的循环往复、螺旋式上升的过程	以产品创新和工艺创新为中心，构建产业创新动态过程模型
G–K产业生命周期理论	Gort和Klepper	1982年	将产业生命周期划分为引入期、大量进入期、稳定期、大量退出期和成熟期五个阶段	企业必须适应产业发展周期，把握和引领产业生命周期才能立于不败之地	建立了产业经济学意义上第一个产业生命周期模型

2.3.2.2 主要内容

从产出看，产业是同类产品及其可替代产品的集合；从生产看，产业是生产同类产品的企业的集合。因此，产业生命周期与市场营销学研究的产品生命周期、企业管理学研究的企业生命周期存在着密切的联系。

（1）产品生命周期理论

市场营销理论认为，产品生命周期是指产品从最初进入市场到最终退出市场的时间周期，通常分为进入期、成长期、成熟期、衰退期四个发展阶段。产品生命周期从图形上看，是一条S形曲线，如图2-8所示。

❶ 张会恒.论产业生命周期理论［J］.财贸研究，2004（6）：7–11.

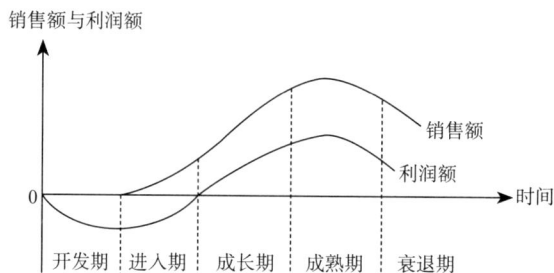

图2-8 产品生命周期

产品生命周期各个阶段具有不同的特征。

进入期：产品开始进入市场，成本较高，销售量少，利润率低，一般处于亏损状态。

成长期：产品销售量快速增长，利润率提升，总利润增加。

成熟期：成本与销售价格下降，规模经济形成，销售量和利润达到最大值，然后开始下降。

衰退期：市场需求量大幅下降，导致销售量、利润下降，产品最终退出市场。

（2）企业生命周期理论

在社会经济活动中，时刻都有新企业的诞生和原有企业的停业。从生物学的角度来看，企业是有寿命的。企业从其设立之日起至停业之日止的一段时期，就是企业的寿命周期。企业的寿命有长有短，不一而足。相关研究表明，日本企业的平均寿命是30年，美国企业的平均寿命是40年，另外，西方国家还活跃着一批寿命达百年以上的企业，如美国的通用电器公司。

一般而言，企业生命周期可以划分为四个阶段：创业期、成长期、成熟期、衰退期，如图2-9所示。

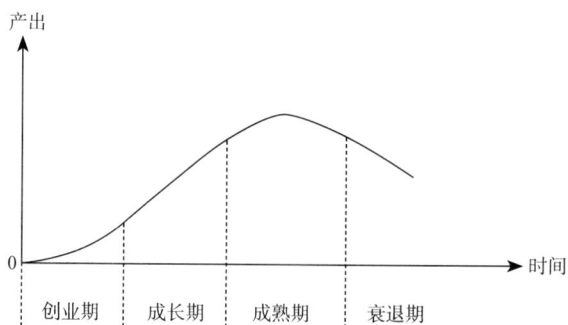

图2-9 企业生命周期

创业期：企业刚刚诞生，此时产品品种单一、产量低、成本高、质量不稳定，导致市场占有率低，管理水平不高。

成长期：企业规模迅速扩大，市场占有率显著提高，平均成本快速下降，管理开始规范化，企业利润快速增加。

成熟期：企业是发展最辉煌的时期，企业规模、销售量、利润、市场占有率、技术水平、社会认可度等，都处于最佳状态。

衰退期：企业技术逐渐落后，产品不能适应市场需求，市场占有率下降，管理困难，利润大幅度下降，财务状况恶化，导致最终不得不停止生产或转产。

（3）产业生命周期理论

在产品生命周期理论和企业生命周期理论的基础上，我们可以得到产业生命周期理论。产业的发展，最初表现为投入一定的生产要素，形成一定的产出规模和市场需求，这一阶段称为形成期。随着市场需求的增长，产业的要素投入和产出规模不断增加，产业进入成长期。当产业的市场需求趋于饱和，经济和社会效益趋于最大，要素投入和产出增长趋缓甚至出现一定程度的下降，但投入和产出仍然保持较大规模时，表明产业进入成熟期。当产业的市场需求和产出规模显著减少时，产业进入衰退期。形成期、成长期、成熟期和衰退期，是构成产业生命周期的四个阶段，用图形表示也呈 S 形曲线，如图 2-10 所示。但相对企业生命周期曲线，产业生命周期曲线要平缓得多，表明产业的整个生命周期时长要比企业长得多。

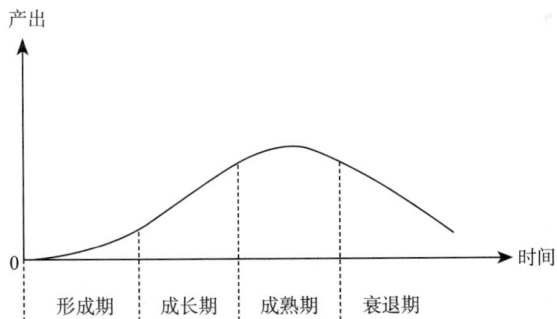

图 2-10　产业生命周期

产业生命周期与产品生命周期、企业生命周期既有联系，又有区别。产业生命周期是由产品生命周期所构成，一代代产品的更替维持着产业生命的延续，产业生命周期是对众多产品生命周期变化情况的反映。也正是如此，产业生命周期变化要比产品生命周期变化缓慢，且具有明显的衰而不退的特征，而产品生命周期可能很短暂。

产业生命周期之所以存在，是因为其存在的微观基础——企业具有生命周期。产业生命周期是同类企业生命周期的集合，是企业兴衰的综合结果。由于存在着企业的此消彼长，只要产品有市场需求，产业就不会消亡，某个企业的消亡并不意味着产业会衰退、消亡，因此产业的生命周期比企业生命周期要长。另外，产业生命周期对企业生命周期具有重要影响。在一个具有良好前景的产业中，如果一个企业不具有有利的竞争地位就不能充分发展；一个具有良好竞争力的企业栖身于一个前景黯淡的产业里，也不可能获得成功。

2.3.3 时尚产业生命周期分析

服装产品的周期演变与典型产品的生命周期相同，大致分为初始期、上升期、巅峰期、下降期和拒绝期五个阶段。几乎每一种时尚都要经历从诞生、兴起、传播、高峰、衰退直至消失的过程，这种周期性以一种螺旋式盘升的方式，既复兴过去，又向前推进，看似多变的服装流行实际上遵循着周期性演变的规律。掌握了时尚的周期性，有利于准确预测下一季的流行趋势。对企业来讲，意味着可以提前准备什么样的款式，提高产品竞争力；对时尚买手来讲，意味着预先知道顾客要什么，进行准确采购；对普通消费者来讲，可以变成时尚的主宰者。

时尚周期性的五个阶段，在数轴上呈现出一个向下开口的抛物线，反映了时尚从输出一直到被消费者淡忘的过程，如图2-11所示。

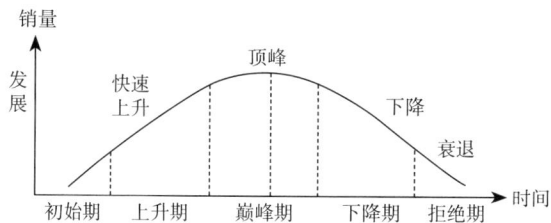

图2-11 时尚生命周期曲线

初始期：服装产品从未来的消费者定位开始着手，针对性地进行市场调研分析，计划性地替代市场上即将进入拒绝期的款式。设计师在秀场上发布新的设计、风格、颜色、面料、款式后，其中一些元素的流行就会开始处于初步上升阶段并为少量人接受。

上升期：有一些服装品牌以及制造商会模仿这些款式，不过会使用更低廉价格的面料，形成了"产出—消费—产出"的良性循环。

巅峰期：这些款式被大量生产，价格也变得更加低廉，能够在顶峰期间流行多久取决于大众的接受度。

下降期：因为类似款式过于饱和，在这一阶段人们对于它们的新鲜度也会逐渐降低，这种款式的市场需求量也会相应减少，零售商的营业额也会大幅度下降。

拒绝期：人们不再对这样的款式感兴趣并开始寻找新的元素，这种款式的服装价格也变得更低，但即使是这样消费者也不一定愿意去购买。

2.4　产业布局理论

2.4.1　产业布局理论的背景

产业布局理论是研究一国或地区影响产业布局的因素、产业布局的原则与规律、产业布局政策以及对企业和产业发展影响的理论。一个国家或地区的产业发展需要在特定的区域落地实施，这就形成了企业在不同地区的分布。产业布局是一国或一地区的生产要素与生产力在一定范围内的空间分布和组合结果，静态上产业布局指产业的各部门、各要素、各环节在空间和地域的分布状态；动态上产业布局则表现为企业及各类生产资源和生产要素在空间上的转移或组合配置。❶产业布局合理与否影响到一国或地区经济优势的发挥和产业竞争力的强弱，合理的产业布局是实现产业高质量发展的前提条件。基于对产业布局重要性的认识，许多经济学家对产业布局进行了大量研究，形成和发展了产业布局理论。

2.4.2　产业布局理论的内容

2.4.2.1　理论基础

产业布局理论在发展过程中先后经历了古典区位理论、近代区位理论、现代区位理论、产业集群理论、产业转移理论等发展阶段（表2-3）。

表2-3　产业布局理论比较

名称	提出者	提出时间	理论主张
古典区位理论	杜能	1826年	在《孤立国同农业和国民经济的关系》一书中，研究了孤立国的农业生产布局，阐述了因地价和运销费不同而引起的农业分布规律，创立了农业区位理论。该理论认为土地的经营集约程度和用途选择，不仅取决于土地自身特性，更取决于土地与城市的距离以及由此带来的运销费用
近代区位理论	克里斯塔勒	1933年	在《德国南部的中心地》一书中，系统论述了某区域中心地的布局模式、服务范围、数量、规模和等级，创立了中心地理论。建立中心地主要是为了向周围地域（特别是农村地域）的居民提供各种产品和服务，为了尽可能减少消费者购买产品和服务的旅行费用，中心地的建立必须选择在位置最优越，交通出行最便捷，购物最方便，最能满足居民多样化的物质和文化需求的区域。克里斯塔勒认为中心地可以划分为高、中、低等不同等级，较高等级的中心地所能提供的产品服务的种类、数量较多，服务范围广泛，能够满足居民各层级的、特别是高级的购买商品和服务需求，高等级中心地的服务范围广，现实个数也相对较少。相反，较低等级的中心地能够提供的商品和服务的种类、数量则更少，等级更低，不一定能满足居民所有的、特别是高档次商品和服务需求，不过这种中心地的现实数量相对较多，分布更广，设立门槛也相对更低❶

---

❶ 陈娟. 湖北省农村生物质能源产业布局与发展研究［D］. 武汉：华中农业大学，2012.

❷ 刘彦伯. 区域创新能力对我国集成电路产业布局的影响研究［D］. 哈尔滨：哈尔滨工业大学，2021.

名称	提出者	提出时间	理论主张
现代区位理论	佩鲁	1950年	首次提出增长极理论，认为一个国家或地区的经济增长，通常是从一个或若干"增长中心"起步，逐渐带动其他产业或地区，均衡发展只是一种理想化的状态，现实中是不可能实现的。根据该理论，一个国家或地区在谋划发展战略、规划产业布局时，应摒弃各地区各行业齐头并进的均衡化思想，而是要集中力量将优势城市地区和产业打造成增长极，通过增长极的辐射作用引领带动其他地区和产业的发展
产业集群理论	波特	1990年	在《国家竞争优势》一书中提出产业集群的概念，波特认为，产业集群是指在某个特定区域的一个特别领域，涌现出一批相互关联、彼此协作的企业、供应商、金融机构、物流等相关产业的厂商以及相关的服务业在一定空间内高密度地集聚在一起的现象。产业集群内的主体不仅涵盖供应链的上、中、下游产业各环节的市场主体，还包括与产业链延伸而涉及的生产性服务企业、批发经销商、基础设施与平台提供商、专业化培训机构、研究开发、标准制订的机构及行业协会等组织。从这个角度来说，产业集群已经超越了一般意义上的产业范畴，形成了在某一特定区域内的多个产业相互融合、众多类型机构相互协作的产业生态共生体。❶产业集聚可以带来外部和内部规模经济，降低交易成本，通过增强产业链各环节的协同合作，达到优化服务、降低成本、提高质量和提升产业竞争力的效果❷
产业转移理论	弗农	20世纪60年代初	在总结国际贸易对处于高度发达的工业先行国的美国工业结构转换影响的基础上，提出了国际产品生命周期理论，认为每一种产品都要经历新产品阶段、成熟产品阶段和标准化产品阶段。而产业转移是企业为了顺应产品生命周期的变化、回避产品生产的比较劣势而实施的空间转移，是产品生命周期特定阶段的产物，是产品演化的空间表现❸

2.4.2.2 主要内容

产业布局理论是研究产业空间分布规律的理论，具体内容如下：

（1）产业布局的内涵

产业布局是指产业在一定地域空间上的分布与组合。具体而言，产业布局是通过市场机制和政府干预的作用，推动产业发展要素在地域空间上的优化分布、合理组合，形成产业体系互促互动、协调配套、持续高效发展的良性格局。产业布局概念有狭义和广义之分。狭义的产业布局是指工业布局，广义的产业布局是指包括农业、工业、服务业在内的所有产业在地域空间上的分布与组合。

产业布局的内涵可以从两方面进行考察。一方面是从横向和纵向的角度进行考察：从横向看，产业布局是指聚集于同一地域空间的各产业发展要素、价值环节的关联与组合。从纵向看，产业布局是指同一产业发展要素、价值环节在各地区的配

---

❶ 贾文艺，唐德善. 产业集群理论概述［J］. 技术经济与管理研究，2009（6）：125-128.

❷ 高长春. 时尚产业经济学导论［M］. 北京：经济管理出版社，2010.

❸ 刘凡胜. 产业转移理论研究综述［J］. 吉林工商学院学报，2013（1）：39-44.

置与关联。另一方面是从静态与动态的角度考察：从静态方面看，产业布局是指一定时期内产业发展要素在一定地域空间内的分布状态；从动态方面看，产业布局是指产业发展要素在空间上的不断调整的过程，主要是政府对产业在空间上的规划、部署、协调和组织。产业布局的实质，是确定资源的空间分布。产业布局合理与否，决定着资源能否实现地理空间上的优化配置与高效利用，也决定了国民经济能否实现协调持续发展。

（2）产业布局的影响因素

区位理论为产业布局提供了理论指引，但是对于理论不能机械地照搬，而应结合各地的实际情况来做出科学的决策。影响产业布局的实际情况，需要考虑地理、资源、经济、技术、社会等主要方面的因素。

① 地理位置。一个特定地区的农业生产条件，对于该地区农业起着关键性的作用，很大程度上决定着是否发展现代农业、种植何种农业作物、采取何种种植技术。地理位置对于工业的发展也有着至关重要的影响，影响着工业的发展速度、状况。工业化的历史表明，率先发展、实现工业化的地区，往往都是交通便利、临近区域功能性中心、具有某种地理优势的地区，如港口、交通中心、经济中心等。改革开放以来，我国工业化进程最快的地区，一是沿海地区，二是传统工业底蕴深厚的地区，三是拥有毗邻港澳台地区这一特殊地缘优势的珠三角地区。美国工业化最早的地区，也是类似的大西洋沿岸地区、五大湖地区。因此，产业布局时应充分考虑各地区的地理位置，考察该地区是否适宜、适合哪些产业的发展。

② 资源。归根究底，任何产业活动所必需的劳动对象和劳动资料都直接、间接地来自自然，以自然资源的形式提供。因此产业活动开展的状况，与资源状况紧密相关。毋庸置疑，农业的发展依赖于水、土、光、热等自然资源条件。最早的工业，都是诞生在资源地区，依靠资源发展起来的。现代工业中的很多产业，仍然高度依赖于资源的存在，如依赖于工业资源的采掘业、材料工业、重型机械业，以及依赖于农业资源的轻工业和食品工业。第三产业中，越来越具有战略意义的旅游业，依靠旅游资源而存在。因此，应根据产业对于资源的依赖、使用状况，考虑相关产业的布局。

③ 经济因素。区域经济、社会系统中的诸多因素，对于决定产业布局具有非常重要的影响。

一是产业发展基础对产业布局的影响。产业的发展往往需要建立在一定的前期发展基础之上，包括本产业和协作配套产业前期发展基础，而且产业的发展也一般具有路径依赖性，这就要求区域产业布局应充分考虑前期的产业发展基础，尽量利用好前期的发展积累。同时，前期的产业布局也往往存在不适应时代发展变化要求的情况，在新的产业布局时也应考虑对既有的产业布局不良状况进行调整和优化。

二是区域分工对产业布局的影响。社会化大生产体系，就是一个区域分工协作体系。在市场机制以及政府干预的作用下，各个区域在空间上进行分工，共同组成社会化大生产体系。所谓区域分工，是指各地区利用自身优势，发展专业化产业部门，开展地区间协作和交换，由此而形成的技术分工和社会分工在地域空间的表现形式。区域分工是区域产业发展的前提，区域产业既是区域分工发展的必然结果，也是进一步促进区域分工发展与变化的条件。因此，在既有的区域分工格局下，产业布局需要尽量遵循既有的产业布局状况，以此推进区域产业的继续发展。同时也应与时俱进，把握新的经济发展状况下区域间由于实力此消彼长而导致的产业布局不协调情况，通过新的产业布局予以调整和完善。

三是经济发展水平对产业布局的影响。经济发展水平是生产力发展水平的直接体现，生产力发展水平的高低决定着经济发展的水平。在生产力发展水平较低的农业社会，农业主要按照自然资源状况进行分布，少量的手工业主要按照地理位置进行分布，一般分布在沿江沿河地区。进入工业社会以来，第一次产业革命时期随着蒸汽机的出现，工业开始摆脱依水而设的格局而趋向燃料指向，使各主要煤炭产地和交通枢纽成为产业分布中心。在以内燃机、电力应用为主要标志的第二次产业革命时期，生产力水平得到显著提高，产业得以摆脱对于燃煤动力的依赖，分布于远离燃料产地的大城市，工业生产趋向集中，城市成为产业中心。在以电子计算机等高新技术应用为主要特征的第三次产业革命时期，生产力高度发展，产业布局主要向具有比较优势的最适宜地区集中，在以信息技术应用为典型表现的知识经济时代，产业布局则主要向知识密集地区集中。

四是生产要素禀赋对产业布局的影响。生产要素禀赋主要指劳动力要素和资本要素，对产业布局具有不同的影响。劳动力要素的数量、质量、价格、结构（如年龄和性别结构）对于产业布局具有综合影响，例如，劳动力要素充裕、质量和价格较低的地区，适宜布局劳动密集型产业；劳动力质量较高的地区，适宜布局技术密集和知识密集型产业；劳动力平均年龄较小、质量较高的地区，适宜布局创新型较强、满足个性化需求的新兴产业；如此等等。

五是市场因素对产业布局的影响。距离市场的远近、市场规模、市场结构、市场竞争、市场体系等市场相关因素，都会对产业布局产生影响。对于运输成本占比较大、市场反应时间要求快的产业，尽量配置在距离市场较近的地区。市场规模大的地区，应作为产业布局的主要集中地。市场结构主要指商品和服务的种类结构，显然，产业的布局应有针对性地趋向商品和服务的主要需求地区。市场竞争可以促进生产的专业化协作和产业的合理集聚，使产业布局趋向更有利于商品流通的合理区位，地区政府可以基于本地的经济、产业发展战略目标，为市场竞争程度不同的地区配置相应产业。市场体系建设的完善程度，对于产业发展至关重要，产业结构成长好且快的地区一定是市场体系建设完备的地区。其中，资本市场对产业布局的影响在现代社会特别突出。资本市场发达、体系完备、融资渠道畅通的地区，适宜配置风险高、对资金要求高的现代产业。

六是基础设施条件对产业布局的影响。基础设施主要包括道路、机场、港口、桥梁、通信、供电、供水等设施，以及提供无形产品或服务于科教文卫等部门所需的固定资产，是一切经济、社会活动所需的共同物质基础。显然，基础设施的完备程度直接关系到产业活动能否顺利开展。对于欠发达地区而言，基础设施水平普遍较低，而且区域建设不均衡。为了实现产业的顺利发展，产业应优先布局于基础设施水平较高的地区，以此保障产业顺利、快速发展，带动形成地区的增长点、增长极。

④ 技术因素。技术是指生产过程中所运用的各种操作方法、工具设备、工艺流程、生产技能和管理水平。科技是第一生产力。自产业革命爆发以来，技术的进步推动着产业实现一波波发展高潮。产业技术进步状况，日益成为决定产业生死存亡的关键。技术因素对产业布局的影响，主要来自产业本身技术进步状况以及产业技术进步所要求的外部技术环境与条件状况。不同技术水平的产业，对于布局要求的重点不一样。劳动密集型、部分资金密集型等技术水平相对较低的产业，布局时应更多考虑劳动力和资金要素禀赋丰裕、综合成本较低的地区；技术密集型、知识密集型产业，布局时应更多考虑区域创新环境较好、能力较强的地区，如靠近研究中心、高等学校的地区。当然，时至今日的信息化、智能化时代，传统产业、劳动密集型产业对于技术进步的要求也日趋提高，从而布局时也应越来越多地考虑地区对其技术进步的支撑度。

⑤ 政策因素。中央政府和各级政府制定的相关政策，也对产业布局发挥着重要的影响作用。一般而言，这类政策主要包括三类：直接的产业布局政策、隐性的产业布局政策和导出的产业布局政策。政府直接制定的产业布局政策，是指为刺激特定区域经济发展，政府制定的以某种方式引导产业布局于该区域的政策。激励手段一般包括政府直接投资、许可证制度、配额制、优惠的财税政策等。很多国家包括美国、英国等西方国家也经常制定类似政策，以期影响产业布局的走向，尤其是20世纪50～70年代，为吸引快速发展的跨国公司在特定地区设厂，各国竞相推出相关方面的政策。政府政策往往会有重要的隐性空间布局影响，这类政策称为隐性的产业布局政策，具体包括贸易与关税政策、国防政策、融资支持政策等。例如，加拿大的关税政策被用于保护安大略省和魁北克省；美国的国防政策，使得大部分军费开支都花到了位于加利福尼亚州以及东北部制造产业带的企业身上；英国军费开支的流向也在某种程度上与特定地区相联系。当各级地方政府制定不同的产业政策时，会形成所谓导出的空间布局政策。各级地方政府对于吸引投资，开发本地经济

的意愿、方法和政策往往存在不同，这种差异实际上产生了类似产业布局政策的效果，因而被称为导出的产业布局政策。

（3）产业布局的基本原则

对产业布局的影响因素进行分析是科学决策产业布局的前提和基础。合理的产业布局，应契合地理、资源、经济、技术、社会等因素对产业布局的影响，并遵循一定的原则。

① 经济效益优先原则。产业布局的首要原则是经济效益优先原则。市场经济社会中，一切生产活动均应以经济效益第一为原则，"效率优先、兼顾公平"。产业布局关系到能否实现资源配置的优化与高效利用，能否以最小的投入获得最大的产出，因此需要秉持经济效益优先原则，将经济效益放在首位。

② 比较优势原则。遵循比较优势原则，针对各个地区的比较优势进行产业布局配置，有利于发挥各地优势，降低产业发展的不确定性，促使产业获得较快的发展速度，并形成错位发展、互促互动的良性格局，从而保障产业实现较好的发展效益，拥有良好的发展前景。

③ 分工协作原则。产业布局应坚持分工协作原则，立足于区域资源禀赋及差异，体现劳动地域分工与地区综合发展相结合、地区生产专门化与多样化相结合的关系。根据分工协作进行产业布局，不仅能充分发挥各地区优势，最大程度地节约社会劳动，促进商品的流通和交换，而且可以加速各地区经济一体化的进程，促进整个经济的快速发展。

④ 全局性与长远性结合原则。产业布局需要从全局、长远的角度来进行。产业布局的全局性视角，要求充分发挥各地区的比较优势，同时协调地区发展与全局发展的关系，处理好局部利益与全局利益的矛盾与冲突。产业布局的长远性视角，要求协调当前与长远的关系，根据各个发展时期、阶段的要求来进行产业布局，同时又要兼顾长远发展的需要，在当前利益与长远利益存在矛盾时做到前者服从后者。

⑤ 可持续发展原则。产业的可持续发展是经济可持续发展的基础，合理的产业布局有利于产业实现可持续发展。这就要求产业布局在坚持经济效益优先原则的前提下，实现经济效益、生态效益和社会效益的统一。也就是说，产业布局不仅应追求最佳经济效益，而且要重视对生态环境的保护与治理，重视产业发展的社会效益。

（4）地区主导产业的选择

相对于全国性意义上庞大、复杂的产业体系的布局，地区（包括一些小型经济体）产业布局相对简单。对一个地区而言，往往一个或几个主要产业就构成其经济的主体，决定着地区经济的发展方向、速度、性质和规模。所以地区产业布局的核心工作，是在合理选择主导产业的基础上，围绕主导产业及其产前服务、协作配套和产后深度加工、资源综合利用，来进行产业链的空间布局，以此形成高效率的产业经济有机体。主导产业选择是地区产业布局的重中之重。

① 选择基准。对地区而言，基于主导产业选择的一般基准结合地区层面经济的特点，可以应用如下主导产业选择的指标体系：市场潜力，选取的指标有需求收入弹性、市场占有率、产品净调出能力；相对优势度，是指由地区的区位优势所产生的相对优势的大小，包括比较劳动生产率、年技术进步速度、创汇能力、产业经济效益等衡量指标；产业规模，主要是指以专门化率表示的产业规模指标，专门化率是某一产业在区域产业结构中所占的比重与该产业在上一层区域产业结构中所占的比重之比；产业关联度，主要是指影响力系数和感应度系数。

② 选择步骤。地区主导产业的选择是一个定性分析与定量分析结合、地区分布与全国布局相结合的过程，具体的步骤包括：确定经济区划的层次与方案，作为地区主导产业分析的空间基础；以综合经济区为单元，分别计算出各地区不同产业的上述评价指标，用几何平均法汇总，求出各综合经济区的综合评价值；根据地区经济所处的阶段及地区具体条件，按各行业综合评价值的顺序，选出靠前的若干个行业；进行区间评比筛选，根据全国综合平衡、国家产业政策、产业布局指向以及地区的有关条件，选择本地区发展条件最好的产业，列为主导产业；作进一步分类调整，在更细的产业分类层次上，明确入选的主导产业。

确定地区主导产业后，可以缜密分析地区的产业布局影响因素，运用前述产业布局的规律、原则，对于主导产业以及其关联配套产业进行合理的布局。

2.4.3 时尚产业布局的研究

2.4.3.1 时尚产业布局的特点

（1）时尚产业地点的选择

时尚产业的地点选择需要综合考虑生产成本和销售价格等因素，其最佳地点应在权衡成本和价格的基础上使利润最大化。时尚产业是建立在国民收入达到较高水平基础上的产业形态，因此，其消费市场和交易市场基本集中在都市圈，特别是繁华的核心区域。一般情况下，时尚产业中的中高端零售商业一般被安排在市区的中心地带，成熟的商业区常常是布局的首选，时尚产业中的设计、营销、贸易被安排在都市圈的核心位置，产业中涉及的精细化制造或物流等环节一般布局在中心城区的周边地带，而对土地、劳动力成本变化最为敏感的大规模生产制造环节则可能会分布在城区的最外围甚至偏远地区。❶

（2）时尚产业发展的基础

时尚产业在本质上是都市产业，因为时尚产业的形成和发展依靠都市集约化发

---

❶ 顾庆良. 时尚产业导论［M］. 上海：格致出版社，上海人民出版社，2010.

展所带来的经济外部性，需要完善的产业配套发展体系，金融资本对时尚产业产品和品牌的支撑，大批艺术设计人才，尤其是时尚和市场流通体系，为时尚产业集聚、发展、繁荣提供肥沃的土壤和丰厚的滋养，而时尚产业所承载的艺术、创新充实丰富了城市文化内涵和思想精神。当今国际大都市往往不仅是国际经济活动中心，也是社会与文化交流中心，还应该是国际时尚产业汇聚中心。纽约、巴黎、伦敦、米兰、东京等城市无一例外，这是城市化进程、经济发展和时尚产业演进的规律。❶

（3）时尚产业的转移

自第一次工业革命给纺织工业带来源源不断的动力以来，全球纺织服装产业先后经历过五次较大规模的产业转移。第一次转移发生在19世纪末期，英国将纺织、服装产业转移到美国。第二次转移发生在20世纪50年代，美国把纺织、服装等在本国已经失去比较优势的产业转移到了德国、日本等国家。第三次转移发生在20世纪60~70年代，日本、德国等国家将纺织、服装、玩具等劳动密集型产业转移到亚洲国家和地区，成就了韩国、中国台湾、中国香港、新加坡"亚洲四小龙"的地位。第四次转移发生在20世纪90年代，"亚洲四小龙"将纺织、服装、玩具等产业转移到中国沿海地区。第五次转移正在进行中，随着中国经济的发展和人口红利的减弱，部分纺织、服装、玩具等厂商将工厂由中国沿海经济较发达地区转移到中国中西部地区或越南、印度等地。从服装产业各环节转移顺序来看，成衣生产等侧重成品制造、劳动密集型的产业环节一般先转移，其次是产业附加值偏低的纺织品生产线的转移，最后是将所有生产加工制造生产线转移，只保留技术研发设计和品牌管理等高端环节，从而实现产业的整体转型升级。从当前形势来看，中国仍然是全球纺织业生产制造大国，正处于产业链纵向延伸的过程中，研发设计等高附加值产业链环节正在快速发展，低附加值终端加工环节正向东南亚地区溢出。

2.4.3.2 时尚产业集群情况

所谓产业集群，是指在特定区域中，具有竞争与合作关系，且在地理位置上集中，有交互关联性的企业、专业化供应商、服务供应商、金融机构、相关产业的厂商及其他相关机构等组成的群体。产业集群的核心是在一定空间范围内产业的高集中度，这有利于降低企业的制度成本（包括生产成本、交换成本），提高规模经济效益和范围经济效益，提高产业和企业的市场竞争力。

经过30多年的发展，我国各地已形成了规模庞大、行业特色明显的几百个纺织产业集群，它们成为各自所在区域的主导产业。截至2017年底，经中国纺织工业联合会认定的纺织产业集群已达209个，其中服装类集群65个。这些集群，虽不是我国服装产业集群的全部，但通过各方面经济数据的反映来看，它们在全国服装集群

---

❶ 顾庆良.时尚产业导论［M］.上海：格致出版社，上海人民出版社，2010.

地区中已具有非常强的主体性和代表性（表2-4）。

表2-4 我国重要服装服饰产业集群建设情况

省份	集群地区	集群名称
广东	广东省博罗县园洲镇	中国休闲服装名城
	广东省潮州市	中国婚纱礼服名城
	广东省东莞市茶山镇	中国品牌服装制造名镇
	广东省东莞市虎门镇	中国女装名镇中国童装名镇
	广东省东莞市禅城区祖庙街道	中国童装名镇
	广东省佛山市南海区大沥镇	中国内衣名镇
	广东省佛山市顺德区均安镇	中国牛仔服装名镇
	广东省广州市增城区新塘镇	中国牛仔服装名镇
	广东省惠州市惠城区	中国男装名城
	广东省开平市三埠街道	中国牛仔服装名镇
	广东省普宁市流沙东街道	中国内衣名镇
	广东省汕头市潮南区峡山街道	中国家居服装名镇
	广东省中山市大涌镇	中国牛仔服装名镇
	广东省中山市沙溪镇	中国休闲服装名镇
江苏	江苏省常熟市	中国纺织产业基地市　中国休闲服装名城　中国羊绒制品名城
	江苏省常熟市古里镇	中国羽绒服装名镇　中国针织名镇
	江苏省常熟市海虞镇	中国休闲服装名镇
	江苏省常熟市沙家浜镇	中国休闲服装名镇
	江苏省常熟市虞山镇	中国防寒服·家纺名镇
	江苏省常州市金坛区	中国出口服装制造名城
	江苏省高邮市	中国羽绒服装制造名城
	江苏省苏州市姑苏区	中国婚纱礼服名城
	江苏省苏州市吴江区平望镇	中国纺织织造名镇
	江苏省苏州市吴江区桃源镇	中国出口服装制造名镇
福建	福建省晋江市	中国纺织产业基地市　中国泳装产业名城
	福建省晋江市英林镇	中国休闲服装名镇
	福建省泉州市丰泽区	中国童装名城
	福建省石狮市	中国休闲服装名城　中国休闲面料商贸名城
	福建省石狮市宝盖镇	中国服装辅料服饰名镇
	福建省石狮市凤里街道	中国童装名镇
	福建省石狮市蚶江镇	中国裤业名镇
	福建省石狮市灵秀镇	中国运动休闲服装名镇

省份	集群地区	集群名称
浙江	浙江省海宁市	中国纺织产业基地市　中国经编名城中国皮革皮草服装名城
	浙江省杭州市萧山区南阳街道	中国童装名镇
	浙江省湖州市织里镇	中国童装名镇　中国品牌羊绒服装名镇
	浙江省平湖市	中国服装制造名城
	浙江省瑞安市	中国男装名城　中国针织名城
	浙江省嵊州市	中国领带名城
	浙江省义乌市大陈镇	中国衬衫名镇
山东	山东省即墨市	中国针织名城　中国童装名城
	山东省郯城县	中国男装加工名城
	山东省汶上县	中国休闲服装制造名城
	山东省诸城市	中国男装名城
	山东省枣庄市税郭镇	中国针织服装名镇
辽宁	辽宁省大连市普兰店区	中国西装名城
	辽宁省灯塔市佟二堡镇	中国皮革皮草服装名镇
	辽宁省东港市	中国运动户外服装名城
	辽宁省海城市西柳镇	中国裤业名镇　中国棉服名镇
	辽宁省兴城市	中国泳装名城
河北	河北省磁县	中国童装加工名城
	河北省宁晋县	中国休闲服装名城
	河北省容城县	中国男装名称
河南	河南省新密市	中国品牌服装制造名城
	河南省夏邑县	中国新兴纺织服装产业基地县
湖北	湖北省黄石市经济技术开发区	中国男装名城
	湖北省荆州市岑河镇	中国婴童装名城
湖南	湖南省醴陵市船湾镇	中国职业服装名镇
	湖南省株洲市芦淞区	中国服装商贸名城　中国女裤名城
四川	四川省乐山市井研县	中国工装面料名城
	四川省彭州市	中国家纺名城　中国休闲服装名城
广西壮族自治区	广西桂平市木乐镇	中国休闲运动服装名镇
	广西桂林市福绵区	中国休闲服装名城
安徽	安徽省繁昌县孙村镇	中国出口服装制造名镇
江西	江西省共青城市	中国羽绒服装名城
陕西	陕西省榆林市	中国羊毛防寒服名城

总的来看，我国服装产业集聚地大致可以分为四类：

① 以服装文化、商贸、时尚为主要特征，以大城市为载体的产业集聚地。这类集聚地大多是在老的服装工业基地的基础上，以发展都市型工业为契机，以大都市独特的信息流、人才流、现代物流、资金流等社会资源为依托，充分利用各种服装文化资源。如每年举办的国际、国内服装博览会，设计大奖赛等活动，在服装文化、商贸和设计方面有着极大的优势，特别是北京、上海、大连、深圳等大城市特色鲜明、优势突出。这类城市服装行业逐步从生产型为主转向文化、贸易型为主，成为中国乃至世界时尚服装展演的窗口和舞台。

② 以产业配套齐整，市场信息反应敏锐为主要特征，以生产中高档品牌服装的企业为主体的产业集聚地。这种产业集聚地，一般都有着悠久的制衣历史和深厚的服装文化底蕴，依靠得天独厚的人文地缘优势，在改革开放初期争得发展先机，以著名服装品牌企业或大型企业为核心，在一定区域内形成了品牌企业集聚。这些地区以资讯和销售网络发达、产业配套齐整为特征。如温州、宁波、晋江等地，是中国品牌服装制造中心。今后，品牌服装制造中心的核心企业，应充分利用现有优势，力求创新设计，进行品牌推介，着力进行销售渠道、物流环节的建设，把品牌做大做强，适应品牌竞争国际化的需求，通过议价能力把周围分散的中小企业组织起来，使该地区成为"虚拟大企业"。

③ 以外向型经济为特征，以出口服装生产企业为主体的多层次服装产业群。随着我国服装出口加工规模的不断扩大，在从事出口服装生产的大型企业集团周围，涌现出一批中小型出口加工企业，形成了多层次的产业群。如浙江"茉织华实业（集团）有限公司"所在地平湖市，江苏"晨风集团股份有限公司"所在地常州市等。这些地区的核心企业工艺技术精湛，在国际市场上有较高的知名度，是世界名牌服装产品的生产加工基地。

④ 以中小企业为依托，以单一产品或专业服装生产为特色，以中小城镇为载体的产业集聚地。在农村城市化进程中，一家做某种服装产品发了财，左邻右舍便模仿跟进，往往当地政府也会给予支持引导产业的发展，调动多种经济成分的积极性，围绕着某一类主打产品形成产业集聚；也有的是围绕专业化市场形成产业集聚，市场接纳集聚区内生产的大量产品，自然而然形成生产某种服装产品的特色城镇，产业发展以后，产业链也随之形成了，市场的辐射功能、流通功能、扩散功能十分健全。

本章思考题

1.产品供求理论中，需求的含义是什么？

2.产品供求理论中，供给定理的内容是什么？

3.产业组织理论的内容是什么？

4.时尚产业的市场结构是什么？

5.产业生命周期理论的主要内容是什么？

6.时尚产业的生命周期是什么？

7.时尚产业的布局特点是什么？

应用理论与训练

第 3 章　时尚与时尚产业

课程名称： 时尚与时尚产业

课程内容： 1. 时尚的内涵

2. 时尚产业的特征及类型

3. 时尚产业的功能及作用

4. 时尚产业的发展模式

5. 中国时尚产业的发展

上课时数： 4 课时

训练目的： 通过本章的学习，使学生了解时尚产业的内涵、特征及类型，掌握时尚产业的发展规律与发展模式，增强学生学习兴趣，发挥分析问题解决问题的主动性和积极性。

教学要求： 1. 使学生了解时尚产业对经济社会的作用。

2. 使学生掌握中国时尚产业的构成要素。

3. 使学生掌握中国时尚产业的组织形态和商业模式。

4. 使学生明确中国时尚产业的发展特征。

课前准备： 阅读中国纺织服装行业发展史方面的书籍。

千百年来，人们始终不忘对于美和艺术的追求，时尚一直是人们生活的重要组成部分。进入21世纪，世界各大城市在经历了钢筋水泥打造浇筑的城市化进程之后，逐渐从"以物为本"的工业传统城市化模式向"以人为本"的服务文化类新型城市化转变。在这个过程中，时尚和时尚产业正日益成为提高城市定位、提升城市人文内涵、吸引人才流动以及解决人民日益增长的美好生活需要和不平衡不充分的发展之间矛盾的有效手段。

3.1 时尚的内涵

爱美之心，人皆有之。自有人类文明以来就有时尚，其伴随人类文明的发展而进步。无论是从早期人类最早活动遗迹中的各类工具、饰件和生活器物，还是历朝历代的诗词歌赋、纺织丝绸制品、瓷器，抑或是当前的服装服饰、奢侈品、快消品等都体现了不同历史发展阶段中人们对于时尚的理解。可以说，时尚始终渗透在人类生活的方方面面，体现于社会活动的每一部分。

3.1.1 时尚的解读

时尚的概念可以从以下多个角度进行解读。

第一，社会现象。时尚可以被视为一种广泛流行的生活方式或行为模式，这种趋势通常会在一个特定社群中被大多数人接受并仿效。

第二，文化影响。时尚的发展反映了特定的文化历史背景和时代精神。例如，不同的历史时期有不同的时尚风格，这些风格蕴含了丰富的人类文化和价值观。

第三，创新与变革。时尚的演变也是文化变迁和时代精神的反映。新的时尚趋势不断地出现，它们不仅是社会变化的催化剂，也可能对社会经济体系产生深远影响。

第四，个人表达。时尚还体现了个人的文化认同和个性化的审美追求。人们通过穿着打扮等方式展示自己的品位、审美观和精神追求。

第五，外在表现。时尚不仅是个人的内心世界，它的外在表现形式同样重要，包括服装、妆容、体态、气质、言谈举止等，这些都是一个人对时尚的理解和实践。

第六，社会责任。随着社会意识的提升，时尚产业也开始更多地考虑环境友好和社会公益问题。一些时尚品牌开始致力于可持续发展，并在产品设计和服务中融入社会责任感。

第七，主观解读。对于时尚的理解因人而异，不同的人可能会有不同的看法和感受。有人可能认为时尚简单而朴素，也有人认为它是奢华和高雅的象征。

综上所述，时尚是一个多维度的概念，涵盖了社会现象、文化影响、个人表达、外在表现以及社会责任等多个层面。

3.1.2 时尚的范畴[1]

3.1.2.1 经济活动范畴

学术界一直对时尚范畴的界定存在争议，与时尚相关的时尚产品、时尚产业、时尚经济的内涵范畴界定也存在多种说法。通过文献资料查阅与分析，目前学界较多引用的概念为：时尚产品是体现当今时尚、具有一定附加值和时代先进性的符合市场需求的产品；时尚产业是时尚产品的创意设计、生产加工、营销、传播、商贸流通等一系列工业或服务业的经营性活动总称；时尚经济是与时尚产业相关的一系列经济活动和经济形态，如图3-1所示。

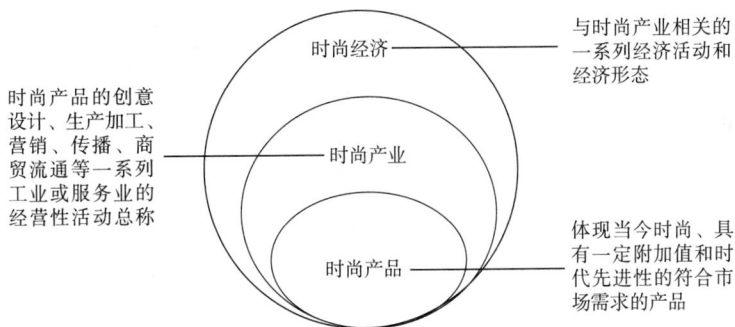

图3-1 时尚产品、时尚产业与时尚经济关系图

3.1.2.2 具体产业范畴

时尚产业是通过装饰和美化与消费者紧密相关的生活环境来满足其对于时尚的消费，使之生活更加美好的产业。时尚产业并非独立的产业，而是整合、提升、组合各类传统产业后形成的多产业集群的组合。以产业链理论和产业价值链理论为基础，将时尚产业从纵向分为创意设计、原料采购、生产制造、品牌营销、文化传播、流通交换六个价值链环节（图3-2）。这几个部分包括许多不同且独立的部门，所有部门都是在盈利的前提下以满足消费者对时尚的需求为目标而运作的。

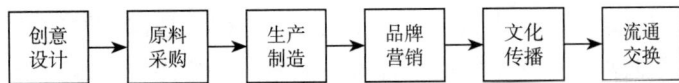

图3-2 时尚产业价值链

时尚产业从横向（商品表现形式）分为三个层级：核心层、次核层和衍生层（图3-3）。服装是时尚产业的核心，起着主导地位。从现有时尚方面的文献来看，时

[1] 张芝萍，等. 中国城市时尚指数研究［M］. 上海：东华大学出版社，2020.

尚产业都是以服装作为支柱，并由其他时尚产业共同支撑的，如家纺、化妆品、家具、电子产品、文具、动漫和传媒等。因此，时尚产业的发展需要以服装为依托，与其他相关产业结合，统筹规划，打造时尚产业的形象与提升时尚产业的水平。

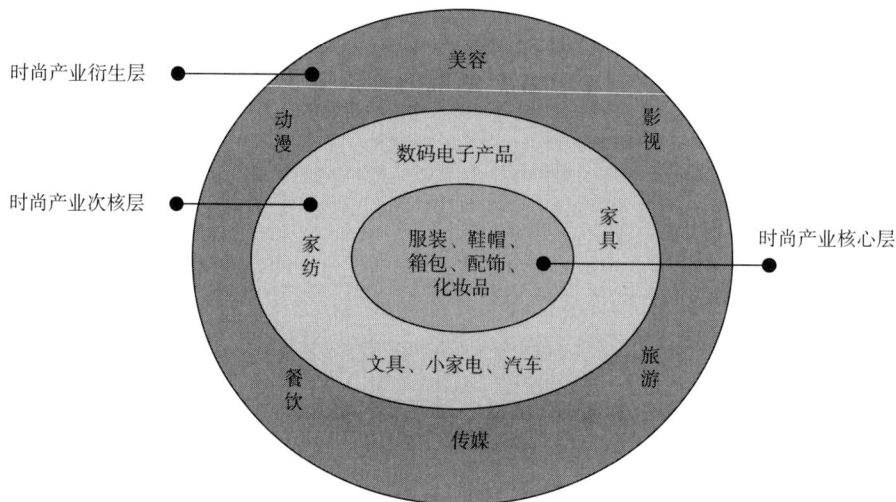

图3-3 时尚涉及的范畴图

综上，时尚涉及社会生活的多个方面，渗透在城市的众多产业中，如图3-3所示，时尚涉及的范畴包括：以服装、鞋帽、箱包、配饰、化妆品为代表的传统时尚核心层级，以家纺、家具、文具、小家电、数码电子产品为代表的具有时尚开发潜力的次级核心层，以动漫、美容、影视、餐饮、传媒、娱乐为代表的时尚文娱休闲服务类的衍生层级。

因此，从时尚涉及的范畴图可知，一个城市的时尚化既涵盖其经济产业的时尚化，又涵盖城市居民社会生活的时尚化。❶

3.1.3 时尚的构成要素

影响时尚的要素很多，人文、历史、宗教、道德、法律、地理、气候、经济等有形和无形的东西都可能成为引起时尚变化的原因。从广义上说，这些东西也可以成为时尚范畴的一部分。总的来看，构成一件时尚产品的整体形象有多种因素，其中品质、品牌、品位是构成时尚不可或缺的重要因素。

3.1.3.1 品质

品质一般是指产品所具有功能、构造与外观等环节质量的好坏和档次的高低。

---

❶ 张芝萍，等.中国城市时尚指数研究［M］.上海：东华大学出版社，2020.

在现代社会，品质还应包括各种社会、生活服务方式与手段的水准。时尚所倡导的生活首先应当是有质量的生活，不管是产品还是服务，都应该有一流的品质做保证。通常，以精致、华美、细腻、周全和有意境为代表的时尚产品和服务的高品质，能够满足使用者的各方面需求，给人们带来身心俱佳的愉悦享受，产生一定的舒适感、美感和成就感，这正是时尚的魅力所在。

3.1.3.2　品牌

品牌一般是指产品进入流通或消费领域时的标识，这种标识通常是以商标形式出现，能够反映产品的法定拥有者，以便与其他企业生产销售的同类产品加以区分，并在质量、售后服务等方面承担相应的责任。由此可见，一般品牌出现在流通、消费领域主要是起到区分和识别的作用，而起时尚引领作用，品牌的内涵显然不止这些，它所涵盖的内容要比一般品牌大得多，也丰富得多。所谓时尚品牌，应该是指那些在某类产品范围或服务领域内具有良好声誉和较高知名度的，并为广大消费者所知晓、所乐意接受，有可观的市场占有量和消费群。在行业中能独树一帜的知名品牌，时尚的知名品牌，一般都有较长时间的发展历程、深厚的文化、技艺积累、独特的设计理念和精湛的加工手段，形成有别于他人的自身风格，并得到相应消费人群的认同。通过这些知名品牌的渲染和造势，时尚往往显得更具有活力。

3.1.3.3　品位

品位是时尚营造的一种效果，也是时尚所要体现的一种境界。所谓品位是指经过合理设计和组合并通过表现形成的一种状态。这种状态既体现了某种创意及符合受体的相关条件要求，又能给旁人一种充满典雅精致文化或艺术气质，有内涵修养表现等儒雅、成熟稳重和超凡脱俗的感受。对于时尚而言，品位实质上是一种文化表现能力，虽然这种表现通常是通过事物的外部状态显现的，但它从根本上讲还是个性，文化认知能力和艺术审美情趣的外露，是一种内容的综合素质和创造力结合的完美体现。

3.2　时尚产业的特征及类型

纵观世界城市的发展历史，时尚已是国际大都市不可或缺的标志，时尚产业日益成为国际大都市社会生活和经济活动的重要内容。国际时尚之都的辐射力和影响力远远超过本地区甚至本国的范围，不但能够大大加强城市在世界经济、文化、贸易领域的地位，而且能够有力地推动城市经济发展的转型，实现向服务经济的跨越。

3.2.1　时尚产业的界定

在西方，时尚产业最早发源于法国和意大利的服装制造业。《仙童英汉双解服饰词典（第二版）》中对时尚产业的解释为：时尚产业包括所有生产服装和饰品的公司以及与生产制造这类产品相关的贸易部门的产业。从中不难看出，西方发达国家的时尚产业起始于人们最先对服装服饰的需求，而纺织服装产业也确实是时尚产业发展的重要基础。目前，西方发达国家时尚产业发展已相当成熟，产业范围不断拓宽，产业体系日益完善，主要形成了时尚设计与时尚营销两大领域。英文中出现了"fashion industry"，意指时尚产品的制造与销售，其中制造涵盖了设计环节。由此，可以将时尚产业概括为由时尚产品的设计、制造与销售而形成的产业。

改革开放以来，随着我国经济的发展，时尚产业在国内有了较大的发展，对时尚产业的研究也成为被关注的重点。国内对时尚产业的解释更为细化，并反映出时代的特征与我国的实际情况。

《上海产业发展重点支持目录（2008）》对时尚产业的定义如下：时尚产业需要满足人们的心理需求和审美需求，是通过各类传统产业进行资源整合、提升和组合后形成的，以服装业为核心，对生活环境进行装饰和美化的产业，包括通过工业和商业化方式所进行的时尚产品和时尚服务的设计、采购、制造、推广、销售、使用、消费、收藏等一系列经营性活动。

随着时尚产业的内涵不断丰富，人们对时尚产业的范围也有更深刻的认识。中欧国际工商学院编著的《中国时尚产业蓝皮书（2008）》对时尚产业的定义为：时尚产业是指通过工业和商业化方式所进行的时尚产品和时尚服务的设计、采购、推广、销售、使用、消费、收藏等一系列经营活动的总称。在此基础上，该机构编著的《中国时尚产业蓝皮书（2014—2015）》中对时尚产业的定义进一步阐释为：时尚产业是指涵盖时尚理念的设计和传播、时尚产品的制造采购和销售、时尚服务的设计和提供等系列经营活动，是横跨服务、制造、文化和传媒等多种产业形态和产品形态的产业和企业集合。

此外，高长春编著的《时尚产业经济学新论》认为时尚产业是"以消费时代人们的精神和文化等需求为基础的，设计、制造、推广、销售具有时代先进性并装饰美化人们生活的产品或服务的企业组织及其在商场上的相互关系的集合，是以符号价值的实现为核心，文化意义的解读为导向，是一种跨行业、跨部门、跨领域重组或创建的新型产业集群，在产业发展中彰显以资源对产业的高渗透性和高贡献率的产业形态"。

综上，我们认为时尚产业没有一个明显的界限，它是多种产业形态和产品形态的产业和企业的集合，涵盖了相关行业的关键环节和价值链。当前的时尚产业，不是仅局限于纺织服装、服饰箱包等传统产业，更是依托于城市的发展、技术的进步和业态的创新，与艺术、传媒、互联网、资本、市场、消费者等紧密结合，产生出了时尚设计、时尚传播、时尚消费品、时尚营销等新兴行业或业态，在促进消费经济发展、塑造全新的品牌形象、提升城市品质等方面发挥着重要作用。

3.2.2 时尚产业的特征

时尚产业在边界上比较模糊，行业内外有关时尚产业的内涵的认定也比较宽泛，但是有关时尚产业的特征，通常的理解比较一致，主要体现在以下几个方面。

3.2.2.1 经济水平发展到一定阶段的产物

时尚产业的发展必须有较高的经济发展水平，人均GDP一般在5000美元以上。经济水平一方面从某种程度上决定了消费者的文化水平、受教育程度，另一方面也决定了社会的开放程度。时尚产业的发展需要开明、兼容并蓄的氛围，以吸收各种时尚元素，进行提炼和创新，同时吸引来自全世界的人才和资金。更重要的是经济水平决定了购买能力。从消费需求层面来看，人们的消费按其内容和水平可分为三类：生存性消费、发展性消费和享乐性消费。三类消费形式中，发展性消费和享乐性消费为较高层次消费，消费者更注重消费的过程以及消费所带来的心理、精神层面的体验。而时尚产业正是针对消费者这一诉求应运而生的。

3.2.2.2 多产业集群的组合

时尚产业不是单一的产业，而是产业集群的综合表现。时尚产业既具有制造业的特点，又包含着新兴文化类产业的创造性特征，是兼具创造性、生产性的新兴产业运营模式，各种类型的产品都可以纳入这种表现形式。❶作为都市产业的典型表现形式，时尚产业并不是一个独立的产业门类，而是对各类传统产业资源要素，进行整合、提升、组合后形成的一种较为独特的产业链，是多产业集群的组合。雄厚的时尚产业力量、能控制和拥有完整的时尚产业链是时尚产业发展的重要基础。

3.2.2.3 需求短期内缺乏弹性

时尚产品的重要特点是其罕见或稀缺，因此常常具有较高的价格。从成本角度来看，对于购买者而言，时尚产品的昂贵性表现在，新奇不会持续很长时间；而对于生产者而言，时尚产品的昂贵性表现在，他们总是需要付出很大的代价实施再调整，即从某个产品的生产转换为另一个产品的生产。时尚产品的成本和稀缺性这两者之间的关系，使时尚具有独特的经济特点。

3.2.2.4 产品附加值较高

时尚产业与传统产业有着较大的区别，通过具有较高的附加值。从消费者的角度看，时尚产品的市场价值由功能价值和观念价值两个部分构成。功能价值是消费者为满足自己基本需要而愿意给商品物理属性支付的价格部分，是商品的物质基础。观念价值是商品中包含的能与一些社会群体的精神追求或文化崇尚产生"共鸣"的无形附加物。不同的企业用同样的皮料做的同样式样的两个皮包，一个为LV品牌，另一个是普通品牌，市场价格就会相差几十倍。在消费者看来，时尚产业创

❶ 张婉诗. 时尚产业与新媒体产业的融合性研究［D］. 上海：东华大学，2016.

造了观念价值。该产业主要通过新的创意去提高产品的观念价值，从而占领市场并获得利润。因此，生产者将大量的故事内容、符号与象征元素（如品牌等）运用在产品的生产与消费过程中，让产品成为文化意义的承载者，从而大大提高了产品的观念价值。❶

3.2.2.5　市场具有垄断竞争的特点

时尚变化是避免价格竞争的手段，时尚具有垄断竞争甚至寡头垄断的特点。时尚产业的垄断竞争与传统的垄断竞争不同，传统的垄断竞争只涉及同一时期的产品差别，而时尚变化不仅表现在同一时期的产品差别，也表现在不同时期的产品差别（如同一品牌的产品在不同时期的差别），因此，与传统产业边际收益递减特征相异的是，时尚产业呈现边际收益递增的特点。生产和销售时尚产品的企业可以获得垄断利润、创新利润或风险回报。

3.2.3　时尚产业与相关产业的关系

3.2.3.1　时尚产业与传统产业

时尚产业与传统产业既有联系又有区别。时尚产业首先是对传统产业的整合和提升。时尚产业并不是一个独立的产业门类，而是在对传统产业要素整合、提升基础之上形成的以时尚消费为特征的产业集群。因此，时尚产业是传统产业时尚化的过程。时尚产业是在传统产业基础上提升延伸而来，所以时尚产业与传统产业相比同时又显示出了自身的独特特征。

（1）价值导向不同

传统产业注重的是商品的功能价值，消费者为此获得商品的使用价值效用。时尚产业注重的是商品的观念价值，消费者为此在商品实用性基础上获得更高层次的精神上和文化上的消费需求。

（2）传统产业与时尚产业都具有各自的产业价值链特征

传统产业与时尚产业都遵循产品的研发（策划）—设计—生产—流通（传播与推广服务）等环节，但各个环节在价值传递、利润生成机制、市场与营销等方面都有明显的不同。传统产业在产业链价值各环节之间是呈相互分散状态，一般以机械式传导机制、契约型合作和战略联盟合作为特征；时尚产业在产业价值链各环节间则具有不固定性、虚拟状态，以及重叠、交叉与趋同性等特征。例如，影视产品的产业价值链，其特点是在产品（影视内容）形成以后进行制作，之后推广发行进入消费市场。同时也可能编辑成图书出版发行，在市场的刺激之下，甚或制作成相关系列时尚衍生产品，形成多重产业价值链。

---

❶ 赵君丽. 时尚产业的经济学分析［J］. 云南社会科学，2011（3）：33-36.

（3）价值增值的特点不同

时尚产业是以时尚价值为主提供产品和服务，其时尚产品往往具有可共享、可复制、可重复使用等特点。由此决定了其重复消费的边际成本递减和边际效用递增的特性，以及绿色消费、零能耗特征，由此与传统产业形成了较大差别，显示了时尚产业新经济的巨大优势。

（4）时尚产业的价值系统与产业链体系

传统产业的价值系统与产业链体系强调的是产业的配套功能与产业的集群效应。一个主导产业必须要有相应的上下游产业链条，才能形成产业的优化与集聚效应。时尚产业则更加突出产业的层析结构表现。由核心产业引领时尚消费，并主导价值链的分配与延伸，从而形成核心产业、支持性产业和延伸产业链的产业价值系统（图3-4）。

3.2.3.2 时尚产业与新兴产业

新兴产业是在技术创新与技术进步基础上形成的技术与智力密集型高附加值产业。时尚产业既不同于资金密集型传统产业，也不同于知识与技术密集型的新兴产业，而是以时尚理念为核心，将创意变为高附加价值时尚产品的时尚化产业。但时尚产业与

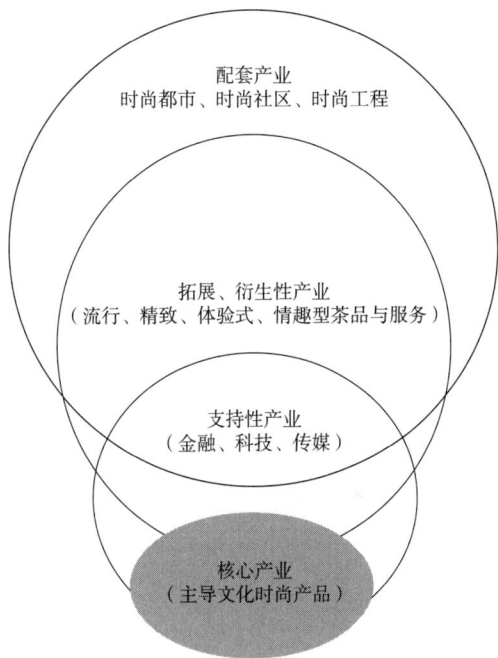

图3-4 时尚产业的价值系统与产业链体系

新兴产业都是代表了新经济时代的产业发展趋势与新的经济增长极，具有许多共同的产业本质属性。

（1）时尚产业与新兴产业具有共同的产业联动基础

时尚产业与新兴产业的发展都是建立在技术创新以及对先进技术的掌握和应用之基础上的，时尚产业的知识创新与文化创意，必须是以先进技术手段为支撑的，时尚产业的主导性核心产业必须通过金融、科技与传媒等与支持性产业的支撑，才能体现出其高附加值产业价值系统的特质。

（2）时尚产业与新兴产业有着共同的产业价值分布特征

时尚产业与新兴产业的价值分布共同遵循了"微笑曲线"的规律。图3-5中，纵轴代表时尚产业附加值的高低，横轴表示从研发、生产制造到营销的产业价值链分布各环节。时尚产业价值分布特征曲线的意义在于，时尚产业的创新设计与品牌

服务处于曲线分布的最高端，代表了高附加价值部分；研发与营销处在曲线的中端，代表了较高附加价值部分；生产制造处在曲线的下端，附加价值也最低。时尚产业价值分布特征的"微笑曲线"，表明了时尚产业价值链中，创新设计与品牌对时尚产业发展的重要性。

新兴产业具有与时尚产业同样特性的微笑曲线。图3-6表明，在新兴产业价值链中，附加值更多体现在微笑嘴形朝上的曲线两端，一端为掌握技术优势的研发设计端，另一端为品牌与服务端。处于中间环节的加工制造附加值最低。因此，企业只有在产业中掌握了关键技术及关键工艺才能创造出高附加价值，而一般制造或代工只能得到较低的价值。对于企业来说，通过生产技术升级、研发和自主创新，增加企业生产技术的科技含量，对于企业的持续发展具有极为重要的意义。

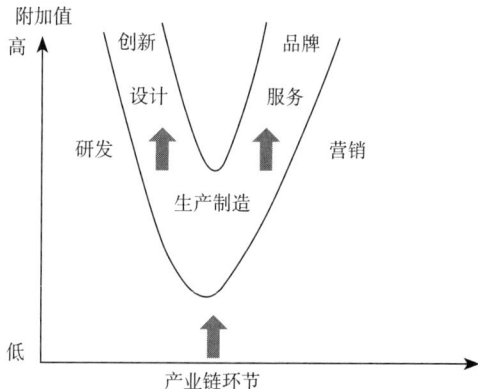

图3-5 时尚产业价值分布特征

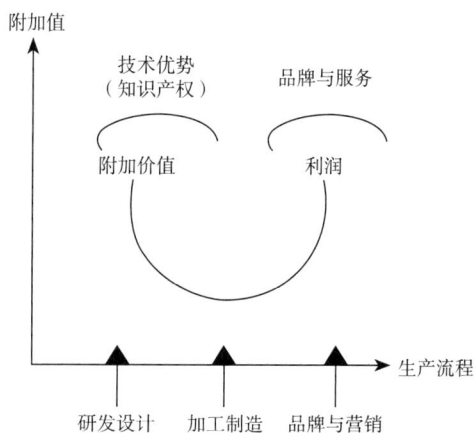

图3-6 新兴产业价值分布特征

3.2.4 时尚产业界定的原则

无论是从审美角度还是从消费角度来定义时尚产业，以及从范围或是行业角度来界定时尚产业的范围，都是围绕"时尚"现象，对时尚产业做出的总结。这些研究从各自角度出发，对时尚产业的各种行为和现象进行解释，无疑都是具有借鉴意义的。但是其片面性也十分明显。因此，对时尚产业进行科学界定，必须遵循以下三个原则。

3.2.4.1 时尚产业的艺术性本质

服装和装饰的审美表达是对时尚的经典解读。尽管时尚产业的审美标准、价值判断是以一定的经济文化背景为依托的，在不同的国家和地区，同一种时尚趋势，会显示出它的国际化和本土化特色，但是，时尚产业的根本特质是其艺术性。

3.2.4.2 时尚产业"以人为本"的特征

时尚产业最终的服务对象是人。对时尚产业中人的研究目前集中在行为主义、人本主义、社会价值观、社会文化和社会群体四个方面。这些研究为基于心理学和社会学的时尚消费行为的探讨，提供了良好的理论基础。

3.2.4.3　时尚产业的结构性与层次性特征

时尚产业并不是新兴产业，它是在对传统产业进行整合的基础之上发展起来的，兼具现代制造业和现代服务业的特点，是沟通这两个行业的桥梁。服装产业实际上是时尚产业的主要组成部分。由于服装业是时尚产业中具有优势性的行业，时尚产业应该以服装业为核心和龙头，家居和消费类电子为外围，根据不同层次进行资源配置，实现产业效率最大化。综合这些学者的观点，本文认为，时尚产业是围绕一定审美价值，为满足人们的时尚消费，通过对各类传统产业进行资源整合、提升和组合后形成的，以服装业为核心，对生活环境进行装饰和美化的产业。

3.3　时尚产业的功能及作用

3.3.1　时尚产业兴起的动力及内在逻辑

随着科技进步不断推动着人类社会经济的发展和文明的进步，人们对生活方式的追求也不断升华，这种社会需求结构的变化成为时尚产业兴起与发展的内生动力。

3.3.1.1　科技进步内在地催生时尚产业的发展

人类社会发展的基本规律所揭示的是，当社会生产力处于十分低下的水平时，只能满足人类温饱等最基本的生活需求。随着科技进步带来的几次工业革命，极大地推动了社会生产力的发展，人们的生活水平也随之从基本生活保障上升到了追求更高的享受型需求的生活方式。人类需求结构从低级向高级发展的过程与变化，遵循了马斯洛需求层次理论。

在图 3-7 的五层级需求结构中，当达到第三层级时，人们开始追求时尚生活，由此也带动了时尚产业的发展。当达到第五层级需求水平时，时尚产业将越来越成为经济社会发展中的主流产业。

从经济发展的阶段性历史看，第二次世界大战后，随着西方经济的高速发展，中产阶级不断扩大并成为主流社会阶层，基于更加稳定的工作和收入，人们的生活方式开始回归家庭，家电的普及使妇女摆脱琐碎的家务，有更多的时间和精力关注和追求时尚。为迎合这种社会需求，以时装为主体的时尚产业，由原来为上流贵族的高级定制，转变为模仿高级时装缝制的成衣进行批量生产，在百货店出售，价格更加亲民，时尚在民间快速传播。与此同时，科技进步推动了以太空、宇航为灵感的时装设计风格的出现；石化装备的发展，化纤工业全产业链的建立，新化学纤维的出现，使棉纺织品、化纤织品、涤纶混纺布的种类样式越来越多，时装更加丰富多彩。这些都对时尚产业的发展起到了促进作用。

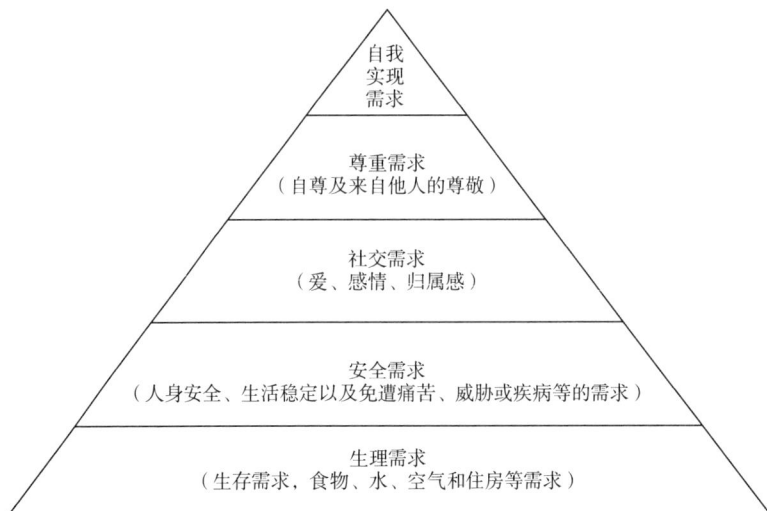

图3-7 马斯洛需求层次理论

3.3.1.2 追求自我价值实现的需求观，引领新的时尚潮流

追求自我价值的实现是马斯洛需求的最高层次。思想观念变化就要通过人们的行为和着装打扮反映出来。"年轻化""年轻风暴"和男女平等进程，对时尚产业的变革和发展产生了深刻的影响，中性服装开始流行。

3.3.1.3 人口结构变化的推动作用

人类社会发展中，基于技术进步推动的产业结构与经济结构的升级，必然导致人口结构的变化。富裕人口的增加，意味着追求时尚生活人群的增长，自然会催生时尚产业的兴起及发展。人口结构中年轻人的增加，也自然会助推时尚产业的发展。第二次世界大战后的结婚潮和婴儿潮使得人口出生率急剧增长，造成年轻消费群体迅猛增加。时尚也由之前的所谓上流社会引领，变成了大批生机勃勃的年轻人来驱动。

3.3.2 时尚产业对经济社会发展具有推动作用

时尚产业既有满足人们基本需要的基础产业功能，更具有反映时代精神风貌特点的新兴产业的引领功能，以其对社会思潮的敏感性和代表性走在流行的前沿，引领和带动其他产业协同发展，对区域经济发展具有重要推动作用。

3.3.2.1 发展时尚产业有利于促进产业转型和升级

时尚产业从上游的设计开始，就融入了思想意识、文化积淀、历史渊源等人文因素，涉及文化创意、艺术创新、审美心理等要素；中游原材料的研发，加工技术、工艺水平等环节；下游宣传销售、品牌经营等渠道，资本、物流、市场等运作，都是和其他多种产业合作的结果。时尚产业对其他产业如文化创意、工业制造、纺织化纤、印染漂洗、皮草制革、配件供应、五金机电、计算机辅助设计、网络信息、智能制造、展会媒体、商业零售、金融服务、物流配送等既存在一定的依赖，又对各产业的发展起到了整合和推动作用，促进了生产力的进一步提高。

目前，我国是世界鞋袜、服装、伞等产品的世界第一大供应国，奢侈品市场规模位居世界前列，拥有全球最大的平民时尚消费市场。可以说，我国发展时尚产业最大的优势是具有完整的加工制造产业链、系统的产业部门、丰富的产品体系和广阔的市场空间。随着"中国制造 2025"战略的逐步实施，中国制造也正在向中国创意、中国品牌、中国标准发展。在此背景下，通过强化时尚产业发展，用"中国设计""中国时尚"赋予"中国加工""中国制造"更好的技术和更深的内涵；通过促进时尚产业与其他产业的融合发展，有利于促进相关行业的转型升级，切实提升现代服务业的质量和品质。

发展时尚产业是产业升级的重要方向，必须从低附加值生产方式向高附加值的时尚化升级，将时尚产业扶植为战略性产业。发展时尚产业，加快发展能够引领区域发展的高端产业和新兴产业，有助于加强区域合作，形成区域产业的合理分工，最大限度地发挥区域综合优势，促进相关制造业的整合和结构优化，也可产生更多各种不同的消费群体，进一步拉动整个地区的经济发展，增加城市的辐射作用。

3.3.2.2　时尚产业对城市化、产业区域化进程的促进作用

时尚产业是聚集性产业，一是聚集提供了时尚产业所需的从业人员、专业技术、生产资料、生产设备、配套设施等生产要素。二是聚集提供了时尚消费和传播的条件。时尚产业发端于都市，流行于民间；变革于都市，蔓延于社会。现代化城市必须以高附加值的制造业和现代服务业的发展为主要方向。时尚业的上下游产业链，将时尚文化与创意产业发展、时尚文化与现代服务业的发展、时尚文化与促进消费紧密结合，联动发展，有利于加快服务经济、创新经济的形成和提升，增强城市在区域经济乃至全球经济中的综合服务功能，加速推进城市的现代化、国际化进程，提升城市综合竞争力。

3.3.2.3　时尚产业对继承传统文化、科研进步和思想观念改变的作用

时尚产业以深厚的历史积淀、文化传承和思想进步的先知先觉，创造性地研发产品，经营品牌，服务社会。在这个过程中，从头到尾贯穿着思想观念改变的诉求，创意人才的培养和争夺，新技术、新工艺的发明和创造，对历史文化的创造性继承与发扬，代表着新的生产力，对社会进步起到了一定的推动作用。时尚产业的品牌竞争，有利于资产、资本的优化组合，有利于创造性思维的培养、创新能力和国家软实力的提升。

3.3.2.4　发展时尚产业有利于人才的培养和科技转换为生产力的实现

时尚产业的竞争是人才的竞争。设计理念的前卫创新，时尚元素的敏锐洞察，流行趋势的精准预测和艺术把握，品牌内涵的提炼和升华等都离不开大量的专业人

才，与之相应的是时尚产业对文化教育、社会就业的促进作用。据统计，目前我国开设服装、时尚专业的大专院校有200多家，仅美容、美体行业从业人员就达9000多万人。校企合作、校地合作、发展时尚产业园等举措不失为提升产业竞争力的好模式。

3.3.2.5 时尚产业升级是环境友好、可持续发展型产业的先行者

时尚产业天然的人文情怀、前瞻预见性、重视科技进步等特点，决定了它对新材料尤其是无污染材料研发利用的关注和追求，对生产过程中环保理念的实践。仿毛、仿皮材料的应用，拒绝象牙制品等时尚消费理念日益成为企业竞争的亮点和全社会的共识。绿色时尚、低碳时尚、健康时尚日益成为时尚产业的新方向，对可持续发展有积极的示范和推动作用。

3.4 时尚产业的发展模式

时尚产业以时尚消费需求为导向，将销售与生产、市场与设计对接，逐步围绕时尚核心产业服务，延伸拓展关联产业。具体来看，时尚产业有以下三种发展模式。❶

3.4.1 "制造时尚"发展模式

"制造时尚"的发展模式是指时尚产业依托领先的设计、强大工艺基础、技术优势或知名品牌，不断推出新时尚，引领时尚消费的走向，并逐步跨界带动相关产业的多元化和集群化发展，形成完善的高附加值的产业结构。在这种模式下，时尚的生产商主导着产业发展的方向。

制造时尚产业发展模式的特点在于时尚的制造者通过不断地推出独创的、有特色的时尚产品，教育和引导时尚消费，从而拉动时尚产业的发展。这种模式多适用于厂商具有强势的竞争力，特别是在设计和品牌上拥有核心竞争力。由于时尚产品的生命周期比较短，制造时尚的核心在于创造新时尚并进行推广，使时尚消费群体迅速接受新时尚的价值，一旦潜在时尚需求被启动和激发出来，往往短期内便可创造出相当大的市场。同时，制造时尚的一方或满足全新的细分市场，或提供革命性的创新产品使其占领了行业独特的渠道，由于提供给顾客全新的价值，会导致其市场知名度、关注度和曝光率的迅速上升，使得其品牌知名度进一步上升，同时宣传成本下降。以上优势有助于时尚制造者在行业中越发强势，其领先地位难以动摇。

---

❶ 刘长奎，刘天. 时尚产业发展规律及模式选择研究［J］. 求索，2012（1）：31-33.

3.4.2　"政府主导"发展模式

政府主导的时尚产业发展模式，是指以国家政府积极介入时尚产业的发展，在强调市场配置资源的基础性作用上，突出政府功能的发挥。通过产业政策、资金、人才，发动、组织和协调行业内的各种力量，加快时尚产业的发展。产业政策主要致力于营造一个适宜产业发展和公平竞争的外部环境，针对时尚产业的特点主要是扶持中小型企业的发展，在土地、税收等方面给予政策优惠，出台法律法规保护知识产权和品牌，规划专门的时尚产业聚集区等。资金保障是时尚产业发展的关键点，需要政府多方融资提供财政支持或通过成立风险基金、引进国际资本、提供贷款、奖励投资等方式为产业发展提供强有力的动力。另一至关重要的因素是人才，引进时尚产业发展所需的人才，培育本土人才。建立完善的人才培育体系，为人才施展才华提供机会和平台；加强沟通交流及联系，以此来提高时尚产业发展在经济活动中的地位，进而不断增加时尚产业发展在全球的竞争力。此外，政府通过认真仔细的实际调查，掌握时尚产业发展的实际情况，通过真实可靠的第一手数据为产业发展中政府采取正确决策提供依据，以达到对时尚产业发展实施科学管理的目的。

政府主导的时尚产业发展模式的特点在于政府对时尚产业发展进行科学规划，多头并举，在组织管理、人才培养、资金支持、政策法规等方面具有较大的支持力度，对产品研发、制作、出口等环节进行系统的培育与扶植。其优势在于有主导产业的权威组织，宏观控制能力强，突出政府服务功能，重视产业整体形象，强调政府的扶持和导向功能。时尚产业的发展初期需要先进的基础设施，因此政府的先期资金投入力度直接影响该产业的发展速度。

3.4.3　"市场导向"发展模式

以"市场导向"的时尚产业发展模式是指在成熟的市场经济基础上，以满足时尚需求为先导，倡导企业的自由竞争。其思路是指从市场出发，通过对市场深层次的理解，明确时尚消费者的要求，针对特定的细分市场，找出产业与市场需求的对接点，然后以此为依据来设计适应市场需求的产品。立足国内市场需求，积极开拓国际市场。而政府则主要扮演辅助性的角色，如完善公共服务，完善法律法规以保护知识产权，出台相应的时尚产业政策鼓励地方政府及企业集团参与到产业发展中来，并积极推动市场的自由化，促进国内产品的出口。市场导向的时尚产业发展模式的特点在于以市场需求为先导，产业内部各部门根据自身优势和特点自发地寻求与市场的对接点，由市场中"看不见的手"对产业进行调节。因此，进行准确的市场定位是市场导向型发展模式的关键点。

3.5 中国时尚产业的发展

3.5.1 中国时尚产业发展的阶段及特点

中国现代时尚产业的发展自改革开放以来，大致可以分为两个发展阶段。第一阶段为改革开放后至20世纪末，第二阶段为进入21世纪以来。

3.5.1.1 时尚产业的成长阶段

中国现代时尚产业起步于20世纪80年代改革开放后至20世纪末，随着中国经济的发展，人们开始注重舒适、美观、健康。随着时尚概念商品化的日益加强和国外流行元素的引入，人们在时尚领域的需求日益个性化。

这一阶段的发展特点为，时尚消费以国外时尚品消费为主，时尚产业的品牌设计仍为空白，时尚产业主要以加工制造为主，时尚品牌寥寥无几，品牌层次较低。加工制造处于低端化阶段，服饰、鞋帽、眼镜、家化等中低端产品以及首饰、妆容等高端产品与服务都是以代工贴牌产品为主。

3.5.1.2 时尚产业的升级阶段

21世纪以来，随着我国经济的快速发展和产业结构的不断升级，时尚产业进入了快速发展阶段，并体现出如下特征。

一是时尚产业的价值体系及价值链开始形成。形成了从产品创意、设计到生产制造再到推广服务的价值链体系。以高技术投入的设计、信息、贸易为特征的时尚产业得到了快速发展。

二是时尚产业的升级得到明显改变。包括流程升级、产品升级、智能升级和产业链升级。产品加工制造方面批量与品种的适应性逐步提升，柔性管理与供应链管理的效率体系开始显现。创新设计方面，创新产品的产业化、市场化开始崭露头角。品牌、时尚建设方面有了较大发展，如上海已进入世界时尚之都排名。

三是时尚产品与服务多元化发展。时尚产业目前已覆盖服装、化妆品、消费类电子产品、珠宝首饰、美容美发、动漫时尚各领域。

3.5.1.3 中国时尚产业发展程度与历史方位判断

总的来说，目前中国时尚产业发展进入了世界时尚产业发展的第二梯队。时尚产业已经形成完整的产业链，技术创新及装备有效地支撑起了时装、制鞋等时尚产业的发展。贸易、会展、设计、广告、传媒等相关支持产业完备。时尚产品供给与消费在全球时尚产业中已占据应有的地位。中国已经成为世界上最大的时尚消费市场之一，是奢侈品的最大消费市场，平民时尚消费的最大市场，国内市场成为世界时尚产业发展的稳定器。

当然，要想进入世界第一梯队，还必须要进行时尚产业的进一步整体升级。目前国际时尚话语权仍然掌握在欧美国家手中，对于中国的时尚产业而言，目前还处在一个不断学习、不断超越的阶段，必须通过产业升级推动时尚产业进一步实现新的跨越。跨越的路径有三：一是加强对专业化、国际化人才的培育，孕育原创性设计，以摆脱模仿为主、代工制造的被动局面，形成核心国际竞争力；二是强化品牌建设。在设计能力、商品策划能力、品牌营销能力建设方面加大投入与政策支持力度；三是通过技术创新，推动时尚产业升级换代。充分应用数字化信息技术，进行产业链整合，构建基于无缝供应链管理、时尚市场网络、柔性化技术应用、区域集合品牌等的时尚产业价值链新体系。

3.5.2 中国时尚产业发展的主要内容和模式

3.5.2.1 中国时尚产业总体规模及产业构成

（1）总体规模

总体上，时尚产业已呈规模化发展。我国作为世界第二大经济体，目前已成为全球最大的时尚消费市场之一。在部分行业如服装业，我国已成为世界最大生产国、最大消费国、最大出口国。中国时尚产业在世界市场中已具有重要地位。

（2）产业构成

目前国内时尚产业呈规模化发展的主要行业有化妆品、消费类电子产品、服装、珠宝首饰、泛娱乐产业以及文化创意等时尚制造业和服务业。

① 化妆品。我国化妆品市场整体处于成长阶段，与美国、日本等成熟市场相比，中国化妆品市场增速处于高位。2022 年中国美容个护产品市场达到5318.13亿元，成为全球第二大化妆品市场，根据欧睿咨询数据显示，2023年市场规模已增长至5791.67亿元。随着人们对于化妆品的认识逐渐丰富，渐渐培养护肤化妆习惯，化妆品消费需求将持续增长。❶

② 消费类电子产品。中国消费电子行业市场规模在过去几年中持续扩大，随着人们生活水平的提高和消费观念的转变，对电子产品和相关服务的需求不断增加。2022年中国消费电子市场规模达到约18649亿元，2023年增至19201亿元。消费者对电子产品的需求呈现出多样化特点，包括智能手机、平板电脑、笔记本电脑、智能家居设备、智能穿戴设备等。这些产品的市场需求不断增长，有力地推动了消费电子行业的快速发展。虽然2022年中国智能手机出货量较上年下降了16.3%，但2023年全年出货量达到了2.95亿台。❷

③ 珠宝首饰业。中国目前已成为世界上最重要的珠宝首饰生产国和消费国之

---

❶ 甄唯萱. 关注年初的营销管理布局，维持推荐优质国产化妆品品牌商［R］. 中国银河证券研究院，2024-01-31.

❷ 李基锦. 2024年中国消费电子行业市场现状及发展趋势［R/OL］. 中研网，2021-01-24.

一。据统计，我国珠宝玉石首饰行业规模从2013年的5820亿元 **❶** 增长到2022年的约 7190亿元 **❷**，成为全球珠宝玉石首饰行业增长最为明显的国家之一。随着中国经济的发展、人民消费水平的提高，珠宝首饰正成为继住房、汽车之后中国居民的又一消费热点。同时，自2002年实行市场化改革以来，中国黄金市场一直保持较快的发展势头。根据《2022年中国珠宝行业发展报告》的数据，2022年黄金产品市场规模约4100亿元，全国黄金消费量1001.74吨。其中，黄金首饰消费量为654.32吨，金条及金币消费量258.94吨。

④ 文化及相关产业。文化及相关产业是我国近年来兴起的一个新兴产业。中国是一个历史悠久的文明古国，具有深厚的文化产业发展基础。与发达国家相比，虽然文化及相关产业的发展还落后于世界平均水平，也落后于中国GDP增长速度，但发展势头迅猛，发展前景广阔。我国于2000年明确提出了文化产业的概念；党的十八大报告提出，要把文化产业发展成为国民经济的支柱性产业，党的十九大报告确立了文化自信的战略，文化产业发展一路高歌猛进，到目前已呈现出规模化成长的特征（图3-8）。

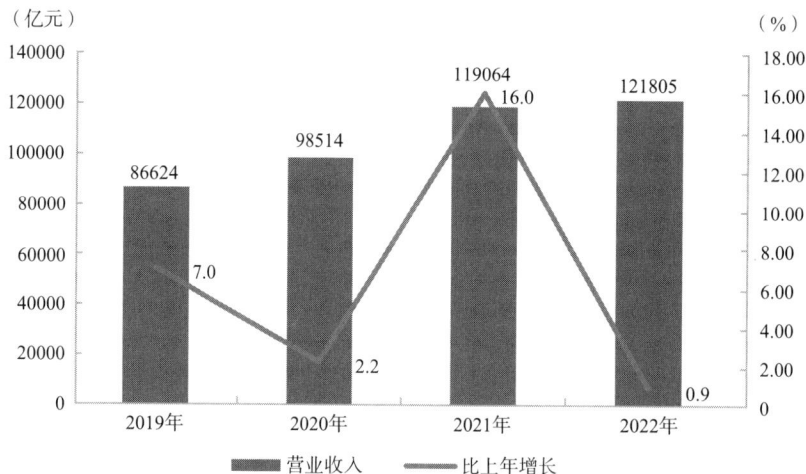

图3-8　2019~2022年全国规模以上文化及相关产业企业营业收入情况

（数据来源：国家统计局）

文化创意产业园的发展已成为我国文化产业发展的主体和突出内容。目前已形成文旅产业园、文化艺术产业园、动漫产业基地、影视产业基地四大类文化产业发展形态。创客空间、"互联网+""文化+"形成我国文化产业发展的时代特征。

---

❶ 吴斯博.201—2014年中国珠宝行业发展概况［EB/OL］.中国水贝珠宝指数平台，2014-12-01.
❷ 蒋子清.7190亿！2022年珠宝产业顶住了压力［EB/OL］.中国黄金报，2023-03-23.

2015 年 "创客" 首次被写入政府工作报告，创客活动得到来自政府最高级别的支持。创客行动开始在全国尤其在北京、上海、深圳等极具活力的城市先行发展起来。如北京的创客空间、上海的新车间和深圳柴火空间等。"互联网＋文化创意" 形成文化产业发展的新业态。国家统计局的数据显示，2022 年规模以上文化及相关产业企业实现营业收入 121805 亿元，按可比口径计算比上年增长 0.9%。以文化产业为代表的现代服务业正成为拉动我国经济增长的新动力、新亮点。

⑤ 影视、游戏、动漫等泛娱乐产业。泛娱乐核心产业呈规模化发展。在互联网的高速发展以及新兴技术的开发下，全民娱乐消费时代已经到来。泛娱乐行业日益创新，市场规模正逐渐扩大。2022 年，泛娱乐行业的市场规模达到了 14286.6 亿元，同比增长 8.18%，预测到 2027 年泛娱乐行业规模将达到 19548.69 亿元，同比增长 6.51%。❶

⑥ 服装产业。服装产业是中国国际化程度最高、最具竞争力的产业。改革开放以来，中国服装产业取得了长足的发展，实现了从传统手工业到现代产业的转变，构建了现代产业体系，当前产业正在以品牌战略为核心推动产业结构调整和产业升级，中国服装产业迎来了快速发展的黄金时期。特别是在 "十一五" "十二五" 期间，我国政府提出了要加快建设服装工业强国的战略目标，行业发展环境不断优化，中国服装产业进入发展最好的阶段，产业发展步伐不断加快，转型升级加速，科技水平大幅提高，品牌优势地位显著增强，在全球服装产业价值链中的地位不断提升，中国服装产业取得了内涵式发展的新成绩，整个产业呈现出创新发展的新态势。服装产业是中华人民共和国成立以来经济建设中的支柱产业，对加快经济增长、吸纳大量劳动力起到了不可替代的作用，也是中国出口创汇的重要来源。自1994 年起，中国服装生产、出口位居世界第一，年产服装百亿件，是名副其实的服装大国，服装产业是我国最成熟且最具国际竞争力的产业。根据国家统计局数据，2022 年在限额以上服装行业的批发和零售金额合计约 14327.1 亿元❷，其中出口部分合计约 3233.4 亿美元。纺织服装已经成为我国轻纺工业及服务业发展中的 "航空母舰"。

3.5.2.2　产业组织形态与商业模式

（1）产业组织形态

① 品牌生产已经从 OEM（贴牌生产）转向 ODM（原创设计制造），发达区域开始向 OBM（自有品牌制造）升级。国内时尚产品的组织生产已经完全摆脱了 OEA（代工生产）的初级阶段。一般区域，原有 OEM 的利用空间已经越来越小，

---

❶ 禹晨. 泛娱乐 [R]. 头豹词条报告系列，2023-06-25.

❷ 国家统计局官方网站。

大部分产品开始转向ODM。例如，服装服饰、电子类终端产品，自主设计、自主研发与生产的自有品牌已在国内市场居于主导地位。上海、福建、广东以及江浙一带的服装业大省、市，不仅ODM成为主体，而且品牌服装服饰已经出口东南亚、俄罗斯、中东、澳大利亚以及欧美等地，国际竞争力也在不断提升。大众化妆品、影视娱乐消费品，ODM成为主流形式。部分时尚产品的OBM已经在国内占有一定的市场份额。

② 时尚产品的核心竞争力机制。时尚产业比较发达的沿海地区，通过价值链治理能力的改善，核心竞争力明显得到提升。这些地区开始注重产品的功能创新，并通过数字化的生产组织与管理，以及协同性合作方式，大大加强了产品在国内市场和国际市场的竞争力。

③ 产业集聚特点明显。国内时尚产业的发展，基本上形成了在一个区域范围内围绕主导产业，以若干同类企业为核心，上下游配套企业集聚发展的模式。例如，品牌服装业制造，主要集中在温州、宁波、晋江；珠宝行业集聚于广东地区，并在揭阳、惠州等地形成国内最大的珠宝设计、加工、销售产业链。时尚电子产业则形成了以长三角、珠三角和环渤海区域为主的三大产业集群。

（2）商业发展模式

时尚产业在国内的发展目前基本上形成了产业联动、园区化、商品城与会展式等模式，这在一定程度上也反映了我国时尚产业正在不断走向成熟。

① 市场推动的区域联动模式。在我国东南沿海市场率先发展并发达的区域，时尚产业也率先得到了迅速发展，并以市场为纽带，关联产业、企业之间形成了技术与市场之间的联络与互补机制。其区域联动的标志主要是产业关联度不断提高。

以长三角区域为例，明显体现出了时尚产业发展较强的关联度，并明显反映出传统产业、新兴产业与时尚产业之间的层级关联与区域性关联，见表3-1。

表3-1　长三角时尚产业与传统产业、新兴产业之间的区域层级与关联度

产业层级	产业类别	区域分布	层级关系及关联性
核心产业（主导性）	化工、电子	上海、南京	一级（技术层）
支柱产业（配套性）	纺织、化学原材料、电子通信	苏州、无锡、杭州、宁波	二级（加工制造）
主导产业（扩展性）	服装、轻纺、化学制品、食品	南通、扬州、镇江、嘉兴、湖州等地	三级（品牌及服务）

② 政府推动的园区联动模式。主要围绕核心企业与产品生产形成了专业化产业园区。发展模式为具有技术与品牌优势的企业入驻，通过政府招商与市场化驱动，吸引配套的中小企业入园，形成上下游产业一体化发展的"共生式"产业园区。园

区联动是新兴产业与时尚产业联动发展的创新型发展模式，目前也成为我国产业园区发展的一种具有代表性意义的发展模式（表3-2）。

表3-2　我国北上广部分时尚产业园 ●

城市	园区名称	占地面积（m²）
上海	上海时尚产业区	12000
上海	尚之坊时尚文化创意园	70069
广州	广州创投小镇	120000
广州	珠影星光城	100000
北京	中关村时尚产业创意园	10000
北京	国家时尚创意中心	14600000
北京	北京798艺术区	500000
北京	751D·PARK北京时尚设计广场	220000

③ 商品城与会展式发展模式。这种模式在国内的发展已经较为普遍，并在传统产业与新兴产业联动发展中得到了广泛推广，如浙江义乌小商品城、海宁皮革城、河北白沟箱包城等。时尚产业是借助于商品城的平台，或以会展形式，将传统产业、新兴产业与时尚产业联动发展，形成了中国特色的时尚产业发展模式。

3.5.2.3　发展特征

（1）时尚产业集聚效应明显

目前已形成珠宝首饰、时装服饰、时尚电子等产业集群。例如，深圳在时尚电子产业集聚区发展基础上，正在全力打造时尚产业总部基地，集家具、服装、黄金珠宝首饰、钟表、皮革、工业设计、内衣、眼镜八大传统行业联合形成时尚创意产业联盟。原创品牌集中、产业配套完善、规模集群效应显著的新一代时尚产业基地正在形成。时尚产业集聚带来的是内部规模经济和外部交易成本降低，培育出企业新的竞争力。

（2）时尚都市引领了时尚新潮流

上海已成为亚洲最时尚都市，并进入世界时尚都市之列。青岛、武汉、成都、大连、北京、深圳、杭州都是极具文化符号的时尚都市，引领了国内时尚文化、时尚生活、时尚消费的新潮流。

（3）品牌建设跃上新台阶

国家品牌建设得到政府的重视。自2017年起，国务院已将我国每年的5月10日

---

❶ 刘华康，黄蕾，毕雪敏. 我国时尚产业融资模式研究［J］. 中国市场，2022（29）：79-81.

确定为"中国品牌日"。时尚企业越来越重视自身的品牌建设与品牌推广，一些国内品牌越来越响亮，并通过不断地品牌升级进军国际市场。在2023/2024秋冬米兰时装周上，来自深圳的知名女装设计师赵卉洲等6位中国设计师携品牌进入官方活动日程；在此前举办的2023年秋冬伦敦时装周上，更有多达16位中国设计师亮相。

（4）快时尚迅速崛起

当国际快时尚品牌呈疲软发展态势之时，我国快时尚品牌开始迅猛发展，目前线下扩展量巨大，在迅速占领国内市场的同时，开始进军国际市场，快时尚市场格局正在重构。

（5）电子信息、网络传媒对时尚产业发展的影响越来越突出

以互联网、物联网、大数据、云计算、人工智能为代表的新一代信息技术在时尚产业的应用，颠覆了时尚产品的生产制造方式，促进了时尚产业设计、创意策划、生产方式、品牌推广服务等商业模式的创新，信息传媒手段的应用，加速了时尚元素的更新换代，个性化定制、柔性化生产、多元化消费，提升了时尚产品的消费体验，激活了时尚产业的活力。此外，受益于生物技术、新材料等领域的技术突破和产业化应用，实现时尚产业的绿色环保和可持续发展。

（6）时尚产业引领消费升级

时尚是高品质消费的内容和原动力。时尚产业体系可以树立全球时尚风向标，吸引国际消费，营造年轻活力、业态多元的新消费氛围，由单一领域向多元跨界、由物质消费向精神消费、由生活质量向生活态度转变，人民群众对美好生活的向往充分体现在以时尚消费为引领的"新型消费理念"上。

本章思考题

1.时尚的概念可以从哪些角度进行解读？
2.时尚的构成要素有哪些？
3.时尚产业的特征有哪些？
4.时尚产业界定的原则是什么？
5.时尚产业兴起的动力是什么？
6.时尚产业对经济社会的作用是什么？
7.中国时尚产业的主要构成有哪些？
8.中国时尚产业的组织形态和商业模式有哪些？
9.中国时尚产业的发展特征有哪些？

第4章 中国服装家纺产业发展

课程名称：中国服装家纺产业发展

课程内容：1.中国服装家纺产业概述

2.中国服装家纺产业发展的现状

3.中国服装家纺产业存在的主要问题与成因

4.中国服装家纺产业发展对策

上课时数：4课时

训练目的：通过本章的学习，使学生了解服装家纺的概念，我国服装家纺行业的发展现状及未来发展趋势，掌握服装家纺市场变化趋势，培养学生深入行业现状独立分析问题、提出解决方案的能力。

教学要求：1.使学生了解服装服饰产业的概念与特征

2.使学生了解家用纺织品的种类。

3.使学生掌握我国服装服饰产业发展现状。

4.使学生明确我国家用纺织产业的发展对策。

课前准备：阅读中国家纺行业发展史方面的书籍。

自从时尚在人类社会生活中产生，并作为一种能为大众所感知、认识、应用的社会现象开始，服装服饰就一直是时尚的主体内容。在过去很长一段时期内，时尚与服装甚至亲近到了合二为一的关系，如艺术家安妮·霍兰德曾将"时尚"定义为："任一给定时间内，所有吸引人的漂亮服装款式，包括高级时装，所有形式的反时尚及非时尚，以及那些声称对时尚不感兴趣的人的衣服和首饰。"❶ 而家纺行业则是纺织三大终端产业之一，是传统民生产业，同时也是科技与艺术融合的创意产业，更是创造美好生活的时尚产业，在拉动内需增长、促进就业、建设生态文明等方面发挥着重要作用。当下，随着人类社会生活的日趋丰富，居住环境的不断改善，多元文化观念和大众化消费的兴起使得服装家纺领域孕育了越来越丰富的时尚内涵和特征，逐渐成为时尚最好、最直接的表现形式，也是时尚产业最大的板块之一。

4.1 中国服装家纺产业概述

4.1.1 服装服饰
4.1.1.1 服装服饰产业的内容

根据《国民经济行业分类》（GB/T 4754—2017），服装服饰产业主要包括以下几方面。

机织服装制造指以机织面料为主要原料，缝制各种男、女服装以及儿童成衣的活动，包括非自产原料制作的服装，以及固定生产地点的服装制作活动。机织服装制造含运动机织服装（如运动服、滑雪服、登山服、游泳衣服等）制造和其他机织服装（除运动机织服装以外）制造。

针织或钩针编织服装制造是指以针织、钩针编织面料为主要原料，经裁剪后缝制各种男、女服装以及儿童成衣的活动。针织或钩针编织服装制造含运动休闲针织服装（针织T恤、针织休闲衫、针织运动类服装）制造和其他针织或钩针编织服装（除运动休闲针织服装以外）制造。

服装制造指帽子、手套、围巾、领带、领结、手绢以及袜子等服装饰品的加工。

4.1.1.2 服装服饰产业与时尚

在当今的社会生活中，随着服装服饰的科技、文化含量不断增加，服装服饰与时尚有了更多的接触面，服装服饰产业也成为一种全产业链式和立体型的时尚产业。当前的服装服饰产业在许多方面都具有明显的时尚特征，成为时尚产业的重要一隅。

---

❶ 中欧国际商学院《中国时尚产业蓝皮书》课题组.中国时尚产业蓝皮书［M］.北京：经济管理出版社，2015.

（1）原材料用品方面的时尚

服装服饰原材料的应用，既受不同社会生产条件的限制，又与人们社会生活的理念与文化需求紧密相关。随着纺织科技的快速发展，当前人们在服装服饰方面对时尚的追求，已经扩展到了产业链最上游的纤维领域。纤维作为服装服饰材质的基本单元，已经从被动满足服装服饰的应用需求发展到了引领需求、创造需求的阶段，纤维制造主动与终端产品融合，传达着纤维的内涵与理念。竹纤维、生物基戊二胺、己二酸、壳聚糖、石墨烯、芳纶、超高分子量聚乙烯、玄武岩、聚苯硫醚等各种高性能、绿色纤维丰富了当代纺织服装的纤维体系，各种高性能纤维从航空航天、高温过滤领域逐渐渗透到了民用领域，由高端应用进入普通大众的日常生活，让服装服饰产业的流行、时尚从纤维开始成为现实。❶

（2）功能应用方面的时尚

科技进步为服装服饰功能的创新带来了诸多可能，人们对美好生活追求的提升促使文化、时尚元素在服装服饰上形成了更多的汇聚。当前的服装服饰，在功能上远远超出了最初防寒保暖、遮蔽身体的基本需求，如修饰身体、促进健康、环境保护、职业功能、标识身份、个性与文化展示等，功能得到了全面的释放，在满足人们美好生活追求的道路上，越来越精深。例如，随着人们对健康需求的增长，各类体育活动的增加，适合进行各类运动的功能性服装被开发了出来，并在功能上越来越精细地发展着。

（3）设计研发方面的时尚

服装服饰与人的身体发肤最为贴近，最直接地体现着人们的审美追求。服装服饰的设计风格，是社会时尚最生动形象的展示和体现，是整个服装服饰产业链上与时尚关系最为紧密的一环。当前的服装设计品类走向细化，设计更富有针对性，对不同人群、不同材质有不同的专属设计。互联网、大数据、VR技术等的广泛应用，变革了服装服饰设计的工具、平台和手段，大大提高了服装服饰领域的设计创新能力。技术条件的允可，市场需求的导向，已让服装个性化定制、柔性生产，成为行业发展的一大趋势。因此，当前服装服饰设计研发方面的时尚程度，正在不断加深、扩展，在产业中该环节的产品附加值比重将不断增加。

（4）品牌与文化方面的时尚

随着社会生产、消费的双向发展，人们对服装服饰产品的质量、服务、文化认同的需求也在不断提升。品牌是产品质量、服务、文化的综合体现，品牌的发展意味着产品附加值的提升。当前我国的纺织服装产业，品牌建设是实现强国目标的主要途径之一，而品牌发展一个重要的方面就是产业的时尚化程度提高。通过品牌的

---

❶ 盛虹. 中国纤维流行趋势2018/2019盛大发布［EB/OL］. 中国化学纤维工业协会，2018-03-18.

提升，服装服饰产品的附加值得到提高，产品和服务的质量得到优化，既满足了市场需求，又为企业带来了利润，在整体上也就提高了整个服装服饰行业在时尚产业中的份额。

（5）销售、消费方面的时尚

现代科学技术的发展，催化了服装服饰消费理念与消费方式的变革。大数据、VR技术、3D打印等技术，促进了服装消费的个性化定制、生产。互联网金融与现代物流技术的进步，让线上线下融合发展成为服装服饰销售的新业态。网络社交的繁荣，带来了网红、微商等经济现象的火爆。生态保护、节约资源理念在全社会的推广，促进了服装产业共享经济、循环经济的发展。总之，在销售与消费领域，服装服饰的时尚特征也表现得十分明显。

4.1.2 家纺产业

家纺产品按照产业生产和加工方式主要分为床上用品类、毛巾类、布艺类和地毯类，由此派生的最终用途为日用家纺产品和陈列家纺产品。按照现代人活动的范围和场所可分为静态空间和移动空间的家纺产品，按照物权归属可分为私人空间和公共空间家纺产品。所有公共空间出现的家纺产品都是家居基本功用纺织品的延伸，以终端消费用途出现的家纺用品体现了现代生活的时尚动态。

4.1.2.1 家用纺织的内容

（1）家居纺织品

① 卧室寝具类：主要包括床单、床笠、床帏、床罩、床旗、床帐、蚊帐、床盖、床幔、床垫、垫褥、被芯、被套、毛巾被、毯子、枕芯、枕套、枕袋、枕巾、靠枕、抱枕等。

② 布艺陈设类：主要包括窗帘、窗幔、帷幔、流苏、织物屏风、织物壁挂、布艺沙发、靠垫、桌布、桌旗、茶几布、蒙尘遮罩等。

③ 餐用厨具类：主要包括方巾、台布、餐巾、杯垫、盘垫、围裙、防烫手套等。

④ 卫生盥洗类：主要包括面巾、浴巾、方巾、搓澡巾、地巾、地垫、浴袍、浴帘等。

⑤ 家居服类：主要包括家居服、睡衣、睡袍等。

⑥ 墙饰地毯类：主要包括墙布、墙纸、挂毯、地毯、垫毯、卡垫等。

⑦ 户外休闲类：主要包括沙滩巾、沙滩垫、吊床、帐篷、遮阳伞、遮阳棚、睡袋、庭院园艺座椅、坐垫等。

（2）公共设施纺织品

公共设施纺织品叠合了全部的家居类型的日用、装饰用途的纺织品。在宾馆、酒店、会所、医院、疗养院、养老院、健身房、美发厅、美容院、幼儿园、学校、部队军需、救灾安置、图书馆、博物馆、办公室、写字楼、剧场、体育馆、车船候车厅和航站楼候机厅广泛使用。例如，酒店布草，它是酒店用家纺制品，泛指现代酒店里跟"布"有关的东西，可分为客房布草、餐饮布草、卫浴布草、会晤布草、窗帘等几大类。

（3）交通工具纺织品

交通工具的内饰纺织品有别于传统产业功用的基础特征，叠合了家居陈列类型的家用纺织品，融入现代制造产业的后续环节，是流动出行生活的陪伴，交通工具软饰直接显示为时尚生活品质的基本指标，表现在客车车舱、轿车车舱、轮船机舱、邮轮客舱、飞机客舱内的织物舱饰、软座、地毯、窗帘、遮帘等。

4.1.2.2 家纺时尚和流行演变

（1）初生的时尚——华洋杂处

从晚清到民国，西方的商品强势敲开中国的大门，外来的生活时尚随着商品涌入当时积弱积贫的国度，和国民生活形成巨大反差。今天定义的现代家纺用品从以工商都会为中心的城市向全国各地扩散，中国的传统文化和西方的商品经济剧烈碰撞。中国自然经济培育的原生家纺用品以蓝印花布为主的床单、被面、床帐、门帘、桌布，受到外国货品的挑战。

（2）扭曲的时尚——含蓄珍爱

20世纪中期，国计民生的衣食住行用处在重要位置。当时整个社会物质急缺，以公共计划配给制度最大程度保证民众的基本生活。没有个人特殊要求同时又有供给保证的军需军队生活物件成为普通民众生活时尚难得的珍爱。以盥洗、睡眠为核心的生理隐私需求为家纺保留了民众最深层的消费意愿和扭曲的时尚——印花毛巾、提花枕巾、棉布大花被面和锦缎丝绸被面成为城乡私人家庭有限空间内唯一有理由地含蓄追求美和兼容陈列功能的摆设。纵使在没有独立的个人空间生活中，在全国知识青年上山下乡的浪潮中，标识家纺生活的毛巾和被褥仍是个人独立的用品，是承载美和时尚的物件。

计划经济时期的家纺设计包括毛巾、床单、丝绸、印花布及地毯，从事设计的有师徒传承的设计师王自强和科班出身的设计师林汉杰、潘文治、蔡宏坡等。设计既有承继中国传统文化精神的，也有吸收欧美文化特色的，还有学习苏联、东欧和紧跟政治潮流的。但当时所有的主张都排除封建的思想流毒。其中最耀眼的红玫绛蓝紫底色的大花被面设计，产品设计尊重经济、美观、耐用的原则，吸收18世纪法国写实风格立体花卉造型，把中国工笔重彩的渲染改造成适合辊筒印花的云纹工艺，大花被面不仅是乡土中国的典型符号，也是日后凸显中国时尚的经典话题。家纺用品中式床单、印花提花毛巾、印花大花被面和绸缎被面以及喷花搪瓷面盆、热水瓶是思想禁锢年代弥足珍贵的追求生活美的最后的时尚堡垒。

（3）返回的时尚——跟风流行

20世纪70年代末，随着人性的回归，改善和提高民众生活成为社会进步的基本标尺。国家所有制主导的计划经济开始向市场化转移，满足人们日益增长的物质需求成为发展生产经济的动力。国门初开的外来家纺商品携带精致生活的时尚观念扑朔迷离地进入人们的视野，国有经济主体的家纺生产和加工得到前所未有的发展，家纺产品进入大型百货商场呈现出空前绝后的一货难求的盛况。20世纪80年代，毛巾被、印花布和丝绸设计，大量接受日本现代设计的资讯和欧美百货商店的商业广告图册信息。日本纺织产品的花形图案设计突出了日本本土文化的特色，作为与中国文化一脉相承的体系深受中国消费者的认同，同时日本较多地吸收西方现代绘画形式和设计思潮，成为中国设计师了解西方文化的桥梁和纽带，为中国的家纺设计师营造20世纪末的时尚潮流输送过渡时期的重要滋养。

1983年，中国丝绸进出口总公司组建中国流行色协会并代表中国加入国际流行色协会。欧洲主导的流行趋势通过国内官方机构组织和派发，作为进出口贸易和设计专业资讯在中国的家纺企业内零星传播，随后国家纺织部和中国丝绸进出口总公司组织专家和设计师向国际流行色协会提交中国纺织面料自创的趋势提案。国际流行趋势开始被主要家纺企业决策人认知和研读。20世纪90年代中期，家纺、印染及所有国营纺织企业接受国家经济调整改革的转轨改制，国有家纺面临港澳的投资、合资企业（享受"两头在外、三来一补"的政策）和江浙异军突起乡镇企业的挑战。1989年中国纺织复制行业协会在武汉成立，标志着床品生产从行政隶属转向社会管理的过渡开始。纺织企业退出中心城市，20世纪80年代，红火的国有企业家纺的品牌随着中心城市纺织企业转制变卖一夜消失和蒸发。1992年中国纺织复制行业协会更名为中国家用纺织品行业协会，更名折射出迎接产业升级和改造的脱胎换骨似的蝶变。

（4）诱惑的时尚——全球循环

在世纪交替之际，我国现代家纺产业的格局已经形成。随着外向型经济的发展，家纺企业设计师加上国内外院校毕业的新生代家纺设计师，共同参与家纺时尚的弄潮。家纺生产企业走出国门关注国内外行业动态，关注代表国际流行的趋势直接影响国内的品牌生产企业，并促成品牌企业和商家联手互动，从传统的家纺用品扩展到整个家居，从生活实用品到软装饰的配套陈列。"走出去"的战略，让家纺企业关注行业内专业博览会，如德国法兰克福家用纺织品博览会（Hemtextil）、西班牙瓦伦西亚家用纺织品博览会（Textil Hogar）、美国纽约国际家用纺织品博览会（Home Textiles Sourcing Expo）、土耳其伊斯坦布尔家用纺织品博览会（EVTEKS）、比利时布鲁塞尔家用纺织品展览会（MoOD）。同时，家纺企业也关注首端上游的国际展会，如佛罗伦萨纱线展会（Pitti Immagine Filati）、巴黎国际面料博览会（Texworld）、米兰面料展（Milan Unica）和美国面料展（Texworld USA）。此外，家纺企业还关注末端下游的家居时尚博览会，如米兰家具博览会（Salone Internationaledel Mobile di Milan）暨米兰设计周（Milan Design Week）、巴黎家居博览会（MAISON&OBJET）暨巴黎设计周（Paris Design Week）。由此，我国家纺企业近距离感受到了国际前沿的流行趋势，并参与营造全球家纺时尚潮流。

（5）振兴的时尚——自主重生

伴随改革的深入和民众居住条件的改善，消费从基本需求日益走向成熟发展的个性化和多元化。完全依托单一行业背景的配套产品已经不能适应现代生活的多样要求，跨行业和边缘交叉的新兴业态模式更富有朝气和活力，信息共享和利益同惠的全方位服务于民众的居住生活的"大家居"理念，在室内装饰服务和家纺生产领域的呼声空前高涨，"大家居"不仅是企业发展共生的需要，更是民众生活消费要求"一站式"成为配套多元服务和质量提升的需要。"大家居"专业化服务把床上用品扩展到整个室内实用和陈设，从软织物成品到艺术品陈设，从可见的实物形态到隐形的观念形态，并且与室内装饰装潢、室内饰品、家庭园艺、酒店用品、建筑设计等多门类和专业共同组成现代生活的嘉年华。

消费者对时尚的需求不断提高，我国家纺企业时尚生产能力也在不断增强。先进的装备和工艺，先进的设计理念和手段，先进的设计团队和机构，不断开发生产出时尚的产品，引导消费潮流。我国在上海举办的中国国际家用纺织品及辅料博览会（Intertextile Shanghai HomeTextiles）规模已达世界前列，同期发布的流行趋势越来越受到国内外行业的关注。我国家纺行业自行主办的"海宁杯"中国国际家用纺织品创意设计大赛、"张謇杯"中国国际家用纺织品设计大赛、"震泽丝绸杯"中国丝绸家用纺织品创意设计大赛，不断把行业研发设计水平推向新的高度。

4.2 中国服装家纺产业发展的现状

"十三五"以来，我国服装家纺产业基本保持平稳发展态势，产业结构不断优化，国际贸易进入调整阶段，自主创新能力逐步提升，品牌化发展水平不断提高，"大家居"家纺产业格局初步形成，这为未来我国纺织服装产业高质量发展创造了良好条件。

4.2.1 中国服装服饰行业发展现状

纺织服装行业是我国国民经济的重要组成部分，既是我国工业的支柱产业，又是重要的民生产业。长期以来，纺织服装行业对我国工业的振兴、人民生活水平的提高厥功至伟。作为传统的劳动密集型产业，纺织服装行业对吸纳就业人口贡献尤为突出。在对外贸易中，纺织服装行业是实现贸易顺差最大的行业，为我国外汇的增长、国际贸易市场的开拓，起到了十分重要的作用（表4-1）。

表4-1　2016~2022年我国规模以上服装行业发展情况

年份	企业数（家）	主营业务收入（亿元）	同比（%）	利润总额（亿元）	同比（%）
2016	15715	23605.1	4.6	1364.7	2.4
2017	15825	21903.9	1.1	1263.7	3.0
2018	14827	17106.6	4.1	1006.8	10.8
2019	13876	16010.3	−3.5	872.8	−9.8
2020	13300	13697.3	−11.3	640.4	−21.3
2021	12653	14823.4	6.5	767.8	14.4
2022	13219	14539.0	−4.6	764	−6.3

（数据来源：国家统计局）

4.2.1.1　产业规模

我国服装家纺产业基本保持平稳发展态势，行业规模稳中有升，产业内部结构逐步优化，同时受国际贸易外部环境影响较为严重，行业整体运营普遍承压。虽然行业发展进入调整优化时期，但是行业良性发展基础仍在。

（1）产量和产值情况

从规模上来说，2022年我国纺织工业规模以上企业共有20108户，主营业务收入为52564亿元，规模以上企业利润额为2067亿元。纺织品服装出口额为3409.5亿美元。服装家纺网络零售交易额31155亿元，占全国网络零售市场交易额比重为22.6%。❶在整体的纺织工业体系中，服装服饰是份额较大的一个板块。2022年服装行业规模以上企业数为13219户，规模以上企业主营业务收入14538.89亿元。

（2）对外出口情况

我国既是服装、服饰用品的生产和消费大国，同时也是出口大国。在全球的纺织品、成衣出口中，2022年我国纺织品出口额为3409.5亿美元，其中成衣出口额为1841.1亿美元。我国是服装服饰产品出口的第一大国，出口额远远超过其他国家，见表4-2。

---

❶ 数据来源：国家统计局统计年鉴，星图数据2023电商发展报告。

表 4-2 2016～2022 年我国服装消费情况

年份	规模以上服装鞋帽、针纺织品零售额（亿元）	同比（%）	出口金额（亿美元）	同比（%）
2016	14433.0	7.0	1594.5	−9.4
2017	14557.0	7.8	1588.1	−0.4
2018	13707.0	8.0	1594.1	0.4
2019	13516.6	2.9	1534.5	−3.7
2020	12365.0	−6.6	1373.8	−10.5
2021	13842.0	12.7	1702.8	23.9
2022	13003.0	−6.5	1754.3	3.0

（数据来源：国家统计局）

我国纺织服装出口量已经位居世界首位，受国内外市场需求波动影响，整个行业发展普遍承压。据世界贸易组织统计数据，2022 年，全球纺织品服装出口 9150 亿美元，其中我国出口纺织品服装 3410 亿美元，占全球纺织品服装出口总额的 37%，位居第一。近些年来，受国际贸易保护影响，经济全球化遭遇新挑战，对外贸易活动压力加大，服装行业整体运行受到显著影响，经济运行指标更显低迷。从国内市场来看，2022 年，我国限额以上服装鞋帽、针纺织品零售额 13003.0 亿元，较 2021 年零售额减少 839 亿元。无论是市场规模，还是行业增速，均出现不同程度萎缩，整个市场普遍承压。

从国际市场来看，我国服装产业出口金额稳中有升，三大传统贸易市场小幅减少。2022 年，我国服装出口 1754.3 亿美元，较 2016 年增加 159.8 亿美元，见表 4-3。服装出口贸易情况整体保持平稳状态，然而深受国际贸易环境影响，整个对外贸易进入深度调整阶段。虽然当前欧盟、美国和日本仍是我国纺织服装对外贸易的三大市场，但是受国际竞争加剧和国际供应链结构调整的影响，我国服装出口贸易对三大传统市场的出口规模均小幅减少，同时对于共建"一带一路"国家的纺织服装贸易增长明显。表 4-4 为 2022 年世界服装出口额 TOP10。

表 4-3 2016～2022 年我国服装出口情况 （单位：亿美元）

年份	服装出口额	出口欧盟	出口美国	出口日本
2016	1594.5	370.1	332.4	160.8
2017	1588.1	363.1	331.5	160.0
2018	1594.1	361.3	355.0	163.0
2019	1534.5	339.8	330.5	154.3
2020	1373.8	324.3	396.0	146.6
2021	1702.8	336.7	411.3	149.3
2022	1754.3	333.3	383.2	146.2

（数据来源：中国海关）

表4-4 2022年世界服装出口额TOP10

排名	国家/地区	出口额（亿美元）
1	中国	1841
2	孟加拉国	457
3	越南	353
4	意大利	288
5	德国	268
6	土耳其	199
7	印度	176
8	荷兰	174
9	西班牙	157
10	法国	153

（数据来源：世界贸易组织）

（3）专业市场建设情况

根据中国纺织工业联合会流通分会统计，2022年我国有万平方米以上纺织服装专业市场854家，市场经营面积达到7276.80万平方米，市场商铺数量134.41万个，市场商户数量 108.82万户，市场总成交额2.13万亿元。2022年服装类专业市场成交额为7758.33亿元，占全国专业市场总成交额的36.48%❶（表4-5）。另据国家统计局数据，2022年全国限额以上服装鞋帽针纺织品零售额达到14479亿元。

表4-5 2022年各品类专业市场成交额

品类	成交额（亿元）	占比（%）	增速（%）
面辅料	6962.97	32.74	0.13
服装	7758.33	36.48	−17.54
家纺	1780.86	8.37	1.40
小商品	2602.83	12.23	2.14
综合	1373.42	6.46	−19.33
其他	791.51	3.72	−10.60

（数据来源：中国纺织工业联合会流通分会）

（4）上市公司发展情况

2023年前三季度，A股纺织服装综合板块（含纺织服装、化学纤维及设备制造企业）的上市公司总数为142家，在A股上市公司总数（5280家）中的占比为

---

❶ 资料来源：中国纺织工业联合会流通分会。

2.69%。由于纺织行业以中小企业为主，盈利能力薄弱，在规模指标方面，纺织上市公司的股本、资产等指标在A股中的占比较小。以2023年前三季度的经济指标进行计算，纺织服装综合板块上市公司合计营业收入2080.7亿元，在两市总营收中占比为0.4%，合计实现净利润182.3亿元，在两市总利润中占比为0.4%。

4.2.1.2　行业结构

从行业结构来看，我国服装行业产品结构逐步优化，针织服装比重明显提高。从行业运营来看，我国服装行业承压比较严重，规模以上企业利润率有所下滑。2022年，我国纺织及服装服饰行业规模以上企业营业收入分别为26157.6亿元和14538.9亿元，分别比上年下降1.1%及4.6%；利润均呈现下降趋势，纺织业、服装服饰业利润总额分别下降17.8%、6.3%。受国内外市场需求影响，虽然行业整体利润有所下滑，但推进行业发展的积极因素仍在。

（1）品类结构

2022年，纺织业及化学纤维制造业产能利用率分别为77.2%及82.3%，较上年下降2.3个、2.2个百分点。主要产品纱、布、化学纤维、合成纤维产量分别为2719.1万吨、467.5亿米、6697.8万吨、6154.9万吨，比上年分别下降5.4%、6.9%、0.2%、0.9%（表4-6）。

表4-6　2022年纺织行业主要大类产品产量情况

产品名称	单位	产量	同比（%）
纱	万吨	2719.1	−5.4
布	亿米	467.5	−6.9
化学纤维	万吨	6697.8	−0.2
合成纤维	万吨	6154.9	−0.9

（数据来源：中国纺织工业联合会《2022年中国纺织行业经济运行报告》）

（2）行业结构调整不断推进

"十四五"时期，纺织行业产业结构调整不断推进，"大家居"家纺产业格局更加清晰。床上用品、装饰布艺和毛巾三大纺织品类发展迅速，在企业主体、生产工艺、经营模式等方面均呈现出鲜明的行业特征，差异化竞争优势较为明显。据国家统计局数据，2022年，我国规模以上家纺企业营业收入为1895.8亿元，比2016年主营业务收入减少825亿元；利润总额为99.3亿元，比2016年减少70.4亿元。家纺行业出口规模不断拓宽，处于小幅增长态势。2022年，我国家纺行业出口460.5亿美元，较2016年出口额增加74.5亿美元（表4-7）。

表4-7 2016～2022年我国规模以上家纺行业经济指标

年份	主营业务收入（亿元）	同比（%）	利润总额（亿元）	同比（%）	出口额（亿美元）	同比（%）
2016	2720.8	3.2	169.7	5.5	386.0	−4.1
2017	2626.0	−4.8	154.4	−3.1	394.7	2.3
2018	2041.6	−4.6	126.2	−20.1	420.9	6.6
2019	1854.3	−3.2	94.8	−7.3	426.8	1.4
2020	1857.3	0.2	104.5	14.7	372.0	−12.8
2021	1977.1	6.5	97.3	−6.9	479.3	29.4
2022	1895.8	−4.1	99.3	2.1	460.5	−3.9

（资料来源：国家统计局、中家纺）

围绕家居环境，家纺各品类产品之间更加注重设计、品质和风格方面的协同性，"大家居"家纺产业格局初步形成，"大家居"发展新优势逐步显现。"十三五"时期，我国家纺行业积极打造全品类家居和个性化定制，初步完成"大家居"产业布局，即由一块布、一件产品向整体软装和提供生活方式转变。在"大家居"模式下，家纺品牌通过呈现丰富的家庭生活场景，提供一站式家居购物；打通软装和硬装，满足个性化消费需求。同时，强调"产品＋服务"的模式，产品设计和生产制造与日常服务、家居洗护、婚房布置、软装定制等个性化的专属服务相结合，通过精细化服务，进一步提升家居产品的市场价值。

（3）进出口结构

截至2022年底，全国服装出口数量达到312.16亿件，出口额达到1753.97亿美元。其中，针织服装出口数量为215亿件，出口额为785.6亿美元；梭织服装出口数量为128亿件，出口额为741.5亿美元。

4.2.1.3 科技创新促进品质和效率明显提升

"十三五"以来，我国纺织服装行业科技创新水平和自主创新能力显著提升，既有力地支撑传统纺织工业的转型升级，又推进了新型纺织工业的数字化改造、智能化应用和绿色发展。当前，部分纺织服装领域科技创新已经进入"跟跑、并跑、领跑"并存的阶段，在材料创新、绿色制造、纺织机械、智能制造等领域取得众多创新成果和重大突破，纺织科技与新兴科技进一步交叉融合，自主创新能力、技术装备水平均显著提升。2022年，我国规模以上纺织行业（纺织业、纺织服装服饰业、化学纤维制造业）的研究与试验发展经费（R&D）支出为535.1亿元，研发投入强度由2016年的0.57%，增加到2022年的1.02%，其中，纺织业的研发投入强度实现倍增，提升幅度最显著（表4-8）。

表4-8　2016年和2022年我国规模以上纺织工业研究与试验发展经费支出

年份	支出情况	总计	纺织业	纺织服装服饰业	化学纤维制造业
2022	R&D经费（亿元）	535.1	246.3	117.8	171
	R&D经费投入强度（%）	1.02	0.93	0.79	1.56
2016	R&D经费（亿元）	410.7	219.9	107.0	83.8
	R&D经费投入强度（%）	0.57	0.54	0.45	1.08

（数据来源：国家统计局）

从服装行业看，产业链前端的纤维材料、面料开发等新科技、新工艺等在服装领域得到广泛应用，不断改善服装服饰产品的品质和功能，满足个性化、差异化的消费需求。数字化信息化技术应用提升服装行业智能制造技术水平，整个服装行业用工人数明显减少，企业生产效率提升明显。一批智能化与缝制相关的技术和集成应用系统取得较大突破，并在一定范围内获得推广和应用，包括机器人抓取及传送技术、吊挂及带式智能衣片输送技术与自动缝制单元、模板缝制系统的集成以及针织服装领域的全成型技术等。同时，三维人体测量、服装 3D 可视化及模拟技术等在行业内广泛应用，远程试衣、个性化定制等模式逐渐被消费者接受，科技创新推动服装营销模式的不断革新。

从家纺行业看，天丝、石墨烯纤维、防螨抗菌纤维和面料、抗污易处理面料等新材料在创新型家纺产品中得到广泛应用，更好地适应了人民群众美好生活的时尚需求。"十三五"时期，家纺骨干企业的数字化、智能化技术应用水平取得长足进步，使用先进设备实现自动化连续化生产、采用MES系统提升企业智能管理水平、推广应用智能仓储系统、智能悬挂系统和智能输送系统等专业化智能生产方式，先后有六家家纺企业被评为"智能制造示范企业"。

4.2.1.4　品牌化发展水平不断提高

我国服装家纺品牌发展取得明显成效，品牌影响力持续提升，品牌企业经营规模不断扩大。"十三五"时期，我国政府与企业对品牌化发展高度重视，国家出台"三品战略"专项行动，设立"中国品牌日"，同时大批企业着力打造品牌，聚焦品牌定位，提升品牌形象，通过持续优化品牌体系，已经在市场上形成了大量受到消费者喜爱的服装服饰和家纺品牌。国内主要大型商业实体的服装家纺品牌约有4500个，较2015年的3500个增长较为明显，其中85%左右为自主国产品牌。国内原创潮流品牌在质量、设计、文化方面逐渐成熟，所占品牌市场消费比重由2017年的11%提高到2019年的15%。

品牌设计与时尚创意能力逐步提升，不仅支撑了纺织服装产业的品牌化发展，而且为我国纺织时尚产业发展注入创新活力。"十三五"时期，2189名面料设计师、

736名家用纺织品设计师、2017名色彩搭配师等取得从业资格认证，11家设计中心被评为"国家级工业设计中心"，46家平台被评定为"纺织服装创意设计试点园区（平台）"，入驻实体设计机构6100家，入驻纺织服装设计师3.4万人。

服装家纺行业的一批品牌企业经营规模持续增长，形成具有代表性的国内品牌服装家纺上市企业。"十三五"时期，国内品牌服装家纺上市企业市场规模均保持年均40%以上的扩张速度，品牌影响力和持续性不断提升。例如，海澜之家营业收入从2016年的170.0亿元增长至2022年的185.6亿元，实现年均增长率2.2%；森马服饰营业收入从2016年的106.7亿元增长至2022年的133.3亿元，实现年均增长率5.5%（表4-9）。

由此可见，当前我国纺织服装品牌企业保持高速增长的发展态势，企业品牌化发展不仅有利于提升企业的影响力和市场占有率，而且也是进军国际时尚市场，打造新经济环境下国际竞争优势的关键所在。

表4-9　2016~2022年部分服装及家纺品牌企业营业收入　（单位：亿元）

企业	2016年	2017年	2018年	2019年	2020年	2021年	2022年
海澜之家	170.0	182.0	190.9	219.7	179.6	201.9	185.6
森马服饰	106.7	120.3	157.2	193.4	152.0	154.2	133.3
七匹狼	26.4	30.8	35.2	36.2	33.3	35.1	32.3
报喜鸟	20.1	26.0	31.1	32.7	37.9	44.5	43.1
朗姿股份	13.7	23.5	26.6	30.1	28.8	38.3	38.8
罗莱家纺	31.5	46.6	48.1	48.6	49.1	57.6	53.1
富安娜	23.1	26.2	29.2	27.9	28.7	31.8	30.8
梦洁家纺	14.5	19.3	23.1	26.0	22.2	24.6	20.3

（数据来源：根据相关公司公开年报资料整理）

4.2.2　中国家纺产业发展现状

经过20多年的快速发展，中国家纺行业构建出特色和优势明显的"大家纺"格局。中国家纺产业在参与全球经济大循环的环境中，产品品种日趋完善，自主品牌建设发展迅速，部分自主品牌在国内市场占有绝对的主导地位，在国际上具有较强的竞争实力。行业装备水平和企业建设加速提升，形成了行业骨干企业和产业集群两翼齐飞的良好发展势头。

4.2.2.1　保持稳中向好发展态势

整体来看，家纺行业运行趋势向好，主要指标稳步增长，呈现出以下特点。

（1）稳中有进，运行趋势向好

国家统计局公布的数据显示，2022年行业规模以上企业实现主营业务收入

1895.8亿元。从近几年的统计数据可见，我国家用纺织行业克服宏观环境的不利影响，总体保持稳中有进，趋势向好。

（2）费用增加，利润增速放缓

据国家统计局数据，2022年家纺行业规模以上企业实现利润总额99.3亿元，同比增长2.1%，增速虽然较上年上涨9个百分点，但2016年以来的利润增速整体仍然呈现放缓的趋势，其原因是成本居高不下的同时，费用快速增长。

（3）市场回温，外销发力

全球经济持续复苏，对家纺行业出口市场呈现利好局面。海关数据显示，2022年家纺产品出口460.5亿美元，行业出口增速整体呈现逐步提升的态势。

4.2.2.2　东部地区行业发展优势明显

目前，家纺行业的布局呈现东部产能突出，西部和东北地区偏少的局面。家纺行业规模以上企业主营业务收入规模，东部地区约占77%、中部地区约占19%，西部地区和东北地区约占4%。东部地区中的江苏省、浙江省、山东省是家纺产能最为集中的地区，三省规模以上企业收入合计占全国的比重超过60%。

产业集群是我国家纺行业发展的优势与特点，经中国纺织工业联合会试点命名的有关家纺产业的纺织产业基地和特色名城（镇）达到29个（纺织产业基地4个，特色名城镇25个），其中24个位于东部地区，数量占到82.8%。试点的家纺产业集群最集中的为浙江省和江苏省，纺织产业基地和家纺特色名城（镇）分别为12个和8个（表4-10）。

表4-10　家纺行业集群分布

地区	行业	集群名称	所在地
东部地区	纺织/家纺	中国纺织产业基地	浙江省海宁市
	床品	中国羽绒家纺名镇	浙江省杭州市萧山区新塘街道
	床品	中国绗缝家纺名城	浙江省浦江县
	床品	中国家纺寝具名镇	浙江省建德市乾潭镇
	床品	中国蚕丝被名镇	浙江省桐乡市洲泉镇
	布艺	中国布艺名镇	浙江省海宁市许村镇
	布艺	中国布艺名城	浙江省杭州市余杭区
	布艺	中国静电植绒名镇	浙江省嘉兴市油车港镇
	布艺	中国家纺布艺名镇	浙江省桐乡市大麻镇
	布艺	中国窗帘窗纱名镇	浙江省绍兴市杨汛桥镇
	布艺	中国静电植绒名镇	浙江省天凝镇
	布艺	中国床垫布名镇	浙江省杭州市萧山区义桥镇
	纺织/家纺	中国纺织产业基地	江苏省南通市通州区

续表

地区	行业	集群名称	所在地
东部地区	纺织/家纺	中国纺织产业基地	江苏省海门工业园区
	床品	中国家纺名镇	江苏省南通市通州区川姜镇
	床品	中国蚕丝被家纺名镇	江苏省苏州市吴江区震泽镇
	床品	中国防寒服·家纺名镇	江苏省常熟市虞山镇
	床品	中国家纺名镇	江苏省丹阳市导墅镇
	床品	中国家纺名镇	江苏省丹阳市皇塘镇
	流苏/面料	中国家纺面料名城	江苏省苏州市吴江区七都镇
	纺织/家纺	中国纺织产业基地	山东省滨州市
	床品	中国工艺家纺名城	山东省威海市文登区
	毛巾	中国家纺名城	山东省高密市
	毛巾	中国毛巾·毛毯名城	河北省高阳县
东北地区	流苏/面料	中国家纺流苏名城	辽宁省瓦房店市
中部地区	床品	中国手工家纺名城	安徽省岳西县
西部地区	床品	中国家纺名城	四川省彭州市
	地毯	中国藏毯之都	青海省西宁市
	地毯	中国手工羊毛地毯名城	新疆维吾尔自治区和田地区

4.2.2.3 主要家纺企业加快转型升级

近年来，我国家纺骨干企业充分发挥人才、技术、渠道、信息及社会资源等比较优势，加快推进转型升级，切实引领和推动行业的转型升级发展。目前，我国家纺行业有三十余家上市企业，各上市公司的发展既有一些共性特征，又在努力探索适合自己的转型升级之路。

（1）优化产品布局，积极向全品类家居发展

以罗莱生活科技股份有限公司（以下简称罗莱生活）与深圳市富安娜家居用品股份有限公司（以下简称富安娜）为代表，相关企业不断优化产品布局、延伸产业链条，向全品类家居方向发展。其中，罗莱生活侧重家居一站式服务，富安娜则侧重全屋配置定制。

（2）在优势领域朝更精细、更专业方向发展

部分家纺上市企业依托技术革新和产品创新，在自身优势领域向更精细、更专业方向发展。孚日集团股份有限公司在各主销市场上拥有较强的溢价能力和话语权，是世界家纺行业的知名品牌企业，2017年上半年针对不同国家和地区调整战略，在全球市场取得了均衡良性发展。梦百合家居科技股份有限公司是国内最大的记忆绵家居品研发、生产、销售企业之一，在雄厚的基础上致力于引领智能睡眠变革。

（3）积极创新生产、营销模式

面对经济新常态、消费升级等形势变化，部分上市企业结合公司本身基础和特点，积极创新生产、营销模式，加快转型升级步伐。湖南梦洁家纺股份有限公司深入实施"互联网＋CPSD"，多方面改造升级。多喜爱集团股份有限公司探索垂直电商业务及品质化转型。

4.3　中国服装家纺产业存在的主要问题与成因

4.3.1　存在的主要问题

4.3.1.1　服装服饰产业

我国服装服饰产业规模大、出口份额高，但总体上还处于大而不强的阶段。在产业发展中同质化竞争的现象比较突出，服装产量结构性过剩，缺乏自主品牌和知名品牌，低端制造、贴牌加工占市场的份额较大。随着行业成本的逐渐上升以及环境约束的不断增大，行业整体利润率较低，产业发展亟待转型升级。

（1）产业增速趋缓向稳

随着国家经济发展进入新常态，宏观经济增速放缓，纺织服装行业的发展速度、规模、结构将在一定时期内继续经历调整变化，承受变革带来的阵痛。在未来的一段时期内，我国纺织服装产业发展将呈现如下发展态势：一是增长速度在一定时期内将呈低增长态势；二是销售渠道收紧，内需增速下降，市场竞争加剧；三是行业盈利能力减弱，融资困难加重，投资增速放缓。总体来看，未来一段时期，纺织行业的发展将是缓中趋稳的态势。

（2）生产要素成本普遍增加

① 劳工成本增加。随着我国劳动人口增长进入拐点、大众就业偏好改变，已使纺织行业人力资源结构短缺成为常态，用工成本快速提升，国际比较优势基本不复存在。

② 原材料成本上升。如国内棉花流通体制市场化改革尚未完成，纤维原料供给的素质、品质、价格等仍是纺织行业面临的重要挑战。

③ 能耗成本变高。在国内煤价降至十年最低情况下，我国的工业用电价格并未联动下调，目前国内电价已是越南、美国等地的近 2 倍。棉纺、化纤等用电量较大的企业存在电价成本过高问题。

④ 工业用地资源紧缺。随着我国经济的发展，工业土地资源变得紧缺，地价快速上升。国家对城市土地控制趋严，用地指标连续几年调低，部分地区的纺织业在扩大生产时明显受到了土地资源的限制。

⑤ 资金短缺、资本引入困难。一是市场需求低迷加剧了资金周转压力，库存

增多、货款回收周期延长，占用更多企业资金，加大周转压力。二是融资难、融资贵问题未能有效解决，银行拒绝向纺织企业放贷的情况仍然存在，企业获得贷款利率上浮水平较高。银行存在收取贷款服务费、强制购买理财产品等情况，变相增加融资成本负担。要求企业互保现象仍较为普遍，易引起企业资金链断裂的连锁反应。

（3）产能结构性矛盾突出

我国纺织服装产业，以民营经济为主，中小型企业、家庭作坊的生产业态特点突出。长期以来，大量低端制造的产品充斥着市场，同质化、无序竞争现象突出。解决产能结构性过剩问题以及优化产业结构调整是实现纺织强国的必经之路。在国家实行供给侧结构性改革的背景下，纺织服装产业去结构性过剩产能将不断推进，行业的发展将随之出现一定时期的调整变化。在这一过程中，部分技术创新快、设计研发能力强、市场需求满足程度高的企业将获得持续的增长空间和市场份额。而部分生产效能低、市场变化应对能力弱、产品质量和品牌缺乏竞争力的企业将会逐渐被行业淘汰。

（4）行业整体效益偏低，税费负担沉重

我国纺织服装行业内很大一部分企业尚处于代工贴牌、低端制造的经营模式，处于生产价值链的低端环节，产品附加值不高。在出口贸易中，当前的服装产业还是以量取胜，单品平均价格较低，据有关统计，2022年服装及衣着附件平均出口单价为4.63美元。❶由于纺织行业的产业链长，环节众多，在每个环节都有相应的税费需要缴纳，税费成本高。目前，整个行业的税费大概是利润的2~3倍，利润率较低。此外，棉纺企业高征低扣的问题尚未解决，企业还承担着4个百分点的税负。因此短期内行业的整体效益很难得到较大提升，企业经营困难较多。

（5）环保压力需要一定时期才能化解

长期以来，我国纺织服装产业快速发展，在消耗大量能源的同时，也给环境带来了巨大的影响，高污染、高能耗的问题凸显。国家对纺织服装行业污染物减排的标准要求在不断提升，而企业的现实适应能力在短期内却难以完全形成。印染是纺织服装产业链上的重要中间环节，也是环保问题最为突出的环节，升级发展如果受限将会形成产业链瓶颈，制约纺织服装全行业的平稳、健康发展。

综上，在此背景下，基于自身发展的不足，我国服装服饰产业应加快推进产业的升级发展，在国家工业强国目标的引领下，通过供给侧结构性改革和"三品"战略，走提质增效的道路，努力把服装服饰产业打造成为"创新驱动的科技型产业，文化引领的时尚型产业，责任为导向的绿色型产业"。

---

❶ 2022年1~11月中国服装行业生产、内销、效益各项指标降幅扩大［J］. 中国纺织，2023（1）.

4.3.1.2　家用纺织产业

家用纺织产业受地缘冲突长期化、通胀高企等不利因素影响，全球经济趋于下行态势，市场需求疲弱、贸易环境更趋复杂等风险因素给我国家纺行业带来严峻挑战，行业发展压力较大。

（1）行业总体承压较大

2022年，受到市场需求不足等因素影响，家纺行业产销规模较上年同比有所收缩。据国家统计局数据测算，规模以上家纺企业营业收入同比下降3.2%。行业技术改造转型升级和成本控制初见成效，全年规模以上家纺企业营业成本和期间费用大幅减少，利润保持了2.11%的小幅增长，行业总体承压缓进，行业质效逐步改善（图4-1）。

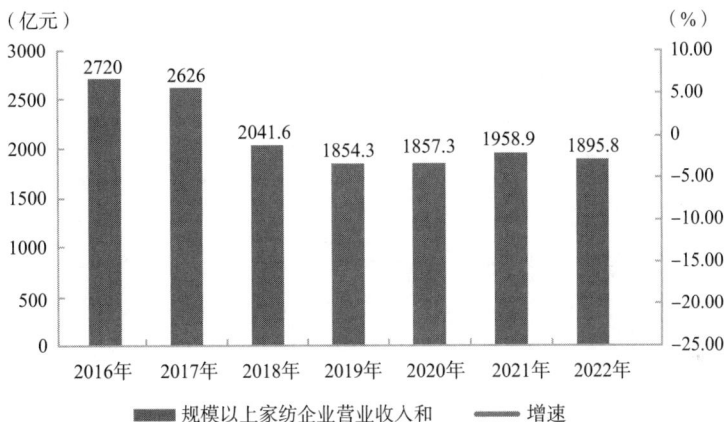

图 4-1　2016～2022年规模以上家纺企业营业收入

（数据来源：国家统计局）

（2）出口下行趋势明显

2022年由于全球经济低迷、消费疲软，加之订单回流红、利消失给企业生产经营带来压力，我国家纺产品出口下行趋势明显。据我国海关数据统计，2022年我国出口家纺产品共计460.48亿美元，同比下降3.85%；其中，出口数量同比下降8.42%，产品单价同比增长4.99%且维持在高位水平，出口额单月同比增速逐月收窄，自8月份以后环比增速连续收窄，量减价增使外贸企业压力逐渐攀升。

从主要出口市场看，美、欧、日等发达经济体发展疲态进一步显现。据中国海关数据，2022年我国对美、欧、日出口家纺产品同比分别下降16.85%、14.19%和5.44%。新兴东盟市场总体保持稳定增长。2022年我国对东盟市场出口家纺产品共计82亿美元，同比增长13%，其中数量同比增长8.28%，单价同比增长4.35%。

（3）各子行业承压运行

① 床上用品行业呈现下滑趋势。从出口情况看，2022年我国出口床上用品

135.47亿美元，同比下降15.46%。其中美、欧、日传统市场下降明显，东盟市场仍保持较高水平增长。从内销情况看，床上用品市场消费动力总体偏弱，传统销售旺季营业额较上年总体增速下滑较为明显，2021年国内床上用品市场规模为1436亿元（图4-2）。

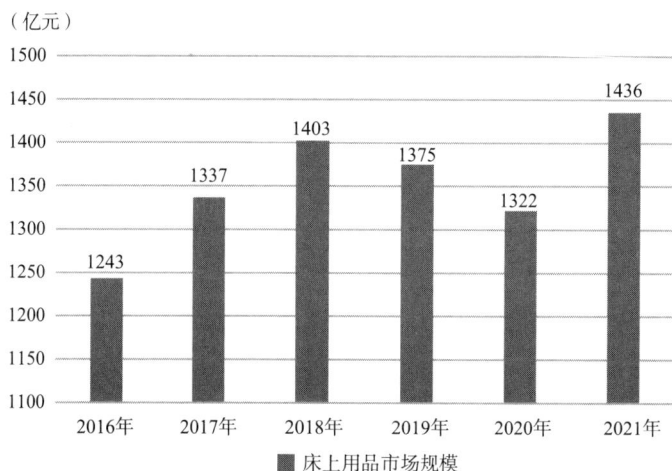

图4-2 2016～2021年中国床上用品行业市场规模

（数据来源：华经产业研究院）

② 毛巾行业持续收缩。2022年我国出口毛巾26.02亿美元，同比下降4.93%。在主要的毛巾产品出口市场中，除日本市场保持增长外，其余都有不同程度下降。据国家统计局数据测算，2022年规模以上毛巾企业营业收入与上年基本持平，利润总额同比下降8.68%。毛巾行业在外贸环境错综复杂、替代产品频出影响需求的压力背景下还需积极探索，在寻求新的消费需求的同时注重产品研发升级与品牌化道路发展。

③ 布艺行业增幅回落。2022年布艺行业增长出现拐点，在近几年始终保持高速增长的基础上出现回落。出口的布艺成品，如窗帘、装饰织物等降幅明显，一方面与上年外贸订单回流的红利造成的高基数有关，同时，主要发达经济体疲软、地缘政治冲突造成的需求大幅下滑等因素都对布艺产品市场需求造成较大影响。据我国海关数据，2022年我国出口布艺产品171.86亿美元，同比小幅增长1.02%。出口产品以布艺面辅料拉动为主，东盟市场起到有力支撑，大量纺织服装订单流向东盟地区，或推动其加大对我国布艺面辅料进口。成品窗帘出口额除东盟实现小幅增长以外，其他市场较上年有所下滑。

4.3.2 主要成因

随着我国全面进入小康社会和城乡融合程度不断提升，消费升级的发展趋势已势不可挡，同时我国纺织服装产业国际地位日益显著，纺织时尚与科技融合、文化融合，不断促进业态创新、技术创新和模式创新，"十四五"时期我国纺织服装产业面临着重大战略机遇和严峻挑战。

4.3.2.1　宏观环境变革引领发展机遇

（1）国内消费升级的新需求

国内消费升级是我国实现经济国内大循环的重要基础，也是未来我国纺织时尚产业所面临的发展形势。消费升级背后是消费者消费需求的升级，从"我需要"转向"我想要"，从对使用价值层面的"需"扩展到对精神层面的"求"，从使用商品后的满意度转变为对使用商品后的满足感。"十四五"时期，国内消费升级既是我国服装家纺产业规模增长的重要支撑，也是促进我国服装家纺进行品质提升、功能革新、服务增值，加快时尚消费结构变革的发展动力。

"十四五"时期，我国居民衣着类消费支出仍是服装家纺产业规模增长的重要支撑。当前，我国是全世界增长最快的纤维消费市场之一，2022年，我国限额以上单位服装、鞋帽、针纺织品类销售额1.3万亿元，总量位居世界前列。未来我国仍将是世界最活跃的消费市场，随着居民收入水平提高、城乡差距不断缩小、中产阶级群体增多，我国衣着消费规模仍将稳步扩大。2022年，我国人均衣着消费支出为1365元，而美国的人均衣着消费支出是我国的6倍，预计我国居民衣着类消费支出保持年均5%左右的增长，2025年我国人均衣着消费支出将达到1700元，我国纺织服装产业的发展规模仍存在着巨大的扩张空间（图4-3）。

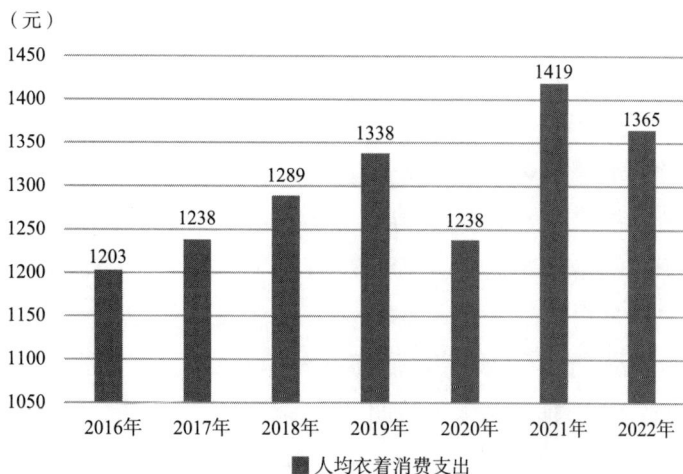

图4-3　2016～2022年我国居民衣着消费支出

（数据来源：国家统计局）

与此同时，国内消费升级将促进纺织服装消费的结构优化。近年来我国居民消

99

费结构升级特征已经日渐明显，衣着消费在消费支出中的比重持续降低，消费者对服装家纺产品附加价值的追求将逐渐取代其原始功能，对产品品质、特殊功能、增值服务、文化属性等附加价值提出更高要求，我国服装家纺产品消费结构将发生较大变化。

① 中产阶级品质消费成为市场主流。随着我国全面建成小康社会，城市中产阶级的消费规模将大幅增加，区别于大众消费的"物美价廉"特征，具有良好时尚感受、文化归属感、个性满足感以及周全服务的优质产品及自主品牌将成为中产阶级消费市场主流。

② 时尚消费新生力军快速崛起。具有较强消费意愿的"90后""00后"将逐渐成为消费生力军，成长于国家经济高速发展阶段的新一代消费者具有空前的文化自信和民族认同感，精品国货、民族品牌将逐渐成为国内市场消费主流。

③ 银发消费市场备受关注。我国已经开始逐步进入人口老龄化阶段，人口结构中老龄化人口比重不断增大，预计到2025年，我国60岁以上年龄人口占比将达到20%～27%，老龄化消费者对服装家纺产品的时尚型、舒适性、功能性提出差异化需求，同时希望产品具有健康维护、体征监测、卫生护理等特殊功能，与科技功能结合，未来银发消费市场存在着巨大潜在扩张空间。

（2）国际发展环境的新变局

国际政治经济形势正处于百年之大变局中，全球不确定不稳定性加剧。2022年，我国对外贸易受到大幅影响，特别是中美贸易摩擦升级过程中我国被取消纺织品服装配额，纺织服装国际贸易受到一定程度影响。国际纺织服装市场多元化竞争格局逐步形成，欧美日等发达国家依托研发能力和品牌优势，垄断时尚领域高端市场；越南、孟加拉国、印度等东南亚新兴经济体，依托劳动力和资源成本优势，与我国纺织服装产业形成一定的竞争对峙。当前，中国已经全面融入全球价值链体系，深度参与全球化发展过程，形成全世界最完善的纺织服装工业体系，成为世界最大的纺织品服装生产国、消费国和出口国。面对国际经济政治之百年变局，我国纺织服装制造环节传统成本优势已经不复存在，亟须通过重塑海外发展战略、鼓励龙头企业发展和做好自主品牌建设，构建我国纺织服装产业新型国际竞争优势。

① 推进国内品牌企业国际化运营。我国纺织服装龙头骨干企业在东南亚国家和部分非洲地区建设生产加工基地项目明显增多，集中在棉纺、针织和服装等领域，一批出口型大型针织企业积极到越南、柬埔寨、缅甸等劳动力成本较低的国家投资。近年来，梭织服装项目也开始在东南亚和南亚投资，如山东迪尚集团在孟加拉国、柬埔寨、越南和缅甸投资建厂，山东鲁泰在缅甸投资生产衬衫，江苏恒田在缅甸投资两个制衣厂。未来需要推进纺织服装企业国际化运营，加快海外纺织服装产业园区建设，保障海外运营的安全性，提升国内纺织服装品牌的国际影响力。

② 注重纺织服装品牌国际交流与合作。近年来，多个国际快消品牌均在国内建设旗舰店，带来城市消费的增长，同时也带动国内企业与其协同发展，国际国内品牌合作互动日益明显。这为促进我国服装品牌登上国际时尚舞台创造了良好条件，通过国际合作与交流，链接全球设计力量，在包容与吸收世界多元化文化的基础上不断融合创新，构建中国服装产业国际竞争新格局。国际形势复杂化的背景下，市场间的流动性增强，合作交流频繁，不仅有利于加快时尚流行趋势的传播和流动，而且在相互协作的过程中，国内企业可以融合更多样的设计元素、管理元素，并最终形成独特的成长模式。

（3）时尚消费模式的新变革

随着新一轮科学技术的变革与产业革命的不断深入，纺织服装产业的时尚消费模式不断创新，线上线下消费互动更为频繁，平台直播、网红经济、共享模式等新的消费业态不断涌现。据中国互联网络信息中心数据，截至2022年年底，我国网民规模达到10.7亿人，较2016年增加3.4亿人；互联网普及率达76.4%，较2016年增加23.2个百分点。庞大的网民规模形成了巨大的网络购物市场，新零售成为网络经济时代的最重要消费业态，截至2022年底，我国网络购物规模达8.5亿人，较2016年增加3.8亿人。据国家统计局数据，2022年，我国网络零售额达到13.8万亿元，同比增长4%。其中，服装鞋帽纺织类交易额占比22.6%以上，排名第一。网络零售渠道增长迅速，互联网时尚消费趋势已不可逆转（图4-4）。

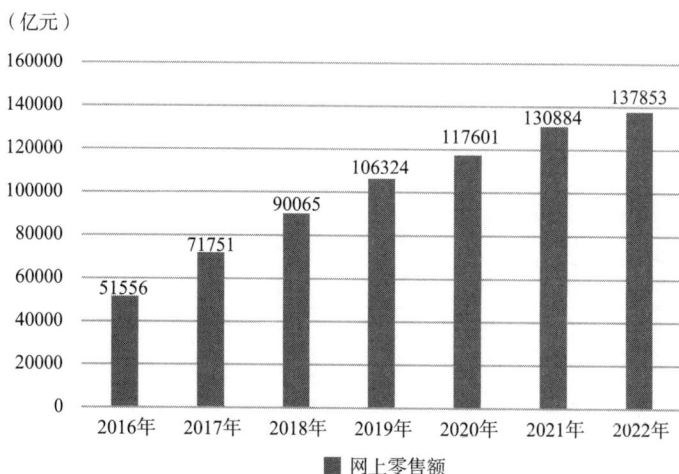

图4-4　2016～2022年我国网上零售额

（数据来源：国家统计局）

在网络消费趋势推动下，服装家纺企业以线下实体为支撑，逐步开展线上渠道销售，线上、线下渠道互动发展。通过开设天猫旗舰店的时间来看，水星家纺、太平鸟等国内品牌企业在2008年就开始线上渠道销售，未来需要持续促进线上线下渠道互动，创新时尚消费模式，增加消费者的体验感和参与感（表4-11）。

表4-11 我国部分服装家纺企业天猫旗舰店开店时间

品类	公司	品牌	开店时间
家纺	富安娜	富安娜	2009年06月30日
家纺	水星家纺	水星	2008年03月17日
男装	海澜之家	海澜之家	2011年04月13日
男装	红豆股份	红豆	2011年06月20日
男装	九牧王	九牧王	2009年09月08日
女装	安正时尚	玖姿	2011年09月19日
女装	安正时尚	尹默	2015年09月10日
女装	安正时尚	斐娜晨	2016年06月06日
女装	安正时尚	摩萨克	2019年03月25日
女装	地素时尚	Dazzle	2012年01月09日
女装	拉夏贝尔	拉夏贝尔	2014年06月26日
女装	拉夏贝尔	Lababite	2016年01月26日
女装	拉夏贝尔	Puella	2016年01月26日
女装	拉夏贝尔	7modifier	2016年01月26日
女装	日播时尚	Broadcast播	2010年08月31日
女装	维格娜丝	维格娜丝	2019年05月02日
休闲装	森马服饰	森马	2010年04月19日
休闲装	太平鸟	太平鸟	2008年06月18日
羽绒	波司登	波司登	2008年12月10日
运动	安踏体育	安踏	2010年03月19日
运动	安踏体育	斐乐	2011年03月04日
运动	李宁	李宁	2008年03月20日

（资料来源：广发证券）

线上渠道新模式创新速度逐渐加快，社群经济及直播带货等商业模式创新，不断激发时尚消费活力，企业发展更加多元化。随着新一轮信息技术的普及与应用，数字变革、场景经济、平台经济、共享经济、网红经济等新经济业态不断涌现，新模式、新服务、新消费的时尚热点频出，科技创新赋能纺织服装产业发展，推进时尚消费模式的创新与变革。

（4）文化时尚融合的新浪潮

文化与时尚的完美融合掀起了时尚新浪潮。文化是根植于全民的共同属性，是最能激发群体认同价值的触点。在服装家纺行业中，传统文化元素与现代设计完美融合，不仅彰显出传统文化的自身魅力，而且形成了新的时尚创意产品，引发社会时尚流行浪潮。以汉服为例，根据艾媒咨询发布的《2022—2023年中国汉服产业现状及消费行为数据研究报告》，2015～2021年，中国汉服市场规模实现了由1.9亿元到101.6亿元的激增，预计2025年中国汉服市场规模将达到191.1亿元。

让传统文化嵌入人们的生活，促进时尚与文化融合发展，更能彰显我国文化自信与消费自信。近年来，国潮品牌快速发展，推出系列将中国文化与潮流文化融合的设计产品，取得市场高度认可。根据《2019年中国潮流消费发展白皮书》的数据分析显示，中国原创潮流品牌消费规模占比15%，同比增长3%，这不仅取决于经济发展的因素，更加展现出我国的传统文化魅力。这种文化融合不仅局限于服装家纺领域，而且在各个时尚行业领域内，文化融合所产生的时尚创意产品层出不穷，我国传统文化的时代魅力充分展示，如600岁的故宫带来文创产品，年收入过10亿元，蜀绣与电竞游戏"王者荣耀"的合作等。

中华文化历史悠久，文化内涵独特，未来加快时尚创意产业园区建设，优化时尚创意设计环境，培育本土化时尚设计人才，充分展示和表达传统文化与现代时尚融合的内涵与美感，传达文化魅力，彰显文化自信，赋予服装家纺行业新的生命力。

（5）人民美好生活的新向往

党的十九大报告指出，我国社会主要矛盾已经转化为人民日益增长的美好生活需要和不平衡不充分的发展之间的矛盾。就服装家纺而言，仍然存在着消费不均衡、功能创新不足以及缺乏市场影响力等与人民美好生活向往的新时尚需求不匹配的发展问题，未来我国服装家纺产业发展面临着巨大的机遇与挑战。

① 城镇化过程中农村消费需求的快速崛起。我国快速城镇化过程中，虽然农民可支配收入水平不断上升，但是城乡收入水平依旧存在较大差距，城乡消费不均衡问题依然存在。近年来，城镇和农村居民可支配收入均保持增长态势，虽然城乡消费同步增长，但其收入水平差距并未明显减小。2022年，我国城镇居民人均可支配收入达49283元，依旧是农村居民人均可支配收入的2.4倍（图4-5）。

从衣着类消费支出看，城乡衣着类消费支出水平仍然存在一定差距。根据国家统计局数据，2016年，城镇和农村居民家庭人均衣着类消费分别为1739元和575元，城镇是农村的3倍；2022年，城镇和农村居民家庭人均衣着类消费分别为1735元和864元，城镇是农村的2倍，城乡间衣着消费差距在缩小，但是两者间消费的不均衡情况仍然存在。未来随着我国城乡一体化战略的不断推进，农村收入水平和消费需求同步提高，将引发农村地区时尚纺织消费的逐步崛起（图4-6）。

（元）

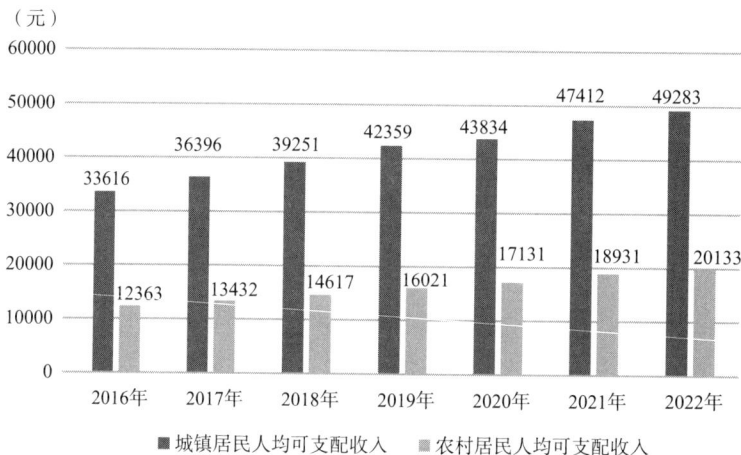

图4-5　2016～2022年我国城镇与农村居民人均可支配收入

（数据来源：国家统计局）

（元）

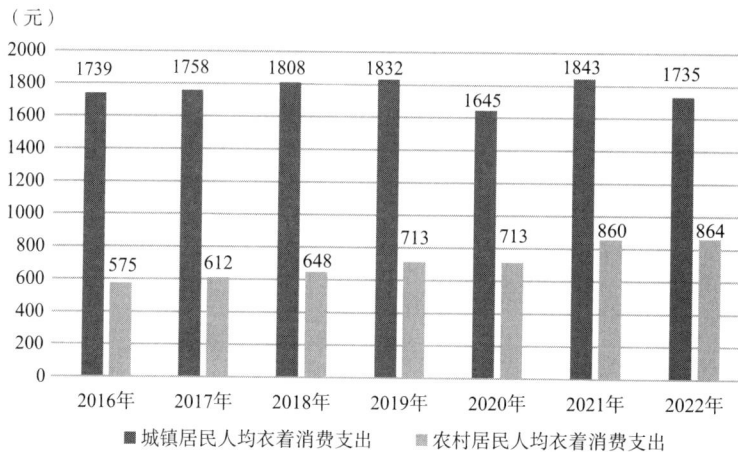

图4-6　2016～2022年我国城镇与农村居民人均衣着消费

（数据来源：国家统计局）

② 针对垂直细分领域的功能性产品需求。随着我国经济水平的提高、居民生活理念的改变，服装服饰消费更加多元化和精细化。针对不同的生活场景，服装服饰的功能性需求日益凸显，运动类服装、户外类服装、居家类服装等服装家纺产品市场被逐步细分，以运动类服装为例，可进一步细分为骑行服、滑雪服、登山服等功能性产品，消费者对服装服饰的需求向专业化、功能化和时尚化迈进。当前，虽然国内企业积极开拓垂直细分市场，但是仍未满足国内细分垂直领域的产品需求，功能性技术性产品的创新研发不足，直接制约我国专业化服装服饰的发展。2019年3月，安踏集团联合投资者完成收购亚玛芬体育公司，旗下国际知名品牌萨洛蒙Salomon（法国）、始祖鸟ARC′TERYX（加拿大）、阿托米克Atomic（奥地利）、颂

拓 Suunto（芬兰）、威尔胜 Wilson（美国）、必确 Precor（美国）及 PeakPerformance（瑞典）等纳入安踏集团多品牌阵营，这些品牌在户外运动、滑雪、球类及运动器械等运动细分领域位居全球前列。就整体而言，国内在专业化服装服饰的功能性研究与技术创新方面需要进一步突破，以满足人民美好生活向往的专业化、多元化、功能化需求，未来服装服饰的垂直细分市场仍存在巨大的发展空间。

③ 基于品牌化影响力的可持续发展需求。人民美好生活的新向往过程中不仅存在着纺织服装产业规模扩张与功能结构改善的需求，而且也需要消费理念与品牌影响力的转变和提升。当前我国家纺产品依旧延续着新旧替换、婚庆、新居乔迁等传统消费理念，消费频次基本固定，消费档次比较低。同时，市场上缺乏足够多的家纺品牌引领市场消费变革，以床上用品类为例，仅有梦洁家纺、水星家纺及富安娜等知名品牌，而在窗帘、巾被、布艺等家纺产品消费市场中，极度缺乏知名品牌带动和引领消费的国内品牌。为适应人民美好生活的新向往，未来我国纺织服装品牌化发展将成为必然趋势，通过品牌化建设促进国内市场产品品质提升和多样化发展，引导全社会时尚消费理念转变，同时参与国际纺织时尚竞争，增强我国纺织服装品牌影响力。

4.3.2.2 主要挑战

当前，全球经济发展形势复杂多变，国际市场需求仍旧低迷，加之发达国家纷纷出台复兴制造业的国家计划，以及印度、越南、孟加拉等新兴经济体，依靠资源、成本等优势，正在不断抢占着我国服装服饰产业的世界市场份额。如何在这些外部挑战下，不断增强我国服装服饰产业的竞争能力，提升我国服装服饰产业在全球生产价值链上的地位，是全行业面临的共同课题。

（1）国际市场需求低迷

2016年以来，国际市场需求持续走低，欧盟、美国、日本等传统消费市场进口纺织品服装规模均不同程度缩减。2016年美国自世界进口纺织品服装同比减少6.4%，日本从全球进口纺织品服装同比减少11.9%，欧盟从全球进口纺织品服装同比减少0.1%。2016年全球的纺织品、成衣出口额为7444.1亿美元，同比减少7.39%。2016年我国纺织品服装的出口贸易值为2701.2亿美元，同比下降7.22%，而且这是在2015年已下降4.78%的基础上的再次下降。作为世界纺织大国，我国的纺织产业对外贸易依存度高，世界经济尤其是发达经济体的市场状态很大程度上影响着我国纺织服装产业的市场前景。

（2）国际产业竞争加剧

长期以来支撑我国纺织服装产业快速发展，占领国际出口贸易最大份额的条件之一，在于我国丰富且相对廉价的劳动力资源。而随着我国经济发展水平的不断提高，目前无论是用工资源还是人工成本都与发达国家相近。而发达国家的生产技术水平，尤其是在机械设备研发制造、核心技术应用、品牌建设等方面都有我国尚未企及的优势能力。

当前，世界各发达经济体已纷纷启动复兴制造业的国家计划，加强控制纺织产业链高端，如德国的"工业4.0计划"、美国的"工业互联网计划"等。这些情况，不断加大我国纺织产业的市场竞争压力。此外，印度、孟加拉国等国家因为人工成本、原材料和能耗成本、出口关税的相对优势，纺织制造能力快速提升，正深入参与国际产业布局调整，加剧了纺织服装产业的国际竞争。

相对于各新兴经济体，我国纺织服装行业的综合成本在不断上升。据统计，2006～2015年，我国纺织行业人均工资保持年均10%以上涨幅。在低劳动力成本的驱动下，中低档加工贸易订单快速向印度、越南、土耳其、孟加拉国等国转移，其中越南发展最为迅速，已成为美国第二大服装进口国。土地成本方面，我国工业用地平均价格从2005年的每亩单价32.8万元上涨到2015年的60.2万元。根据自然资源部的地价数据，2015年长三角、珠三角、环渤海地区工业用地的每亩单价分别是64.53万元、75.87万元和48.99万元。在能耗成本方面，处于国内煤价降至十年最低的情况下，工业用电价格并未联动下调，国内电价约是越南、美国的2倍。

4.4 中国服装家纺产业发展对策

随着我国建设工业强国的目标得到明确，整体综合国力不断上升，生产、生活条件快速提高，加之智能化、信息化等科技手段在行业中的推广应用，服装家纺产业将继续推进技术创新、产品创新、品牌创新，以更好地适应个性化、多元化、定制化的时代变革，实现服装家纺产业的高质量发展。

4.4.1 服装产业的发展对策
4.4.1.1 提品增质适应消费升级
面对新形势和新问题，我国服装产业需要加强全产业链提品增质，推进研发设计、生产制造和市场需求的深度融合。

（1）在产业链前端加强合作开发

结合流行趋势研究成果，扩大差别化、功能性以及性能优化的新型纤维材料的面辅料在服装领域的应用，积极应用染色、印花、后整理先进技术改善面料风格，从全产业链设计研发的角度，实现产品创新，满足个性化、差异化的消费需求。

（2）生产制造环节提高自动化、智能化水平

不断优化自动模板缝制系统、扩大自动缝制单元的应用范围，并在衣片抓取、传送和操作的智能技术领域，进行针对性技术瓶颈突破，扩大全成型编织技术的应用领域，并提高产品品种的多样性。

（3）加强产品设计与市场消费的对接

重视服装服饰产品消费行为研究，产品设计更加关注我国消费者的消费习惯、审美偏好、生活场景、城乡差别、地区差异等因素，融合新材料、新技术和流行趋势，开发适应消费升级需求的新产品。

4.4.1.2　科技创新提升竞争能力

当前，我国服装产业的科技创新能力还不够强，核心技术不完备，企业的科技应用水平层次差别大，总体发展水平不够高。这些问题充分说明我国仍是服装制造大国而不是服装制造强国。因此，要实现我国服装产业的强国目标，推动我国服装产业向世界先进水平不断迈进，需要适应新一轮科技革命与产业变革的需求，依托科技创新提升我国服装产业的国际竞争力。

（1）提高服装科技领域原始创新能力

整合科研院所、大专院校和国家级重点实验室资源，实现产学研一体，开展以服装终端综合竞争力提升为重点的全产业链创新，以需求驱动原材料和工艺技术创新，打造智慧化的产业形态，让科技渗透、整合其他所有生产要素，促使整个产业在生产、销售、服务等各个环节高效、智慧运转。

（2）加强服装行业科技创新体系建设

以智能制造为核心，促进产学研协同创新，在机器人、人工智能、柔性传感器、模块化智能单元等领域加快服装生产制造适用相关技术的研究突破，掌握行业发展重点领域的关键技术，促进行业智能工厂／数字化车间，人机智能交互、工业机器人、智能物流管理等技术和装备在生产过程中得到广泛应用。

（3）推进中心企业的数字化改造

中小企业是我国服装产业的主体，推动研究适合中小型服装企业应用的数字化、信息化和智能化技术，建设"服装工业互联网服务平台"和"服装工业智能制造服务平台"，布局服务于中小企业的产业互联网，完善个性化定制、众包设计、云制造等新型制造模式，形成基于消费需求动态感知的研发、制造与产业组织方式。实现行业的数字化、网络化、智能化高度发展，全员劳动生产率明显提高，行业单位工业增加值能耗、物耗及污染物排放达到世界先进水平。

（4）加强服装产业科技创新人才队伍建设

根据产业发展的需要，整合现有高校和企业资源，促进校企合作，搭建产学研一体化平台，培养材料科学、工程技术、计算机应用、信息化技术等领域与服装设计、时尚管理相融合的复合型人才。

4.4.1.3　品牌建设扩大市场影响

注重服装行业品牌建设，形成一大批有较强市场影响力的区域性、国际性知名品牌企业。全面提升品牌创建能力，引导品牌企业加快技术创新、设计创新、管理创新，制定以国内品牌企业为主导的数字转型新标准，全面推进标准创新，增强我国服装行业的国际话语权。鼓励供应链管理和渠道创新能力，通过鼓励和补贴等方式，推广应用信息化技术，提升品牌规划、产品设计、质量管理、渠道建设和售后服务等能力。大力扶持培育国内自主品牌，引导企业重视知识产权，加强普法宣传，尤其是指导商标法律制度的运用，加大对企业在开发新产品、提升产品质量等方面技术改造项目的支持力度，鼓励企业采购社会科技服务。鼓励企业加大在技术开发和质量提升等方面的投入，采用政府消费券的方式，增强国内纺织服装企业的研发投入强度。

4.4.1.4 国际合作实现全球布局

拓展海外渠道，推动自主品牌国际化。加强对国际市场的研究，分区域制订品牌国际化拓展市场的路线图，整合国际设计人才资源，研发适销对路的品牌产品系列，与已有营销渠道合作逐步渗透到各区域市场，通过国际品牌并购或品牌合作，不断拓宽品牌国际化发展途径。支持高端定位的原创设计师或设计型品牌参加巴黎、米兰、纽约等时装周或静态展览，提升自主品牌的国际知名度与美誉度。邀请一批国际高端百货或多品牌精品店买手，推动中国高端原创设计型品牌与精品品牌进入国际高端零售网络渠道，引导更多的自主中档品牌进入海外市场。

4.4.1.5 以文化为引领的时尚型产业

服装是人们向世界展现自我的一个基础，反映了人性中对突出自我与融入社会的基本需求。作为与人民日常生活交融最深的产业之一，服装产业肩负着不断满足人民日益增长的美好生活需要的重任。服饰文化具有高度的民族性、时代性、地域性、群体性特征，同时又在一定程度上体现着个性化的审美特点与消费需求。服装服饰产业具有典型的时尚特性，对文化的表现、传承和推动具有巨大的功效和深远的影响。反过来，时尚与文化对纺织产业的发展也具有重大的引领和推动作用。随着时代的进步和人民生活水平的不断提高，服装服饰产业将逐步加深从工业化制造向艺术化创造的转变，凝结在服装产品中的文化附加值将不断增大。通过科技提升，增进的是服装产品的功效性能，创造出了生产中理性方面的价值。而文化、创意的提升，增进了人们对服装消费的精神享受，创造出了生产中感性方面的价值。因此，未来要把我国服装服饰产业打造成为文化引领的时尚型产业，科技与文化并举，获得产业升级发展的两极动力。我国的服装产业要深挖传统文化、民族文化中的特色与精华，张扬时代风貌，弘扬时代精神，增品种、提品质、创品牌，形成一条完善、高效并在世界范围内具有卓越影响的时尚产业链。

4.4.1.6 商业模式的创新时尚

在信息技术的革新下，商场、专卖店等传统的商业模式已经受到严重冲击，未来以体验经济为核心，推进线上线下融合的商业模式创新，给消费者带来更多的消费体验，为企业打通新型销售渠道，商业模式的创新时尚方兴未艾。

（1）线上线下深度融合

传统电商模式已经发展成熟，突破营业时间和地理空间限制，实现全时段全球范围内销售。伴随5G时代来临，直播技术与传统电商融合形成新型的直播电商，进一步带给消费者直观丰富的体验。2019年，我国直播电商商品成交额在3900亿元左右，同比增长114%，呈现高速增长，服装是其中热门品类。新一轮基础设施建设将进一步赋能互联网商业模式，线上线下深度融合存在更大的成长空间。

（2）服装订阅模式

随着服装家纺产业数字化转型加快，以数字为要素，以平台为载体的服装订阅模式逐步兴起，当前女装订阅的SODA、衣二三及女神派等，男装订阅的垂衣及锦衣盒等企业都在不断改进优化迭代服装订阅的商业模式，通过数据积累为用户的服装购买行为提供决策建议。

（3）个性化定制

家纺行业通过联通软装和硬装，开拓"大家居"发展的新模式。未来将深度贴近用户生活，向"产品＋服务"的生活方式转化，服装内容涵盖日常服务、家居洗护、婚房布置、软装定制等诸多领域的个性化定制，通过产品的价值专属服务，提升消费者享受生活的时尚理念。

4.4.2　家纺产业的发展对策

4.4.2.1　精准定位拓宽发展路径

加强功能市场细分，实现精准市场定位。研究大城市与中小城市之间、城镇和乡村之间、东部和中西部之间、青年一代和中老年人之间等各类不同消费群体对家用纺织品需求上的差异化，包括产品性能、外观、价格等各方面的差异化需求，加大先进适用并具有较高性价比产品的开发，加大高技术含量、高附加值产品的开发，探索适应消费升级的家纺行业高质量发展路径。在精准定位的基础上，有针对性地进行全产业链研发，提升新产品的创新能力，充分运用新纤维、新纱线、新面料和新的印染技术，开发适应消费者需求的新产品，满足家纺产品舒适、健康、环保等新需求。

4.4.2.2　借助大数据实现服务个性化

消费者的消费水平、消费习惯、喜好以及潜在需求，或者说，一套床品、一幅窗帘、一条毛巾、一块地毯，消费者使用得怎样，清洗和更换的频率情况，消费升级的方向在哪里等，都需要数据，把众多消费者的数据收集起来集合成大数据。2017年行业大数据向前迈进了一大步，愉悦家纺将大数据运用到健康睡眠中，建立起了超过700万人的睡眠数据库，后期还将把整个数据库规模扩大到4500万人。把整合出来的数据进行共性化对比和逻辑分析，建立消费群体特征模型，指导产品研发，实现大数据为消费者提供个性化服务。水星、博洋、紫罗兰等家纺企业利用大数据实现客户、订单、仓储等信息的融通，打造粉丝生态圈，实现销售渠道升级；或结合微代理和互联网的特性，形成一个庞大的数据库，不仅为分析市场和开发产品打下了基础，而且为企业培养出一批忠实的消费群体。

海宁布艺产业集群致力于产业大数据发展与服务，经众越控股海宁市云客网络科技有限公司倡导发起，由浙江大学管理学院、浙江清华长三角研究院产业互联网研究中心、京东家纺事业部共同战略成立中国家纺产业大数据研究院，共同致力于家纺产业互联网和数字化转型的演进与研究，为中小企业打通互联网营销通路、进一步发展大数据家纺和智慧家纺产业，合力推进产业提档升级提供强力技术支撑。

4.4.2.3 智能制造提升质量效率

不断深化两化融合，以信息化带动工业化发展，走新型工业化道路，深入推进"互联网＋"和"智能＋"，为家纺产业转型升级赋能。深度推进信息技术与家纺企业在技术、产品、业务及产业衍生方面的融合，促进互联网、大数据在家纺行业的融合创新。建立现代化企业运营模式，实现采购、生产、销售及物流等各个环节的相互联通，打造家纺柔性供应链平台。持续支持以生产设备的智能化为前提，智能车间改造为主要内容的技术改造升级，有序拉动企业智能制造、自动化生产线和智能化工厂的建设。大力推进企业信息化改造升级，广泛采用MES、SAP等系统，促进纺织行业数字化、智能化、信息化升级。探索智能制造标准体系建设，构建从产品设计研发开始到产品回收再制造的生命周期体系，打造柔性供应链平台，加强智能化生产线及车间的建设与示范。开展家纺行业与其他行业的合作与互补，整合共享资源，促进协同创新。

4.4.2.4 绿色制造创新发展模式

健康运动的绿色时尚是我国服装家纺的重要趋势，不仅是市场消费对服装家纺产品的时代要求，而且是行业发展自我升级的必然趋势，是构建人与环境和谐共存的发展方向。因此，要坚定贯彻绿色发展理念，推进家纺产业绿色发展新模式，全面提升环保意识，践行绿色发展责任。以绿色原料、绿色设计、绿色生产、绿色消费为抓手，建设发展绿色工厂、绿色园区，构建从原料、生产、营销、消费到回收再利用的高端家纺产业循环体系。加快技术改造，淘汰落后产能，采用新工艺新装备，简化流程，提高资源综合利用水平。开发绿色家纺产品，推行生态设计，扩大再生纤维等环境友好原料的使用比例，提高产品能效环保低碳水平，不断提升绿色制造品质。加快回收利用进程，加强边角余料、废水热能，以及废旧家纺产品的回收再生利用，大力推进窗帘等家纺产品以旧换新的业务和服务，切实提高回收利用综合水平。同时，发展绿色园区，提高节能减排和循环利用水平。打造绿色供应链，构建从原料、生产、营销、消费到回收再利用的纺织工业循环体系。形成包括绿色标准、绿色设计、绿色生产、绿色管理、绿色物流、绿色营销的绿色纺织企业发展模式。

4.4.2.5 标准建设保障优质服务

质量是行业、企业的重要命门，只有严把质量关，行业才能实现稳健、长期的发展。一方面，打造高水平制造企业。科学的标准，优质的原料，先进的加工工艺和流程，精益求精的工匠精神，合力打造高品质。另一方面，打造高品质企业和产业。行业骨干企业在高品质发展方面发挥出先锋队的作用。加强家纺行业标准建设，鼓励代表行业先进水平的引导性标准发挥对高质量发展的支撑作用，加强国内标准与国际先进标准的跟踪研究和转化对接，引导高质量发展的路径和方向。在家纺行业内，加强质量管理体系建设，引导企业不断健全质量管理体系，培养专业化的质量管理专业队伍，提高全员、全过程、全方位质量管理水平，保障提供优质产品和服务。根据行业发展的需求，着力把行业质量工作提高到一个新水平、新发展阶段，打造家纺质量的新时代。

4.4.2.6 融合发展"大家居＋大健康"

顺应新时期消费需求，支持家纺产业从"大家纺"向"大家居＋大健康"延伸，打造整体软装模式，从一块布到一个家，从家纺到家居，从平面的设计到立体的设计，融合发展，拓展产业新的应用领域，不断推进产业结构变革，不断适应消费者的需求和消费方式。从大家纺到大家居，从生活用品到健康功能，跨界融合家具、软装、饰品、医疗医药、康护保健等产业，从一块布到一个家，从家纺产品到全新的生活理念，通过大家居、大健康消费模式激发国内有效需求。不断开发生产具有健康性能的功能性产品，推广健康消费，促进消费升级，激活潜在需求。

本章思考题

1.服装服饰产业包含哪些内容？

2.家用纺织产业包含哪些内容？

3.我国服装服饰产业存在的问题有哪些？

4.我国家用纺织产业存在的问题有哪些？

5.我国服装服饰产业下一步发展的对策是什么？

6.我国家用纺织产业下一步发展的对策是什么？

第 5 章 中国奢侈品产业发展

课程名称： 中国奢侈品产业发展

课程内容： 1.中国奢侈品产业概述

2.全球奢侈品市场概况

3.中国奢侈品产业发展现状

4.国内外奢侈品产业发展趋势

5.问题与挑战

6.发展对策与展望

上课时数： 4课时

训练目的： 通过本章的学习，使学生了解奢侈品的概念，全球及我国奢侈品行业发展现状，掌握奢侈品行业的发展趋势，明确时尚不仅仅是奢侈品，以此增强学生的学习兴趣。

教学要求： 1.使学生了解奢侈品的产品特征。

2.使学生了解全球奢侈品消费市场特点。

3.使学生明确中国奢侈品市场在全球市场的地位和作用。

课前准备： 阅读奢侈品品牌方面的书籍。

新发展格局背景下，我国已经成为全球第二大消费市场。随着中国消费者购买力的增加和相关行业政策的开放，我国也逐步成为全球奢侈品市场增长的核心引擎。本章在梳理奢侈品概念、特征及全球奢侈品市场发展基础上，重点聚焦中国奢侈品产业发展，力图阐述中国奢侈品消费市场的基本情况、主要特征和未来趋势。

5.1 中国奢侈品产业概述

5.1.1 奢侈品的概念与特征

5.1.1.1 奢侈品的概念

奢侈品一词起源于拉丁语"Luxus"，此词引申两重含义："创造愉悦和舒适的物品"与"价格不菲的昂贵物品"。

当前，随着社会分工的不断细化、新业态新模式的推陈出新以及消费需求的日益多元，对奢侈品的定义难以形成统一的标准或认识。因此，从不同视角来理解奢侈品的概念，有助于我们更加全面、系统地把握奢侈品内涵（表5-1）。

表5-1 奢侈品相关概念对比

概念类型	具体表述
狭义定义上的奢侈品	奢侈通常被认为是非生活必需品。奢侈品自身的稀有性、独特性和珍贵性使其价格极为高昂，奢侈品就是价格与品质比极高的商品，或者是无形价值与有形价值比极高的商品和服务
广义定义上的奢侈品	奢侈品可以看作是内容商品（奢侈品具有的商品属性）和符号商品（奢侈品具有的奢侈享受、历史文化代表和传承等属性）的叠加与交融
工业部门中的奢侈品	价格不菲、数量稀缺、具有清晰品牌定位和独特设计标识的工业品，如箱包、服装、鞋履、化妆品、珠宝、首饰、手表、豪车等
营销策略中的奢侈品	奢侈品是指几乎任何产品和服务类别中存在的特殊等级。奢侈品意味着高品位，能够让其使用者（体验者）与他人区分开
消费者视角中的奢侈品	奢侈品不是优雅人士的专享，不需要专门的教育才能够欣赏，任何人都有权使用奢侈品。奢侈品与个人经历有关，高度情感化，体现的是个性化的审美情趣。对于现在很多人来说，与其说他们对实际拥有奢侈品感兴趣，不如说他们更热衷于体验

5.1.1.2 奢侈品的特征

虽然不同学者对奢侈品的界定有所不同，不同收入层次、社会阶级的人对奢侈品的定义与范畴也不尽相同，但普遍认为奢侈品应该具备以下特征：

（1）稀有性

稀有性是奢侈品受关注的关键因素。因为长期供给量有限，普通消费者往往只能望其项背，而有承受能力的消费者愿意追求这种与众不同的感觉，彰显自己的独特品位。造成这种稀缺性的原因既有自然性稀缺（如部分稀有原材料）、技术性稀缺（利用新技术和工艺制作等）等客观因素，也有通过品牌营销、商业运作产生的人为性稀缺（私人定制、限量发行等）和信息性稀缺（通过营销渠道限制、广告策略等，让消费者感受到产品的神秘感和稀缺性）。

（2）精湛的工艺和卓越的品质

最早的奢侈品都来自手工制作。小到珠宝、首饰、手表，大到豪车、游艇等奢侈品，都有着考究的传统制造工艺、苛刻的选材用料，这也是奢侈品卓越品质的保障。随着制造技术的不断创新和突破，部分奢侈品已不再是手工打造，但前沿设计理念、先进制造工艺和独特身份象征的融合仍使奢侈品拥有无法言及和超越的品质。此外，如以迪拜的伯瓷酒店为代表的奢侈酒店，其高品质则体现为周到私密的服务、独一无二的景观和新奇独特的建筑。

（3）高价格

高昂的价格是奢侈品的主要特征之一。高昂的价格一方面给普通消费者造成了遥不可及的距离感，另一方面也是区别奢侈品品牌与大众消费品品牌的关键指标。奢侈品的"贵"主要体现在其稀缺的数量、严格的选材、非凡的工艺、品牌的高溢价、优质的服务等方面。但需要注意的是，并不是"贵"的消费品就是奢侈品。只有基于高品质、独特品牌定位和内涵、悠久文化传承、享有国际知名度的高溢价消费品才能成为奢侈品。

（4）独特的文化内涵

很多品牌之所以被认可为奢侈品牌，与其创立人、发展历程及代表性消费者是分不开的，这就使得奢侈品自身通常都带有较高的文化历史和历史底蕴，能够代表其历史赋予的特殊文化和历史价值。法拉利、路易·威登、卡地亚等奢侈品牌悠久的历史都包含着诸多传奇人物、历史事件以及鲜明的文化标签和地域特色。

（5）地位和身份的象征意义

奢侈品可以展示消费者的地位、财富和生活品位等。因此也可以说，消费者购买与享受的其实是奢侈品所带来的某种象征性意义。所以，为了维护目标客户的优越感，作为奢侈品牌必须制造望洋兴叹的感觉，让大多数人产生可望而不可即的感觉，通过产生距离感，才能保持少数人的优越感，才能让奢侈品消费者体验到地位和身份的象征。

5.1.2　奢侈品产业的定义、分类及发展历程

5.1.2.1　奢侈品产业的定义

奢侈品产业是一个专门生产和销售高价值、高品质、具有独特性和稀缺性商品的产业。这些商品往往超出了人们的基本生活需求，更多地与特定的社会地位、身份认同和审美价值有关。奢侈品不仅是物质的，它们往往承载着品牌的历史、传统和工艺，这使得消费者愿意为其支付溢价。与日常消费品相比，奢侈品的需求更受

到经济状况的影响，即在经济繁荣时期，其销售量可能会增加，而在经济低迷时期则可能会减少。

奢侈品产业链主要涉及原材料供应及设计、制造和流通三大环节（图5-1）。行业上游环节主要包括生产商原材料供应、设计、初步加工等服务。鉴于奢侈品原材料的稀缺性，以及品牌商以原材料稀缺性吸引顾客等因素导致上游原材料环节具备充分的议价权，因此品牌商在上游阶段对原材料的控制尤为重要。行业中游环节为奢侈品制造环节，由品牌商打造高档鞋履、珠宝、箱包、化妆品、高档服饰及腕表等各行业的顶级品牌和产品。对于箱包、成衣等低技术的奢侈品，授权生产商多以外包或代工厂的形式呈现。行业下游环节为奢侈品的流通环节。零售商销售模式可以分为线上和线下两种。线下模式主要分为高档商城、品牌专卖店、免税店和综合百货等模式。

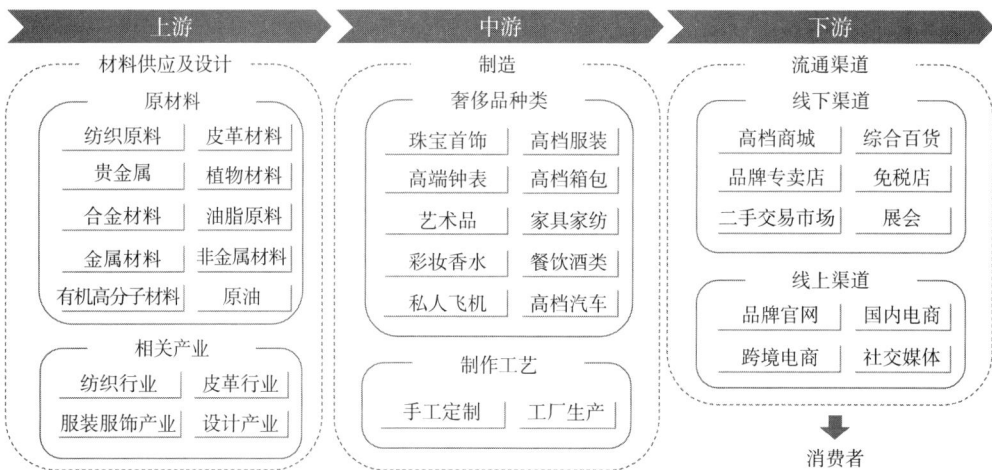

图5-1 奢侈品产业链示意图

5.1.2.2 奢侈品产业的细分领域

奢侈品可以涵盖多个领域，包括但不限于时尚、珠宝、腕表、化妆品、酒类、汽车等。这些商品和服务往往与精湛的工艺、独特的设计和限量生产有关。此外，奢侈品品牌通常会投资大量资源在品牌建设、营销和客户体验上，以确保其在消费者心中的独特地位。

随着全球化和技术的发展，奢侈品行业也在不断演变。电子商务、数字化营销和增强现实技术等都为奢侈品品牌提供了新的销售和互动渠道。同时，消费者对可持续性和道德生产的关注也对行业产生了影响，促使许多品牌采取更加环保和社会责任的做法。

奢侈品行业涵盖了广泛的商品和服务，展现了独特的艺术性、工艺和价值。在时尚与服饰领域，我们可以看到男女服装、手袋、皮具、鞋类以及各种时尚配饰，如围巾、帽子和手套。珠宝则包括了钻石、宝石、贵金属制品以及各种腕表，从机械到石英，再到智能手表。

化妆品与香水是女性的最爱，其中包括护肤品、彩妆和香水。而对于美食家和酒类品鉴师，高档葡萄酒、香槟、烈酒如威士忌和干邑，以及美食如鱼子酱和松露都是不可或缺的。对于追求速度和奢华的人来说，超级跑车、豪华轿车、私人飞机和游艇都是他们的首选。

家居与设计领域则涉及家具、家居饰品以及艺术品和收藏品。而对于追求极致体验的人来说，豪华星级酒店、度假村以及体验式旅游，如极地探险和深海潜水都是他们的最爱。另外，科技与电子产品也成为奢侈品的一部分，其中包括高端智能手机、平板电脑、高级音响设备和豪华家电。

随着时间的推移，市场和消费者的需求都在不断变化，这意味着新的奢侈品类别和细分市场可能会涌现。而在不同的文化和地区，人们对奢侈品的定义和分类也各不相同。

5.1.2.3　奢侈品产业的发展历程

奢侈品行业的发展历程是一部丰富多彩的历史，它与人类文明的进步、社会的变迁和经济的繁荣息息相关。

（1）古代文明时期

在古代文明如古埃及、古希腊和古罗马时期，奢侈品已经开始出现。那时的奢侈品主要是为王室和贵族制作的，包括精美的珠宝、艺术品和手工艺品。这些物品不仅是身份的象征，也是权力和财富的体现。

（2）中世纪与文艺复兴时期

随着欧洲的城市化进程和商业的发展，中世纪末期到文艺复兴时期，奢侈品开始向更广泛的社会阶层扩散。这一时期，意大利的佛罗伦萨、威尼斯等城市成为奢侈品的制造和交易中心。丝绸、香料、珠宝和艺术品在这些城市中流通，吸引了大量的商人和消费者。

（3）工业革命时期

18世纪的工业革命为奢侈品行业带来了巨大的变革。生产技术的进步使得一些原本只能手工制作的商品开始大规模生产，降低了成本，使更多的人能够消费。同时，新兴的资产阶级开始追求与众不同的生活方式，他们成为奢侈品的新消费群体。财富积累、艺术发展、工业技术进步又促成了一批品牌的诞生，同时部分奢侈品牌也在逐步扩大经营地域范围。

（4）20世纪初至中期

两次世界大战对全球经济和社会都产生了深远的影响，但在战争结束后的和平时期，奢侈品行业迎来了新的繁荣。随着经济的复苏，人们对美好生活的追求也日益增强。这一时期，许多今天仍然蜚声国际的奢侈品牌，如路易威登、香奈儿和爱马仕等都开始崭露头角。

（5）20世纪末至21世纪初

随着全球化的加速和新兴市场的崛起，奢侈品行业进入了一个新的黄金时代。亚洲国家，尤其是中国，成为奢侈品的重要市场。品牌开始重视数字化营销，利用社交媒体和电子商务平台与消费者建立联系。同时，消费者对品牌的期望也在变化，他们不仅关注产品的质量和设计，更加重视品牌的文化、历史和可持续性。

5.2　全球奢侈品市场概况

近年来，中国奢侈品消费市场成为支撑全球奢侈品产业增长的动力引擎。与此同时，碳达峰碳中和战略等关键因素对全球奢侈品市场发展带来深远影响。当前，行业并购、数字化转型、供应链整合正在加快推进，奢侈品市场依然充满韧性，仍有较大的成长空间。

5.2.1　全球奢侈品产业规模情况

根据贝恩公司（Bain & Co.）发布的《2023年全球奢侈品行业研究报告（秋季版）》，2023年全球奢侈品市场销售额（包含奢侈品及奢侈体验）有望创下新高，达到1.5万亿欧元，相较2022年，整体销售额增长约1600亿欧元，同比增长8%～10%。其中，在社交互动和全球旅游复苏的推动下，2023年奢侈体验类消费反弹强劲，重回历史最高点。贝恩公司资深全球合伙人布鲁诺表示："2023年，有65%～70%的奢侈品牌获得了正增长，然而，这一比例相较2022年的95%有所下滑。当前，奢侈品牌正处于决定性的关键时刻，想要保持自身竞争力，品牌必须想客户之所想，以满足消费者的需求为己任，并果断决策。未来，那些成功的奢侈品牌将建立更强大的品牌韧性、引发更强烈的消费者共鸣、获取更长久的发展动力，从而脱颖而出，在以价值为核心的新市场环境下赢得新增长。"

5.2.2　全球各区域奢侈品产业发展情况

（1）中国

中国内地市场在2023年第一季度的表现强劲，但是在宏观经济承压的背景下，增速逐渐放缓。展望未来，到2025年，随着海南全岛建成封关运作的海关监管特殊区域（即海南全岛成为"境内关外"区域，海南岛内可以享受零关税等优惠政策），海南有望成为新兴的奢侈品消费中心。

（2）亚洲其他地区

日本本土客户保持强大的消费力，同时，由于大量的外国游客入境消费，推动日本市场蓬勃发展。与之形成对比的是韩国，宏观经济的不利因素影响了本土消费，此外，韩元汇率波动使得购物成本上升，共同对韩国市场带来了一定挑战。东南亚奢侈品市场（尤其是泰国）得益于区域内旅游业的强劲发展和本土消费者日益增长的兴趣，展现出积极的发展势头。沙特市场正在加速发展，吸引了主流奢侈品牌的投资。澳大利亚市场也具备良好的增长条件。

（3）美洲

相比2022年，2023年美洲市场的整体销售额同比下降8%。一方面，许多"仰慕型"消费者普遍存在不确定性，压制了购买奢侈品的意愿；另一方面，虽然头部客户保持了坚定的消费信心，但是由于美元对欧元的持续强势以及境内外市场的价格差，这一类消费者更愿意去境外消费。

（4）欧洲

欧洲旅游业逐步回暖，带动各国奢侈品消费增长，其中，长途度假胜地和主要奢侈品购物城市受到高消费人士的青睐。即使宏观经济不稳定影响了本地"仰慕型"消费者的购买意愿，但欧洲市场的头部客户依然保持稳定并展现出积极的发展势头，推动市场增长。

5.2.3　全球奢侈品企业发展情况

根据德勤公司研究编写的全球奢侈品百强企业发展情况报告《2021全球奢侈品力量》显示，截至2020年底，进入百强的最低销售额门槛为1.8亿美元；奢侈品销售额超过50亿美元的15家公司，占百强总收入的63%，销售额低于10亿美元的52家公司仅占9.4%；全球奢侈品百强公司创造的奢侈品收入为2520亿美元（图5-2）。

从百强企业所属产品板块来看，服装与鞋履、珠宝与腕表、化妆品与香水、箱包与配饰、多品类奢侈品五大领域的企业数量占比分别为35.0%、33.0%、13.0%、9.0%和10.0%。五大领域的企业销售收入占总量的比重分别为33.6%、28.4%、17.4%、4.8%和15.7%（图5-3）。

通过对百强企业国别分析，奢侈品

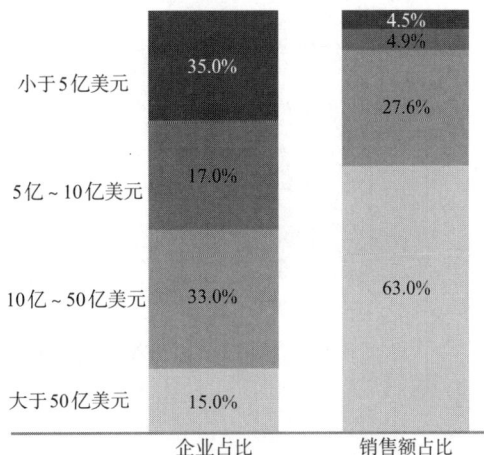

图5-2　2020年全球奢侈品百强企业销售额分布

（资料来源：德勤，《2021全球奢侈品力量》）

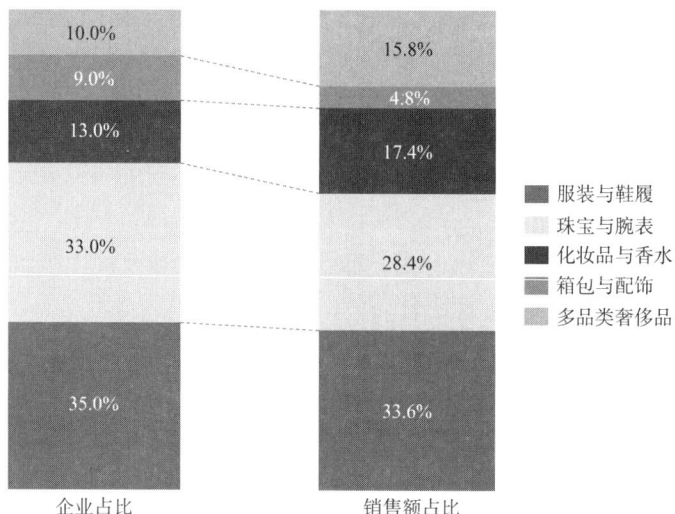

图5-3　2020年各产品板块百强企业、销售额占比 ❶

（资料来源：德勤，《2021全球奢侈品力量》）

公司总部高度集中于欧洲和美国，尽管许多公司的销售收入来源并非其所属国家和地区，但在图5-4中可知，每家公司的销售额100%归于该公司所属国家和地区。

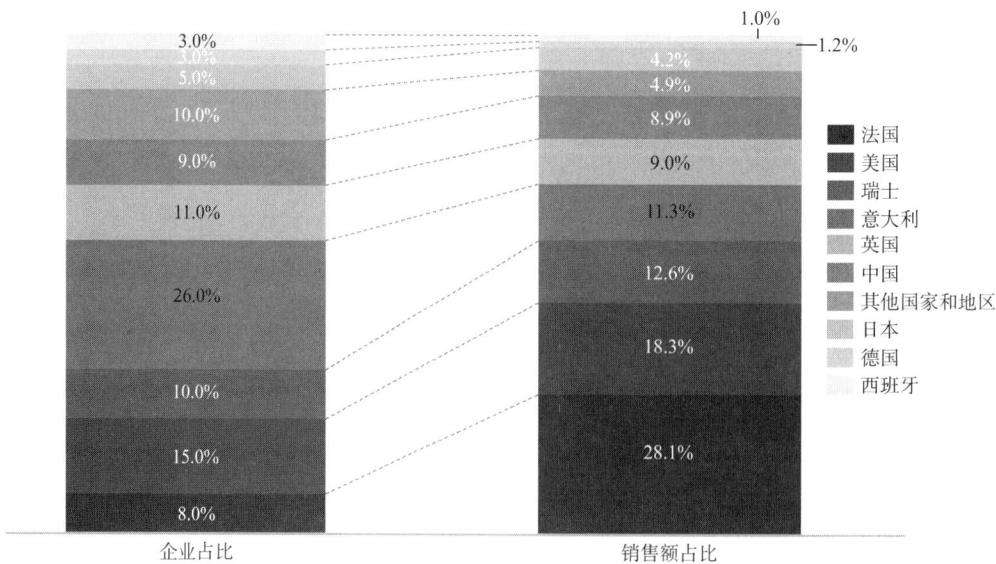

图5-4　2020年全球奢侈品百强企业国家和地区占比

（资料来源：德勤，《2021全球奢侈品力量》）

---

❶ 若一家公司的大部分奢侈品销售额来源于某一产品板块，则该公司被划入五大特定产品板块中的相应板块。多品类奢侈品公司是指在多个奢侈品产品板块都有可观销量的公司。

从各国家和地区百强企业的产品板块分布来看，美国、意大利在五大板块均有百强企业布局，而中国、瑞士的百强企业仅布局在珠宝与腕表这个单一领域（表5-2）。其中，中国有周大福、老凤祥、中国黄金、周生生、六福、周大生、广东潮宏基实业、谢瑞麟、浙江明牌珠宝一共9家珠宝类企业入围。

表5-2　2020年各国家和地区按产品板块划分的公司占比

国家和地区	服装与鞋履	箱包与配饰	化妆品与香水	珠宝与腕表	多品类奢侈品
中国	—	—	—	100%	—
法国	28%	—	38%	—	38%
德国	67%	33%	—	—	—
意大利	62%	19%	4%	8%	8%
西班牙	33%	—	33%	33%	—
瑞士	—	—	—	100%	—
英国	55%	9%	—	9%	27%
美国	27%	13%	27%	20%	13%
日本	40%	—	60%	—	—
其他国家和地区	20%	—	10%	70%	—

（资料来源：德勤，《2021全球奢侈品力量》）

从各国家和地区百强企业销售收入占所属产品板块份额来看，意大利奢侈品企业在服装与鞋履、箱包与配置板块中销售收入占比占绝对优势，使其百强企业销售收入占全球百强企业销售收入总量的26%，遥遥领先其他国家和地区。美国、英国、法国在多个板块中份额也位于前列，三者百强企业销售收入分别占全球百强企业销售收入总量的15%、11%和8%。中国在珠宝与腕表领域的收入占该板块总收入的27%，其百强企业占全球百强企业销售收入总量的9%（表5-3）。

表5-3　2020年各国家和地区百强企业销售收入占所属产品板块份额

国家和地区	服装与鞋履	箱包与配饰	化妆品与香水	珠宝与腕表	多品类奢侈品	奢侈品百强企业
中国	—	—	—	27%	—	9%
法国	6%	—	23%	—	30%	8%
德国	6%	11%	—	—	—	3%
意大利	46%	56%	8%	6%	20%	26%
西班牙	3%	—	8%	3%	—	3%
瑞士	—	—	—	30%	—	10%
英国	17%	11%	—	3%	30%	11%

续表

国家和地区	服装与鞋履	箱包与配饰	化妆品与香水	珠宝与腕表	多品类奢侈品	奢侈品百强企业
美国	11%	22%	31%	9%	20%	15%
日本	6%	—	23%	—	—	5%
其他国家和地区	6%	—	8%	21%	—	10%

（资料来源：德勤，《2021全球奢侈品力量》）

5.2.4 全球主要奢侈品产业供应商

根据前文对奢侈品产业细分领域的介绍，结合相关学者已有研究[1]，这里重点对服装、珠宝、腕表、化妆品、酒类、汽车、游艇等领域的奢侈品产业供应商做一定的梳理。

5.2.4.1 奢侈服装服饰供应商

服装与服饰是奢侈品产业中市场规模最大的一个部门。法国和意大利在奢侈服装品牌的实力最强。法国奢侈服装品牌拥有悠久的历史，他们大多诞生于19世纪，如路易威登（Louis Vuitton）、爱马仕（Hermes）、纪梵希（Givenchy）等。意大利主要品牌多诞生于20世纪20年代左右，虽然历史没有法国品牌悠久，但也取得了非凡的成就。值得注意的是，意大利奢侈服装品牌一开始并不是经营时装的。例如，普拉达（Prada）原来是制作鞋的，芬迪（Fendi）是专门经营皮草的，古驰（Gucci）开始只是手袋和马具配件的制造者。

此外，诸如美国、英国、德国和西班牙也有奢侈服装品牌，但是这些品牌相对于法国、意大利品牌而言，缺少了厚重的历史文化底蕴，但是凭借独特的创新设计和新颖的品牌故事也逐渐获得了部分消费者的认可，在奢侈服装市场中占据着一席之地。

5.2.4.2 奢侈珠宝供应商

珠宝方面主要的顶级品牌有法国的尚美（Chaumet）、卡地亚（Cartier）、宝诗龙（Boucheron）、格拉芙（Graff），意大利的宝格丽（Bvlgari）、布契拉提（Buccellati），美国的哈利·温斯顿（Harry Winston）、蒂芙尼（Tiffany），瑞士的伯爵（Piaget）、肖邦（Chopard）等。与奢侈服装品牌供应商的地理分布类似，主要顶级珠宝品牌多是来自法国和意大利，美国、瑞士等国家也有部分顶级珠宝品牌，相关品牌的历史也是相当悠久。

5.2.4.3 奢侈腕表供应商

目前，奢侈腕表供应商主要集中在瑞士。例如，来自瑞士的顶级手表品牌有江诗丹顿（Vacheron Constantin）、百达翡丽（Patek Philippe）、宝玑（Breguet）、芝

---

[1] 朱明侠，曾明月.奢侈品管理概论［M］.北京：对外经济贸易大学出版社，2014.

柏（Girard-Perregaux）、积家（Jaeger-LeCoultre）、伯爵（Piaget）、肖邦（Chopard）等，意大利的沛纳海（Panerai）、德国的格拉苏蒂（Glashutte Original）也是奢侈品腕表部门的顶级品牌。虽然香奈儿、爱马仕等奢侈品服装品牌以及卡地亚、宝格丽等奢侈珠宝品牌也有腕表产品，但其仅作为配饰销售，而非他们的核心业务。

5.2.4.4　奢侈化妆品供应商

随着人们对美的追求不断提高，奢侈化妆品逐渐成为女性（甚至男性）消费者的宠儿。当前，在众多化妆品品牌中，全球公认的奢侈品牌主要来自法国和美国。主要包括法国的兰蔻（Lancome）、赫莲娜（Helena Rubinstein）、迪奥（Dior）、香奈儿（Chanel）、希思黎（Sisley）、美国的雅诗兰黛（Estée Lauder）、海蓝之谜（La Mer）以及瑞士的莱珀妮（La Prairie）。这些品牌凭借其卓越的品质、独特的设计理念和精湛的工艺在全球市场中占据了重要地位。

5.2.4.5　奢侈酒类供应商

洋酒是奢侈品产业中比较特殊的一类，在于其是唯一一种可以在超市、俱乐部、餐馆及免税店同时出售的奢侈品。免税店是洋酒的一个主要销售渠道，占到其总销量的40%。与此同时，洋酒的产品类型又十分丰富，包括伏特加、苏格兰威士忌、法国干邑以及香槟等类型。相关的顶级洋酒品牌有瑞典的绝对伏特加（Absolut Vodka）、苏格兰的尊尼获加（Johnnie Walker）威士忌和芝华士（Chivas）威士忌、法国的轩尼诗（Hennessy）干邑、人头马（Remy Martin）干邑、马爹利（Martell）干邑以及干邑酩悦香槟（Moet & Chandon）等。目前，干邑和威士忌在欧洲市场发展较好，亚洲地区消费者更加钟情于葡萄酒。

5.2.4.6　奢侈汽车、游艇供应商

豪华汽车方面，奢侈品跑车品牌多来自意大利，如玛莎拉蒂（Maserati）、法拉利（Ferrari）、兰博基尼（Lamborghini）以及德国的保时捷（Porsche）和法国的布加迪（Bugatti）。豪华轿车品牌有来自英国的劳斯莱斯（Rolls-Royce）、宾利（Bentley）以及德国的迈巴赫（Maybach）。豪华游艇品牌几乎都来自意大利，如丽娃（Riva）、法拉帝（Ferretti Yachts）、意达马（Itama）、博星（Pershing）。此外，豪华私人飞机也有部分顶级品牌，诸如美国的赛斯纳（Cessna）、豪客比奇（Hawker Beechcraft）、湾流（Gulfstream）、西锐（Cirrus）以及加拿大的庞巴迪（Bombardier）、法国的达索·猎鹰（Dassault Falcon）。

5.3　中国奢侈品产业发展现状

5.3.1　市场规模日益扩大，切实引领全球增长

贝恩公司（Bain & Co.）长期跟踪中国奢侈品市场发展情况。根据其研究结

果，中国消费者在全球范围内奢侈品消费总额由2010年的2800亿元左右上升到2019年的7500亿元左右，占全球市场份额由2010年的5%上升到了2019年的35%。2010~2019年，中国消费者在全球范围内奢侈品消费总额复合增长率达到11.7%，其中在中国境外和中国境内的消费总额复合增长率分别达到12.3%和10.3%。总体而言，2019年中国消费者对全球奢侈品市场增长的贡献达到了90%（图5-5）。

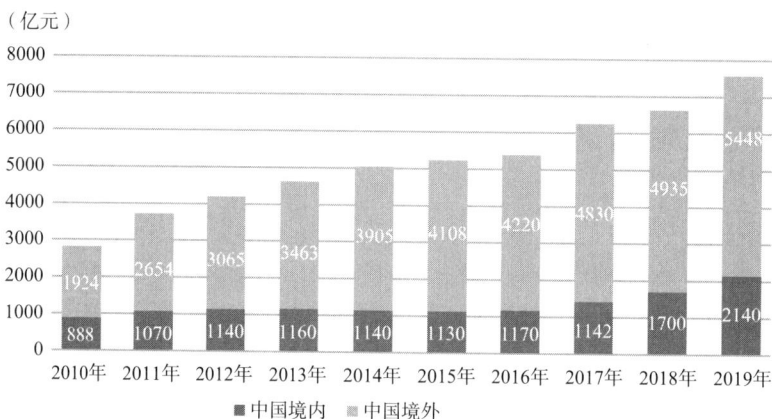

图5-5　2010~2019年中国消费者在全球奢侈品消费规模

（资料来源：贝恩公司，笔者整理）

中国内地消费者奢侈品支出金额从2019年的3400亿元增长到2023年的5500亿元，年均增长约13.68%。其中，2019~2021年支出金额快速增长的原因是受全球疫情影响，我国消费者无法在境外购买奢侈品，故而境外奢侈品消费回流。然而到2022年，随着国内经济和社会活动相对放缓，导致线下门店的客流数量有所减少，消费意愿出现下降，中国内地消费者奢侈品支出金额同比下滑9.62%。但随着中国经济的逐步复苏，根据腾讯营销洞察（TMI）和BCG2024年奢侈品消费者调研预测，2024年中国内地消费者奢侈品的支出金额将达到约5720亿元（图5-6）。

5.3.2　消费结构发生变化，终端市场逐步下沉

从消费品类构成来看，女装、鞋包、化妆品等占比在提升。2021年，皮具、时装和生活方式品类、珠宝类、高端腕表、奢侈品美妆的增速分别达到60%、40%、35%、30%和20%。❶

从消费者年龄来看，中国的"80后"和"90后"撑起中国奢侈品市场半边天，

---

❶ 资料来源：贝恩公司。

（亿元）

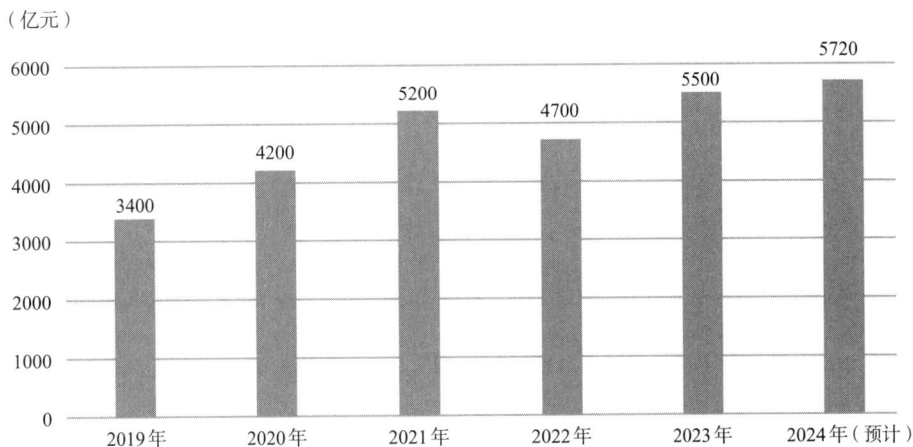

图 5-6　内地消费者奢侈品支出金额

（资料来源：2024 中国奢侈品市场洞察报告）

2018 年"80 后""90 后"消费者分别占到中国奢侈品买家人数的 43% 和 28%，占中国奢侈品总消费的 56% 和 23%。❶ 贝恩发布的《2020 年中国奢侈品市场：势不可挡》显示，千禧一代是天猫奢侈品消费的主力军，占整体市场份额的 70% 以上。与此同时，年消费 30 万元以上的人群占总人群比例 11%，但贡献了 40% 的市场规模，这一消费群体的消费需求及消费方式也应得到持续关注。

从终端市场来看，BCG（波士顿咨询）和寺库的合作研究成果表明，虽然一、二线城市的奢侈品消费超过半数（56%），但是三线及以下城市呈现强劲的购买增速和购买力。此外，华东、西南及华北为线上奢侈品人群主要集中的地理区域，占比达 63%（图 5-7）。

5.3.3　奢侈品电商加快发展

当前，中国市场的数字化程度已经处于较高水平且日益提升状态，加上更多数字消费新业态、新模式的出现，中国奢侈品产业进一步加速了数字化发展进程。因此，即使线下门店仍是奢侈品牌建设和购买转化的首要渠道，中国市场上的奢侈品牌正加快在线上开展布局，通过多元化电商平台（平台电商、垂直电商、自建电商、直播电商等）拓展线上销售渠道。截至 2018 年，中国奢侈品线上渗透率达到 18%，较同期全球平均水平高 7.7 个百分点。据贝恩公司测算，2021 年底中国境内个人奢侈品免税店销售额的线上渗透率达到 50% 左右；剔除海南免税店销售额，2021 年中国境内奢侈品市场整体的线上渗透率达到 19% 左右。但需要关注的

---

❶ 资料来源：麦肯锡，《2018 年中国奢侈品报告》。

奢侈品消费梯级城市分布

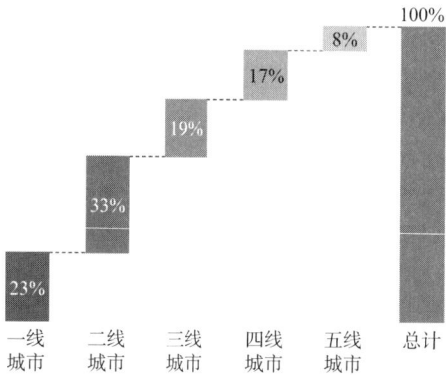

奢侈品消费地域人数分布

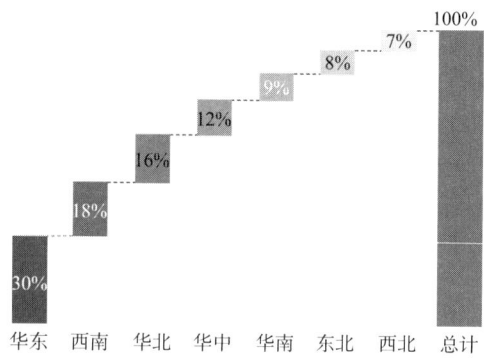

图5-7　中国内地奢侈品市场地域分布

（资料来源：德勤、寺库，《2019年进博会蓝皮书透析中国低线市场奢侈品消费》）

是，中国奢侈品线上渗透率的快速增长主要受化妆品品类驱动，其他品类的线上渗透率差异较为明显。2021年奢侈品美妆品类线上渗透率达41%左右，皮具品类达12%，奢侈品时装和生活方式品类达10%左右，珠宝品类接近10%，奢侈品腕表近5%。

此外，2019年至2021年，全球领先奢侈品电商集团通过彼此之间的合作以及与一些全球领先奢侈品公司的合作，在中国建立了更加紧密的联系（图5-8）。

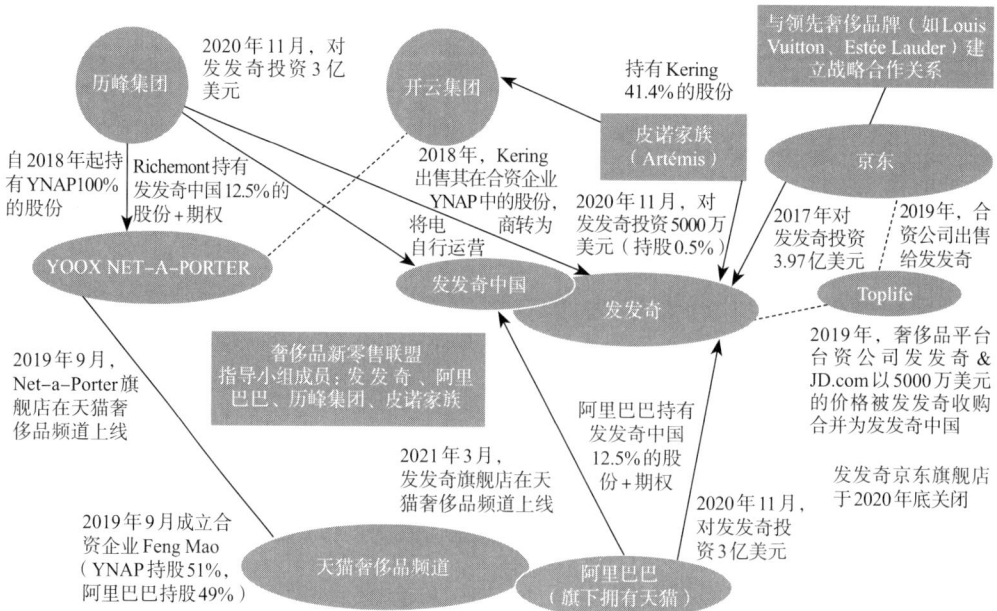

图5-8　中国奢侈品电商：合作伙伴关系网络

（资料来源：德勤，《2021年全球奢侈品力量》）

5.3.4　消费回流态势仍将持续

当前，境外依然是中国消费者主要的购买奢侈品的市场，主要原因是中国内地的平均价格比香港高45%，比美国高50%，比法国高70%，而高出的部分主要是较高的关税。但是，近年来中国不断出台关税政策，有效调减了部分奢侈品关税，刺激国内奢侈品消费，从而带动国内消费升级和经济增长。2015年开始，国务院连续5次进行关税下调，《电子商务法》的实施也能在一定程度上限制代购。2019年进出口关税税率调整政策将对原产于香港、澳门的进口货物全面实施零关税。2020年，《海南自由贸易港建设总体方案》明确提出，在2025年全岛封关运作之前率先对部分进口商品实施"零关税"，免征进口关税、进口环节增值税和消费税；此外大幅放宽离岛免税购物政策，免税购物的额度从现在的每人每年3万元提升到每人每年10万元。在此政策刺激下，海南免税店是2019年一大新兴奢侈品消费胜地，2020年销售额增速突破120%。2023年，海南离岛免税购物金额超437亿元。个人奢侈品一般可以占到海南免税店销售额的95%，其中超五成销售额来自奢侈品美妆。

特别是自2020年开始，由于全球疫情导致出境游受阻，中国境内市场在中国消费者全球奢侈品消费中的占比达到70%～75%，创历史新高。展望未来，即使境外游逐步放开，但由于国内奢侈品消费政策的不断优化，以及国家对内需市场中奢侈品消费的日益重视，消费回流趋势将进一步延续。

5.4　国内外奢侈品产业发展趋势

5.4.1　奢侈品消费市场仍有增长空间

受国际贸易摩擦、地缘政治冲突等因素影响，全球经济发展面临诸多风险与挑战。在此背景下，奢侈品产业短期内受到了较大影响，德勤统计的全球奢侈品百强企业2020年的营业收入为2520亿美元，较2019年下降了10.32%。与此同时，根据贝恩咨询的估测结果，2021年全球奢侈品市场总规模比上一年增长了13%～15%，达到1.14万亿欧元。虽然这一数据仍较2019年低9%～11%。但全球奢侈品市场（整体）预计在2024年达到完全的复苏状态。比较不同的区域来看，亚洲（不包括日本）的增长速度超过了所有其他地区，其次是美洲和欧洲。2024年，中国奢侈品消费者的消费增速居全球中位，中国消费者对国际市场的贡献多年稳定在20%～25%。❶

5.4.2　奢侈品消费市场格局逐步变化

一方面，得益于国内奢侈品消费市场的规模和增长潜力依然巨大，中国市场仍

---

❶ 范奕瑾,常越,杨立,等.中国奢侈品市场调查报告[R].腾讯营销调查,2024-09-26.

是全球主要奢侈品品牌的青睐之地。除了一向看好的一线城市外，国内新一线城市甚至是二线城市也成为国际奢侈品布局和扩张的重要阵地，这一方面得益于这些城市高收入群体增长带来的消费潜力，另一方面也得益于城市高端购物中心加速落地提供的奢侈品消费场景。

另一方面，为摆脱对单一市场的依赖、实现多元化发展，全球主要奢侈品品牌也在积极布局以东南亚市场为代表的新兴市场。人口方面，截至2021年末，东南亚地区总人口约6.70亿，占世界总人口的8.58%，人口年龄中位数为25～34岁，44岁及以下人口占总人口的70%；经济增长方面，东南亚地区近年生产总值增速高于全球平均水平。总体而言，东南亚有利的人口结构和乐观的经济前景都在预示着东南亚市场的巨大消费潜力。

5.4.3　加速部署数字化解决方案

2020年，消费者行为发生了深刻转变，线上销售（个人奢侈品）占比暴增，从2019年的12%飙升至2021年的22%。在此背景下，几乎所有全球奢侈品牌均视电商为全渠道分销战略的重要组成部分，进一步拓展线上营销渠道，抢占数字消费市场份额。

部分奢侈品企业也利用虚拟现实（VR）、增强现实（AR）等数字技术开展门店数字化改造，打造了一批数字试衣间、3D虚拟店等，切实提升了个性化消费体验。例如，2023年，巴黎世家连续2年推出"520"定制互动小游戏；古驰的《寰宇古驰》典藏展在上海开幕，以探索的方式讲述品牌的百年故事，并通过短视频记录此次展览。在场景和内容的加持下，品牌在线上充分调动用户的互动感与参与感，以多元视觉体系向消费者生动传递品牌故事，强化品牌形象，提升消费者的数字体验。

与此同时，奢侈品产业正由基于成本考量的供应链全球化布局转向基于可靠稳定考量的供应链区域化布局，并建立起以需求为导向的运营模式。这也需要依托大数据、云计算、人工智能等新一代数字技术，实现需求预测的智能化、设计制造的数字化和供应链管理的智能化。此外，随着元宇宙（Metaverse）、非同质化代币（NTF）等概念及技术的应用，奢侈品企业开始与游戏公司、数字藏品销售公司等开展合作，并推出一批"虚拟奢侈品"产品，让买不起奢侈品的人也可以拥有和使用虚拟的品牌化商品并在不同场合穿搭。

特别是随着2023年"OpenAI"发布"ChatGPT4.0""Sora"等产品生成式人工智能技术席卷全球，奢侈品行业对此也进行了一些尝试。例如，杰尼亚在2023年3月发布了一个由人工智能驱动的"Zegna X"配置器，配置器将解决从剪裁和颜色到造型、尺寸和材料等问题。开云集团也推出了一款基于"ChatGPT"技术的个人购物助手"Madeline"，用户可通过"Madeline"接触到集团旗下奢侈品品牌，并获得产品选购建议以及面料细节、产品来源和保养说明等方面的信息。2023 年 9 月中旬，路威酩轩集团举办的第二届数据人工智能峰会在巴黎举行，会议聚焦生成式人工智能，探索其在零售优化和日常管理中的应用。尽管生成式人工智能（AI）技术在奢侈品行业的运用仍在探索阶段，但其在提升个性化体验、产品设计创意和线上营销内容创作等方面的运用潜力仍值得期待。

总体来看，众多奢侈品企业正与数字领域内经验丰富的公司和创新型初创企业建立战略合作伙伴关系，加速部署数字化解决方案，通过数字化实现企业运营的全局式赋能和品牌服务的突破创新，强化与消费者的联系并利用技术提供奢侈品购物体验。

5.4.4　积极拥抱低碳、循环经济

应对气候变化已成为全球共识，新的国际绿色发展的经济贸易规则正在加速形成，这对产业发展的成本结构和竞争优势带来巨大影响。例如，2023 年 1 月，欧盟《可持续金融披露条例》第二阶段监管标准生效，相当一部分奢侈品集团在欧洲上市，并在该地区完成部分生产和采购，因此，欧洲严格的法律约束对奢侈品行业的可持续发展提出了更多的监管要求。因此，众多奢侈品企业扛起环保和社会责任大旗，强化产品低碳理念注入、环保新型材料研发以及流通销售及展览呈现环节低碳化改造。2023 年 6 月，路威酩轩集团旗下珠宝品牌蒂芙尼宣布成为第一家"净零排放目标"获SBTi（Science Based Targets initiative 科学碳目标倡议）认可的奢侈珠宝品牌。蒂芙尼为其"净零排放目标"制订了中长期路线图，涉及原材料采购、供应商合作、产品制造、分销与运输以及精品店的建设与运营等多个环节的节能减排措施。

与此同时，消费者的环保意识日益提升，也要求在产品生产和使用方面具备可持续性。因此，奢侈品企业纷纷推出循环时尚（回收、再造），慢时尚（共享、租赁）等新概念，从而更好地满足消费者对低碳环保的要求。

5.4.5　二手奢侈品市场日益活跃

随着大众消费心智逐渐成熟，二手奢侈品作为循环经济的细分赛道，其背后所代表的可持续生活方式有望获得越来越多的支持者。加之在经济增长承压的宏观环境下，比起在特别的用户体验中购买昂贵的新款奢侈品，年轻一代消费者更愿意在二手奢侈品平台上以大幅低于专柜的价格进行购买。例如，"The RealReal"发布的2023 转售报告显示，平台用户对于珠宝中经典款宝格丽、大卫·尤曼和蒂芙尼的搜索量同比增长了 80% 以上。与此同时，二手奢侈品市场的活跃也吸引了外部机构的入局。2023 年 9 月，易趣（eBay）推出奢侈品寄售服务，加速抢占二手转售市场；苏富比拍卖行宣布与瑞士手表和珠宝零售商宝齐莱达成合作协议，将在品牌精品店内设置二手奢侈品销售区域。

5.4.6　世代交替影响着奢侈品的需求趋势及消费者行为特征

数据显示，1990~2000年出生的客群已达奢侈品市场50%的人群占比，市场规模贡献达到46%。阿尔法世代（2010年以后出生）的年轻消费者也逐步成为奢侈品消费者，其对奢侈品能否彰显自身个性、购物体验与品牌服务是否达到预期十分在意，并且更容易通过社交媒体来接触、了解、购买奢侈品。总体而言，客群年轻化和消费能力的提升对各类奢侈品的渗透率产生了较大影响，这让奢侈品市场迎来了更多的新生力量，但消费习惯、消费偏好等转变也将为奢侈品企业的运营带来挑战。

5.5　问题与挑战

5.5.1　经济形势复杂多变带来的不确定性

受地缘军事政治冲突、全球经济贸易摩擦等因素影响，全球经济形势依然复杂多变，甚至存在衰退的风险。失业率上升、通货膨胀、不平等现象加剧等导致消费能力降低，国际奢侈品消费需求的增长仍有诸多不确定性，这对中国奢侈品代工生产产业带来不利影响。与此同时，中国双循环发展格局下，国内消费市场受诸多因素影响增长速度不及预期，这在一定程度上也会对奢侈品消费市场的预期增长带来消极影响。

5.5.2　本土奢侈品品牌竞争力相对不强

虽然中国已经形成了原材料供应与设计—奢侈品制造—奢侈品流通的较为完整的产业链，但在产品设计和品牌打造等高附加值环节还是缺乏竞争力。依托国内强大的轻工制造基础和生产配套能力，中国在奢侈品品牌代工方面仍占据着重要地位，但利润相对较低、订单不稳定等因素也使相关行业可持续发展面临诸多风险。虽然我国境内奢侈品市场规模不断扩大，但本土顶级奢侈品牌稀缺，大部分奢侈品市场都被国外品牌占据。贝恩咨询的研究成果表明，中国奢侈品行业各品类中前五大品牌约占一半的市场份额，其中大部分为国外品牌。

5.5.3　奢侈品品牌本土化、数字化存在一定障碍

近年来，虽然国外奢侈品试图融入中国本土文化、潮流，从而更好地迎合中国消费者需求。但是，由于缺少有效的调研及用户互动，部分国外奢侈品牌设计师对中国认识的固化以及其审美观、设计风格与中国消费者有较大差异，使得国际奢侈品牌本土化存在较大阻碍，甚至部分奢侈品引起消费者的反感及厌恶，带来了一定的社会舆情，严重影响奢侈品牌形象。这一方面对国外奢侈品牌进一步抢占中国市场带来一定挑战，另一方面对中国本土奢侈品牌的成长也是一个很好的机遇。

与此同时，当下中国一、二线城市已经成为全球数字化程度最高的地区之一；

由于国家新基建的大力投入，三、四线城市、县城等数字基础设施建设及数字消费水平也正在大幅提升。对于众多奢侈品品牌，如何通过数字化转型提升奢侈品线上渗透率及面向中国更多中小城市的触及率也是不小的挑战。

5.6　发展对策与展望

5.6.1　着力开拓国内市场，挖掘潜在消费潜力

5.6.1.1　重点关注若干消费群体

（1）聚焦 VIC（Very Important Client）客户群体

根据贝恩最新的奢侈品市场研究，在全球范围内，头部 2% 的客户贡献了大约 40% 的奢侈品销售额。我国奢侈品市场的 VIC 客户集中度较高，并在 2022 年得到了进一步提升。其中线上渠道，VIC 客户也是购买奢侈品的主力军。以天猫奢侈品领先品牌为例，一年内消费三次以上的购物者贡献了超过 50% 的销售额，成为增速最快的消费人群。因此，无论是线下渠道还是线上渠道，要更加聚焦 VIC 客户，做好 VIC 客户的销售和售后服务，增强其品牌的黏着度。

（2）做大中产阶级奢侈品消费市场

由于中国具有品牌意识的中产消费者数量日益增长，奢侈品牌需要更重视这个群体。此外，得益于中国产业、关税政策的调整，奢侈品牌更注重以本土而非海外的方式满足中国中产阶级的需求。针对这类群体，要开发高价值、个性化产品，为中产阶级提供更具特色和独有的奢侈体验，进一步做大中产阶级奢侈品消费市场。

（3）吸引更多的年轻一代奢侈品消费者

得益于年轻一代前沿的观念、获取咨询渠道的多元化、热爱分享的特征以及有一定的经济支撑等因素，中国年轻一代群体具备成为奢侈品消费的重要增长点之一。年轻一代奢侈品消费者带来的变化使得互动与购买、国内与国外、线上与线下的界限逐渐模糊起来，这就要求奢侈品集团的组织架构要更灵活，不仅要把数字化做好，还要更多地倾听年轻一代的诉求，通过利用社交媒体、关键意见领袖来倾听年轻一代的诉求，甚至是引领和带动满足年轻一代的猎奇心态的潮流。

5.6.1.2　深挖中低线城市消费潜力

目前，大部分全球品牌还是将大量营销资源分配到上海、北京等一线城市以及一些重要的二线城市。但是，目前中国一些区域的中低线城市消费新生代的购买力将越来越强，因此会成为许多品类的新增长引擎。因此，奢侈品牌商应该花时间对其进行消费者画像，了解其主要购买动因，然后制订明确的触达策略。从相关研究来看，护肤彩妆和运动健身产品将是未来低线市场重要的增长点。要实现这些，品牌商关键是开发出能够吸引这类消费者的优质产品，通过与潮牌联名等手段来锁定

更多的年轻客群，抢占市场先机。此外，由于许多中低线城市的年轻消费者不仅热衷于网购，还喜欢流连于时尚购物中心，因此相关品牌商要在构建完善的线上营销平台的同时，注重开拓低线城市线下市场和分销渠道。

5.6.2 加大改革创新力度，推动产业价值链提升

为应对日益复杂的全球经济贸易形势，奢侈品企业必须加大改革创新力度，在整个产业链和价值链中引入新的工具和策略，实现整个企业发展模式的革新，从而更好地适应市场和消费者的转变。

5.6.2.1 产品理念的更新

随着分享经济、平台经济、数字经济的蓬勃发展以及年轻一代奢侈品消费者的快速崛起，未来的奢侈品不能仅依靠悠久的历史传承、经典奢华的设计来吸引消费者，而是应该与中国本土时尚文化进行很好的融合，要使奢侈品更好地符合中国消费者的价值观、文化观、消费观，甚至是通过奢侈品更好地向世界展现中国新世代的特色标签和生活方式。与此同时，奢侈品牌要在继续耕耘其实体商品的同时，注重打造融合自身品牌价值和中国特色元素的生活化场景体验系统，从而使奢侈品有效地渗透到中国快速发展的热点领域和潮流趋势。例如，欧莱雅（L'Oreal）和中国国家博物馆合作推出了5款口红，其设计灵感来自博物馆内藏品《千秋绝艳图》，5款口红色号分别对应中国古代的五大美女。此外，我国历史文化源远流长，有众多古物及非遗产品自古以来都作为一种"奢侈品"存在着，如陶瓷、茶叶、丝绸等都是19世纪前整个西方世界认可的来自中国的奢侈品。当前，我国一些非遗手工制品由于其苛刻讲究的用料选择、烦琐复杂的制作流程、独一无二的稀缺性，依然具备成为奢侈品的条件。因此，在文化强国建设背景下，坚持守正与创新相结合，深入挖掘非遗文化价值，突出独特的工艺，加强品牌塑造和传播，探索将非遗手工制品培育形成能够体现中国元素、讲好中国故事的中国本土奢侈品牌。

5.6.2.2 管理模式的革新

无论是国际龙头奢侈品牌，还是国内崛起的新兴奢侈品牌，要想更好地占领中国市场，就需要基于中国奢侈品市场的实际情况和中国消费者的特殊需求，参考Bain提出的中国消费者设计（Design）、中国团队自主决策（Decide）、以中国速度执行（Deliver）和中国业务数字化（Digitalize）的"4D"法则，针对性开展管理模式的革新。其中，奢侈品牌要加强针对中国市场的定制产品研发、设计工作，尤其是国际奢侈品牌应在中国设立研发设计中心，从而更好地把握中国消费者的需求；要向中国团队充分授权，从而在这个日新月异的市场快速做出决策；要通过垂直整合与横向合作，尽快构建自己的品牌生态系统，并争取在细分领域或分销渠道上快速打响品牌知名度，从而有效占领相关市场；要加快中国市场管理的数字化转型，

以跟上中国数字消费快速升级发展的浪潮。

5.6.2.3　产业技术的创新

未来，奢侈品牌需要在整个价值链中更加灵活地运作，缩短产品上市时间，更好地适应消费者的趋势和需求。例如，设计师和销售人员能够更快地做出决定，并通过3D技术、虚拟打样和人工智能支持的规划，引导品牌走向需求驱动模式。在产品展示及营销环节中，要加大在虚拟展示、数字销售上的技术投入，从而确保相关产业链条不因特殊公共事件和突发问题而受到影响。在产业的整个供应链上，要着力实现供应链端到端的数字化改造，从设立远程工作平台到布置虚拟展厅，数字技术可帮助奢侈品企业在危机期间维持生产力——甚至永久提高其生产力。此外，商业元素（虚拟陈列室、数字化原型制作和采样等）在维持消费者黏性方面也有很大价值，即使在旅行限制期间也是如此（图5-9）。

3D设计	虚拟打样	数字营销	近岸生产	虚拟时装秀
设计	货品采购与排期	B2B销售	外包与供应链	消费者互动
人工智能计划	视频签单	虚拟Showroom	整合供应商	社交媒体销售

图5-9　技术创新在奢侈品产业链中的运用

（资料来源：麦肯锡）

5.6.3　完善多元销售渠道体系，提升数字化营销能力

"十四五"时期乃至可预期的未来，数字化转型都是奢侈品行业必须经历的过程。特别是在新基建建设如火如荼、电商平台日益发达、社交媒体日新月异的中国，完善多元销售渠道体系，提升数字化营销能力，是中国奢侈品产业发展的重要方向和各大奢侈品牌必须下大力气做的功课。

5.6.3.1　逐步构建全渠道营销网络

目前，中国消费者正极力寻求线上线下无缝衔接的购物体验，因此，奢侈品牌商须清晰设计符合消费者需求的"全渠道"购物模式。

（1）加大数字营销的投入

由于服装、箱包等奢侈品同时又有时尚消费品的属性，因此信息的快速传递对于品牌来说是必要的。根据BCG与腾讯发布的调查数据，虽然中国消费者购买奢侈品的主要场景仍是线下，但是有近70%的消费者的消费决策是受线上信息影响的。为此，奢侈品商要加大数字营销的投入，为消费者提供线上线下无缝衔接的购物体验，并开始将消费者数据变现，更好地提高品牌知名度和产品市场占有率。

（2）差异化布局线下零售门店

首先，对于较为成熟的一线和二线城市，将品牌直营店视为自己的媒体平台，要做好品牌自营店的优化布局和购物体验升级，加大投入以便迎合年轻消费者的个性化追求，使品牌直营店成为维系品牌形象的重要抓手和影响消费者购买决策最重要的渠道。其次，对于一些三线乃至更低线城市的新兴市场，要加强对当地消费市场的调研，通过授权经销、授权许可等方式，通过设立实体体验中心和展示店，强化自身的品牌形象，实现在新兴市场以及非核心品牌经营上的突破。最后，加强渠道整合和品牌并购，从而更快捷地获得更多的渠道资源和潜在客户群体。

（3）关注不断发展的免税购物渠道

自2016年以来，国家进一步放开免税政策，在广州、杭州、成都、青岛、南京、深圳、昆明、重庆、天津、大连、沈阳、西安、乌鲁木齐机场口岸，以及深圳福田、皇岗、沙头角、文锦渡口岸，珠海闸口、黑河等水陆口岸设立口岸进境免税店，并支持中免、中出服、深免和珠免开展良性竞争，这都有利于国内免税产业的发展。海南自由贸易港"零关税"及离岛免税政策的升级，使得海南成为国内免税购物及拉动奢侈品消费回流的主力军。2020年6月9日，财政部授予王府井集团免税品经营资质，这为消费者提供了更多免税购物的渠道，未来也有可能其他普通商业零售集团能够获准进入免税行业。因此，相关奢侈品商可以更加关注中国不断发展壮大的免税购物行业，拓展更多的销售渠道和平台。

5.6.3.2 提升数字化营销能力

面临消费者数字化行为的巨大变化，奢侈品牌商需要借力数字化手段，促进线上与线下的全面融合。奢侈品牌商应设计并实施一套缜密的数字平台方案，在自有平台上建立起内涵丰富且一致的品牌形象，同时根据自身品牌战略和市场定位，统筹利用好综合电商平台、名品折扣网等第三方平台达到引流和线上分销作用。特别是随着社交媒体对消费者决策的影响不断增大，品牌商和零售商应该将数字营销向社交媒体渠道转移，通过精准培养KOL（关键意见领袖）和KOC（关键意见消费者）精心设计的营销材料和话题点，将KOL和KOC打造成自己的品牌大使，促进自身品牌快速成为社交媒体热点话题和爆款产品。

5.6.4 构建中国特色价值体系，提升本土奢侈品品牌价值
5.6.4.1 引导本土奢侈品牌深度融入传统优秀文化元素

拥有一套完整、独立的文化价值体系，一直是国际奢侈品牌建构品牌力、将品牌溢价合理化的基石。当前，我国奢侈品品牌要在国际市场具有辨识度，需要深入挖掘包括非遗在内的传统文化和工艺，并且进行再创作，逐步形成拥有中国特色的

奢侈品文化价值体系。随着国潮时尚的普及和深化，东方传统美学将再次成为全球时尚产业的关注点，而非遗与潮牌、设计师以及整个国内时尚行业的深度融合，不仅可以促进非遗的保护与发展，还将促生中国的高级奢侈品品牌。

中国社科院教授、研究员魏翔认为，欧洲奢侈品的发展路线可以供国内的非遗时尚参考。在高级定制市场，手工艺是非常重要的元素之一，包括刺绣、蕾丝、镶嵌等，如爱马仕、迪奥、香奈儿等顶级奢侈品品牌都以手工制作为灵魂。"有的奢侈品品牌本身就是手工家庭作坊出身，主打高端小众市场，慢慢在工艺的基础上寻求时尚、设计，逐渐发展为国际品牌。"目前，有的奢侈品品牌拥有自己的手工坊，匠人地位极高；有的地方则围绕奢侈品，为之提供手工零部件或者原材料，从而形成了时尚手工艺产业带。

例如，中国奢侈品品牌「上下」创立于2010年，短短十年间已成为首批登上国际奢侈品舞台的中国品牌之一。从中国文化与美学中汲取灵感，在"时间"与"情感"之间给予物意义，「上下」的产品系列以家为起点，创作了一系列兼具传统精神与现代风范的产品，涵盖家具、家居用品、服装、皮具、首饰、配饰及与茶有关的物品。「上下」既在产品中讲述东方故事，也通过供应链模式为中国本土编织等传统技艺辅以传承保护（图5-10）。

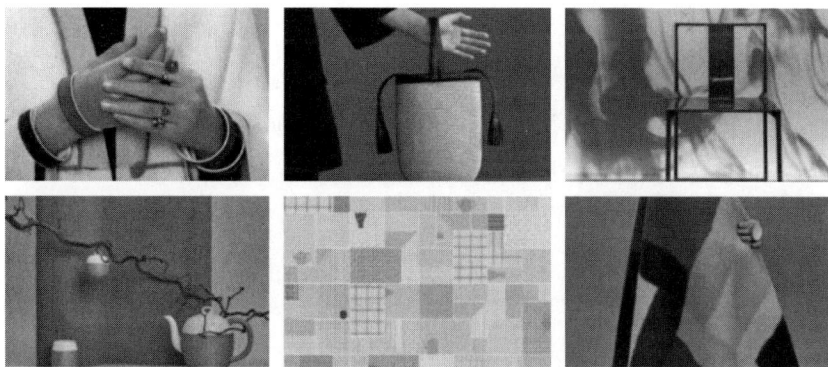

图5-10 中国奢侈品品牌「上下」产品系列示意

此外，撇去奢侈品品牌的营销需求，我们会发现即使是基于社交媒体这样的当代平台，中国传统文化或本土文化，在输出过程中也会获得自发的赞赏。例如，围绕"四季更替，古风古食"主题拍摄中国传统美食和手工的李子柒，成为首个在Youtube粉丝破千万的中文视频创作者；2020年12月，以一条制作木拱桥、时长十分钟左右的视频，"阿木爷爷"就在Youtube上获得了超过4000万次观看；以"乡村超模"被认知，同样在Youtube收获极大关注赞赏的陆仙人，也于此后得到了国内外时装周及各品牌的合作机会。

5.6.4.2 做好奢侈品牌价值营销

（1）在品牌扩张上找准定位打造特色

品牌在壮大的过程中通常都伴随品类的扩张。大多数奢侈品品牌都是由单一品类、单一品牌起家，后来在发展的过程中，为了适应市场需求及扩大市场占有率，会逐步增加产品线，甚至有的品牌会根据品类和产品档次的不同设立不同的品牌线，如LV是从皮具起家，Gucci和Dior是从服饰起家，而现在这些品牌基本覆盖了奢侈品的全部核心品类。

（2）在品牌形象上保持统一

奢侈品品牌产品、服务、价格、店铺、广告、代言人所传递的，都应该是一致化的形象。以香奈儿品牌为例，产品款式、导购人员、店铺布局、广告展示、形象代言人，以及香奈儿本人，展示的都是自由和高雅的统一形象。

（3）提升品牌知名度

通过各种宣传渠道，如电视广告、明星代言、公共事件、慈善事业、良好的危机公关等，营造大众心中完善的品牌形象。品牌还可以通过承担社会责任提高知名度和大众对其的好感度。

（4）利用数字技术、数字平台提升营销渗透度

伴随奢侈品牌在中国不竭的增长战略，其商业数字化也日益成熟。奢侈品牌的营销形式更多元化，大秀、产品沟通等重要的场景从线下逐步转向线上，随之而来的是圈层文化的蓬勃发展。如何用好圈层价值，通过线上私域的搭建，实现线上营销的跃变，是锐意进取的奢侈品牌不断探索的新方向。奢侈品牌深入社交私域，利用微博、微信、小红书、品牌号等数字平台实现流量、对话与线上服务升级的三重承接❶。

本章思考题

1.什么叫奢侈品？奢侈品的产品特征有哪些？

2.全球奢侈品消费市场有哪些特点？简述中国奢侈品市场在全球市场的地位和作用。

3.简述中国奢侈品市场的现状及问题。

4.关于中国奢侈品产业的发展，你有何想法？

---

❶ 资料来源：华丽智库《中国奢侈品营销报告：抢滩私域阵地》。

第 6 章　中国工艺美术产业发展

课程名称： 中国工艺美术产业发展

课程内容： 1. 中国工艺美术产业概述

2. 中国工艺美术产业发展现状

3. 中国代表性工艺美术产业集群

4. 中国工艺美术产业存在的主要问题

5. 中国工艺美术产业面临的困境

6. 产业发展对策

上课时数： 4 课时

训练目的： 通过本章的学习，使学生熟悉工艺美术行业的发展特点，我国近代工艺美术产业的发展历程，掌握当前工艺美术产业发展现状，了解工艺美术与现代时尚设计的跨界融合对行业产生的影响。

教学要求： 1. 使学生了解工艺美术品的基本特征。

2. 使学生了解我国近代工艺美术产业的发展历程。

3. 使学生明确我国工艺美术产业集群分布特征。

4. 使学生掌握当前我国工艺美术产业发展面临的问题与困境。

课前准备： 阅读我国工艺美术发展史方面的书籍。

6.1 中国工艺美术产业概述

6.1.1 基本概念

19世纪下半叶，英国数位艺术家发起了一场名为"工艺美术运动（The Arts & Crafts Movement）"的设计改良运动，又叫"艺术与手工艺运动"。约翰·拉斯金（John Ruskin）为理论指导者，主要实践者则是威廉·莫里斯（William Morris）。"工艺美术运动"广泛地影响了世界上的大部分国家，该运动是对于当时的工业化的反思。

在我国，"工艺美术"一词最早出现于20世纪20年代蔡元培先生的《美术的起源》一书，其所译的"工艺美术"中的"工艺"是指手工艺，是传统意义上的中国词汇，而"美术"是西方舶来的词汇。蔡元培指出，"美术有狭义的，广义的。狭义的，是专指建筑、造像（雕刻）、图画与工艺美术（包装饰品等）等"。在这之后，1929年陈之佛的《现代表现派之美术工艺》一文、1932年张光宇的《近代工艺美术》合集、20世纪40年代庞薰琹的《工艺美术设计》绘图手稿集等，都对"工艺美术"一词延续使用。

从20世纪50年代在我国才开始真正使用"工艺美术"一词。1950年之前，大多使用"图案"或"美术工艺"这两个词，其概念基本与现代设计同义，旨在通过引进新的工业生产的方法来振兴通过洋务运动积累起来的民族工业。之后，随着中国现代史独特的发展变迁，"工艺美术"与"设计"这两个概念及内涵相互交叉，因在很多方面存在共性特点，长期处于内涵和外延边界模糊不清的状态。

关于工艺美术的定义，1980年上海辞书出版社首版《辞海》中则为"工艺美术"一词做了较长的释义。造型艺术之一。通常分两类：一是日用工艺，即经过装饰加工的生活实用品，如一些染织工艺、陶瓷工艺、家具工艺等；二是陈设工艺，即专供欣赏的陈设品，如一些玉石雕刻、装饰绘画等。工艺美术大多为劳动人民直接创造的，同人民的物质生活和精神生活相关。它们的生产常因历史时期、地理环境、经济条件、文化技术水平、民族习尚和审美观点的不同而表现出不同的风格特色。工艺美术史论家田自秉曾对"工艺美术"一词做过比较宏观性的学术归纳：工艺美术是艺术、科学、经济等学科交融的综合体，它体现社会的物质文化、精神文化以及行为文化等方面。从物质文化看，各个工艺美术品种及其功能，都直接反映一个民族、一个地区以至一个时代的物质生活面貌和生活方式；从精神文化看，它形象地体现人们的意识情感和审美观念；从行为文化看，它表示出社会的生活行为和活动指向。文化作为人类社会历史实践过程中所创造的物质财富和精神财富的总和，工艺美术则是蕴含着各个方面。所以，工艺美术是体现科学实践的创造成果的一种科学文化，也是反映人的感知和认识以及意识观念的一种人文文化。对工艺美术的本质的认识，不在于它的生产制作的手段的不同而有所区别，而在于人的生活目的所具有的文化性质。

从实用功能的角度看，传统工艺美术最早是农耕时代的造物方式，技术主要依赖纯手工制作。传统工艺美术是利用自然材料生产物质的生活用品，在生产和消费过程中很少产生污染，有很强的人与物的亲和力及舒适性。❶从政策赋予的产业角色看，现代工艺美术兼有手工业、文化产业、创意设计产业、国家战略性新兴产业的多重角色。因此，有学者将其归结为：植根于第二产业（工业），只有在第二产业充分发展的基础上，才会展现出其第三产业（服务业）的属性，并最终展现出其第五产业（文化创意产业）的属性。❷

6.1.2　基本特征

传统工艺美术既是传统文化的重要组成部分，也是传统艺术的一种。作为一个文化综合体，一方面，工艺美术产品中包含技术和文化艺术审美的内容，是和社会生产有直接联系的物质文化载体，与语言、文字以及抽象的诗歌文学相比，工艺美术品更具展示性，更容易被流通、传播。

6.1.2.1　艺术性

传统的工艺美术最初是以生产和生活为目的的，但随着时代的发展，人们的生活水平越来越高，审美意识也越来越强，传统的工艺美术也越来越重视设计的艺术性。传统工艺并非一种高高在上的艺术，而是一种与现实生活紧密联系的艺术。

6.1.2.2　实用性

如前所述，传统工艺美术最初是用于生产和生活的，其实用性是毋庸置疑的。在现代社会中，许多传统的艺术品都被保留下来，虽然随着科技的进步，它们的作用似乎越来越小，但在借鉴传统工艺的同时，我们要意识到，我们不仅要学习传统的工艺，还要学习其实用价值，所以现代设计必须服务于现实生活。

6.1.2.3　精神性

传统工艺美术是中华民族数千年的宝贵遗产，它凝聚了中国历代先辈的智慧，一件传统的艺术品也许蕴含着一个时代的精神影像。我国大力倡导弘扬优秀传统文化，对增强中华民族凝聚力和向心力起到了很好的促进作用。而传统的手工艺术，则是一种对美好生活的憧憬，一种精神的寄托。

---

❶ 张福昌. 中国传统工艺产业的现状与设计振兴战略思考［J］. 设计，2013（10）：136-143.

❷ 董波，周颖. 产业及工艺美术产业属性述论［J］. 苏州工艺美术职业技术学院学报，2017（03）：31-36.

6.1.2.4 经济性

经济性是工艺美术的内在属性之一。首先，工艺美术作为造物活动，是一种经济生产活动，它创造使用价值和经济价值，是社会物质生产的一部分，是一种社会经济的产物和社会经济现象。其次，工艺美术作为一种经济形态，产业链的每一个环节，设计、生产、销售都受经济规律的支配。生产过程本身是一个创造经济价值的过程，而流通和销售的经济活动，是完成和实现其价值的活动。❶

6.1.2.5 文化性

传统工艺美术的价值在于手工作品所体现出来的艺术效果，富有浓郁的地域性色彩，能够反映历史时期的文化特点。随着人们精神文化需求的日益提升，传统工艺美术的工业属性逐渐被弱化，文化属性正日益凸显。在我国2012年和2018年文化及相关产业分类的文件当中，工艺美术均被列入其中。此外，在国务院公布的第五批国家级非物质文化遗产代表性项目名录中，工艺美术类占比超过20%。

6.1.2.6 跨产业融合

工艺美术产业不是孤立存在的，它与人们的日常生活紧密相连，同时也随着技术的进步不断发展。就目前来看，工艺美术行业的市场已经进一步细分，并与建筑、家居、旅游、服装、玩具、汽车、钟表、电子、室内装饰等行业进行联动发展。以旅游业为例，工艺美术与旅游业的结合主要表现为以下几种形式：一是将传统手工艺品转化为旅游纪念品，如故宫文创推出的行李牌、耳机、折扇等国潮文创产品；二是传统手工艺的加工制作过程被开发成旅游景区的展示场景或特色体验项目❷，如丽江古城分布了很多具有纳西族文化气息的东巴纸坊，纸坊旁有煮浆的大锅、晾晒的纸张，游客可以在非遗传人的指导下现场体验"东巴纸"的造纸技艺；三是一些知名传统手工艺生产地被开发为民俗文化旅游村，如山东潍坊杨家埠村依托木版年画和风筝制作成为我国最大的民间年画生产地和最受欢迎的民俗旅游村之一；四是以传统手工艺为媒介延伸开发的旅游节庆活动，如潍坊国际风筝节，已经连续举办了38届，每年都吸引世界各地的参赛者和投资者到来。"手工艺+旅游"的发展模式不仅是产业战略，更成为城市发展战略。

6.1.2.7 创新性

创新性指的是"艺术设计"被不断地运用于工艺美术产品创新，工艺美术在原有工艺基础上，突破传统设计模式，进行创新设计，融入现代的审美观，以设计创新的理念对工艺美术产品进行有效开发，开发符合现代生活和审美的新产品，由设

---

❶ 马文侠. 论工艺美术的经济性[J]. 科技信息（科学教研），2007（29）：296.

❷ 王瑜，吴殿廷. 基于旅游产业链视角的传统手工艺开发对策[J]. 经济问题探索，2011（4）：168-172.

计创新来推动工艺美术的发展。因此，时代创新不仅包括工艺美术作品内容和形式上的创新，还包括产品功能的创新、材料创新、技术创新、营销模式的创新等。传统工艺美术产业只有不断引入新技术，应用新材料推动其改造和提升，并通过新的设计理念研发符合市场需求的产品，才能推动整个产业的文化附加值。

6.1.3　基本分类

工艺美术品的产生主要是来源于对生活的观察，在人类创造的过程中不断地将自己的理想信念赋予其中，使作品拥有了比其他产品更多的含义。在中国的文化底蕴中，有极大部分的比例是通过传统工艺美术品来体现的，是中国五千年文化的重要组成部分。通过现代考古所发掘的工艺品文物与如今仍在运用的工艺技艺，能够帮助我们更好地研究历史文化，是历史的一面活镜子。传统工艺美术作品所反映的不仅只是艺术价值，也能折射出当时手工技艺的行业生产力，在历史上除了实用价值外，也带来了巨大的经济价值。现代的工艺美术行业通过在市场经济条件下的运行，创造了巨大的经济利益与就业岗位，通过对外贸易连接起与世界的文化交流，是沟通中西方文化的一个重要载体。

通过以上分析，我们认为工艺美术品是赋有强烈民族与地域属性，并形成经济产业链的艺术创造品。中国工艺美术产业包含着经济价值、历史价值、艺术价值和文化价值，具有极大的潜力。

工艺设计行业有许多不同的种类，市面上所盛行的工艺品种类繁多，分类的方法也有多种。

一是从产品用途角度分类，可以分为日用工艺与陈设工艺。日用工艺是指生活中常见的日用品种类，在我们的日常中经常需要使用，具有实用性较强、方便生活的特性，如家具、纺织品、玻璃、茶具等；陈设工艺指具有一定观赏性的艺术加工品，供人参观，点缀景观的作用，比较多的陈设品有首饰、壁画、雕刻、书法作品等。

二是从工艺品角度分类，有刺绣、雕刻、印染等，每一种类也都可以继续进行细分，如雕刻又可以细分为木雕、竹雕、铜雕、石雕等。

三是从材料的类型上分类，有金属、陶瓷、天然玉、纸张品等。从产品所涉及的实用性范围来区分，涵盖了衣、食、住、行各方面。

四是从工艺设计品以时间为界，工艺品可分为传统工艺和现代工艺两大类。

工艺美术品蕴含着大量的信息，一个国家的工艺品不仅反映一国的工艺设计水平，也能够直接反映一国的文化软实力与民族气质。中国工艺美术品体现的正是中华历史的文化生产能力。

6.2 中国工艺美术产业发展现状

6.2.1 空间集聚特征明显，政策体系持续完善

我国工艺美术产业发展呈现明显的空间集聚性，产业集群主要分布中部地区的湖南、河南和东部沿海省份，其中广东、福建两省工艺美术产业的发展规模远高于其他区域。2022年，广东省工艺美术产业年产值超过2400亿元，约占全国同行业产值的四分之一。同年，2022年全省工艺美术规模以上工业企业766家，实现主营业务收入1823亿元，增长4.5%。

随着产业规模的不断壮大，相关政策相继出台并不断完善以支持行业发展，从国家层面看，1997年5月，国务院颁布了第一部关于传统工艺美术行业发展的行政法规《传统工艺美术保护条例》，界定了传统工艺美术的范围，明确了国家对传统工艺美术品种、技艺、珍品、人才和珍稀矿产资源的保护及其措施，有效保护了部分濒临灭绝和生存困难的传统工艺美术品种和技艺，继承和弘扬了中华民族优秀文化。2014年5月，工业和信息化部发布了《关于工艺美术行业发展的指导意见》，成为新时期国家促进工艺美术行业发展的主要举措和政策导向。各地也将工艺美术产业作为发展地方文化产业的重要抓手之一，积极制定出台相应扶持政策。例如，为推进工艺美术的保护传承与创新发展，自2002年《北京市传统工艺美术保护办法》颁布后，北京市设立了传统工艺美术保护发展资金，重点用于国家级重大礼品设计开发、大师示范工作室、挖掘整理技艺资料等领域。山西省各地市也加大了对工艺美术企业的扶持力度，以鼓励工艺美术企业采用和推广新技术、新工艺、新流程、新装备、新材料，对现有生产设施、设备、生产工艺条件进行改造，推进工艺美术产业规模化、特色化、品牌化。

6.2.2 社会贡献度较高，行业发展日趋成熟

从行业贡献看，工艺美术业在从业人员规模、GDP及满足社会日益增长的物质文化需求、开展国际文化交流等方面，已成为我国国民经济的有机组成部分和文化产业的生力军。据统计，目前工艺美术行业对国家GDP的贡献在2000亿元人民币以上，吸纳了2400万的就业人口，成为部分地区的经济支柱。

从行业发展环境看，目前我国工艺美术产业进入了相对成熟的发展轨道。随着2006年《"十一五"文化发展规划纲要》的出台，工艺美术被赋予促进国民经济发展的"文化创意产业"的属性。在创意的推动下，工艺美术企业不断适应消费者需求，向市场推出了时尚工艺品和博物馆"文创"产品，激活了新一代年轻人的时尚购物热情，也刺激了不同社会阶层对工艺美术日用品和收藏品的需求。同时，在全球化的经济浪潮下，我国工艺美术产业充分利用市场机制，实行走出去的发展战

略，促进了市场化运作水平的提高，资源配置趋于合理。一些工艺美术大师主动与国际品牌合作开发联名系列产品，龙头企业开始注重创意设计环节的投入，力求产品附加值、使用价值和消费体验的最大化，把新创意、新技术、新材料、新工艺、新模式等体现在整个链条过程中。

案例　　福建德化：多向发力引领陶瓷产业提档升级

福建德化是全国最大的陶瓷电商基地、陶瓷茶具和花盆生产基地，陶瓷茶具占全国市场份额80%以上；是全国最大的西洋工艺品生产出口基地、国家级出口陶瓷质量安全示范区，工艺瓷远销190多个国家和地区，占全国工艺品陶瓷出口市场份额60%以上。面对创新创业内生动力不足、平台缺乏、设计水平低等困扰，德化县通过全方位调整产业结构，促进陶瓷产业转型发展。

调大总量调全种类调强特色。德化县委、县政府按照"传统瓷雕精品化，工艺陶瓷日用化，日用陶瓷艺术化，新型陶瓷规模化"发展思路，制订了阶段性目标：陶瓷产值力争到2027年锻造形成陶瓷产业千亿级产业集群。为"调全"陶瓷种类，德化县将高性能碳化硅陶瓷及复合材料和技术创新研究院引入瓷都，还先后引进了超细环保矿物纤维材料项目。

智能化为发展积蓄新动能。德化陶瓷企业开展了以引进高精尖自动化设备和数控化改造的"装备升级行动"，努力向精细化管理、自动化生产求变，不断在转型升级中锤炼内力，实现新时期企业快速提档升级。

高端创新平台提升创新动力。德化先后启动建设高端日用陶瓷产业园、陶瓷智能装备产业园、建筑卫浴陶瓷产业园等六大功能园区，建立陶瓷智能装备研究院和高科技陶瓷中试研究院，推动陶瓷产业科技赋能、跃升发展。成立陶瓷创新发展研究院，启动国家陶瓷工业设计研究院建设，推动传统产业与国际国内设计顶端人才深度合作，加速了工业设计与国际市场接轨。

6.2.3　市场规模优势显著，对外贸易分布广泛

我国工艺美术行业商品种类丰富，按照海关数据统计，共十三大类，涉及127个税号商品。据国家统计局数据，2023年我国工艺美术品制造规模以上（主营业务收入2000万元以上）企业5000家，工艺美术品制造主营业务收入约8000亿元，占工艺美术及相关行业总营业收入的88.9%；利润总额400亿元，占工艺美术及相关行业总利润的88.9%；出口交货值为1700亿元，占工艺美术及相关行业总出口交货值的94.4%。

近年来，我国工艺美术行业出口贸易稳步提高，进口贸易加速提升。行业商品分别出口到美国、英国、德国、荷兰、日本、加拿大、印度、澳大利亚、阿拉伯联

合酋长国等228个国家和地区。珠宝首饰作为工艺美术品类产品的重要出口产品，2023年出口交货值达到800亿元，占工艺美术品制造出口交货值的47.1%。

6.3　中国代表性工艺美术产业集群

6.3.1　福建德化陶瓷

德化是中国陶瓷文化的发祥地和三大古瓷都之一。早在宋元时期，德化陶瓷就是"海上丝绸之路"的重要出口商品，与丝绸、茶叶一道是中国重要的对外贸易产品。德化陶瓷以"白"见长，被称为"世界白瓷之母"。2006年12月27日，国家原质检总局批准对"德化白瓷"实施地理标志产品保护，同年被列入国家首批非物质文化遗产保护名录。

德化陶瓷产业链完备，传统瓷雕、出口工艺瓷、日用瓷并行发展。德化现有陶瓷企业3000多家，从业人员10多万人，2022年德化县陶瓷产值达到502亿元，产品80%销往全球190多个国家和地区，是全国最大的陶瓷工艺品生产和出口基地、全国最大的陶瓷茶具和花盆生产基地、国家级出口陶瓷质量安全示范区，获评"中国瓷都""中国民间文化艺术之乡""中国陶瓷历史文化名城"，陶瓷品牌价值达1086亿元，在全国陶瓷产区品牌价值中排名第一。

近年来，德化为解决陶瓷企业仍创新创业内生动力不足、平台缺乏、设计水平低等困扰，全方位调整陶瓷产业结构，促进陶瓷转型发展，在加快陶瓷企业转型升级、做优产品的同时，积极实施"互联网＋"战略，以电商平台拓宽陶瓷企业销售渠道，助力陶瓷产业蓬勃发展。2018～2022年，德化实施陶瓷产业跨越发展五年行动。2021年，德化陶瓷产值突破459亿元人民币，其中电子商务网络零售额163亿元，同比增长22%，占全国茶具网络销售份额80%以上。2022年，德化陶瓷产值增长到502亿元，产业规模持续壮大，预计2027年产值将突破千亿元。此外，德化还综合利用"科技元素"和"文化元素"双向赋能陶瓷产业，在设计、材质、工艺、用途等方面多向发力，以创意引领陶瓷艺术的创新变革。与此同时，德化陶瓷企业深化IP合作，成为冬奥会吉祥物冰墩墩、雪容融陶瓷版、迪士尼、Hello Kitty及泡泡玛特、故宫文创等国内外著名IP生产地。

6.3.2　浙江东阳木雕

东阳木雕起源于商周，溯源自唐，发展于宋，鼎盛于明清。新中国成立后，以木雕集团及前身木雕总厂为代表的东阳木雕企业及从业者，创作了大量的优秀作品参加中国和世界性展览。2006年5月20日，东阳木雕经国务院批准列入第一批国家级非物质文化遗产名录。

东阳木雕的用材一般选用坚韧、质地细腻、纹理浅雅、木色纯洁、不易变形的木材。大多以樟木、椴木、白杨木、长白松木居多，而制作底座边框和高档家具以花梨木、红木、紫檀、檀香木为主。

经过多年发展，东阳初步构建了较为完善的全链条产业体系。一是成功打造了全国木材交易集散地，集木材进口、贸易、加工、保税、仓储、物流、金融服务等于一体，功能日趋完善，交易额逐年攀升。二是形成了木雕红木产业集聚区。东阳现有木雕红木家具企业1300多家，总产值达200多亿元。持续加强红木小微园建设，增强产业集聚优势。三是树立了放心消费新高地的目标。东阳展示、销售红木家具的专业市场面积120万平方米，形成了东阳中国木雕城、花园红木家具城两大交易市场。大力开展"放心消费在浙江·购买红木到东阳"系列行动，共同打响"满意消费长三角"品牌。启动编制东阳·中国红木家具指数，为红木企业经营发展、消费者购买红木提供依据。

2016年，东阳以中央环保督察为契机，大力推进环保整治，通过规范提升一批、整合重组一批、关停淘汰一批，倒逼木雕红木产业改造升级。东阳关停淘汰"四无企业"、环保不达标企业近千家。通过整治，东阳木雕红木企业从3000多家压缩到目前的1300余家，形成了"家数精减、主体升级、产业规范"的新格局。

6.3.3 广东深圳水贝

水贝位于深圳市罗湖区，毗邻香港，是中国最大的黄金珠宝产业集聚基地，被誉为中国的"宝都"。水贝的发展可以分为三个阶段，即萌芽初创、快速发展和转型升级。

6.3.3.1 萌芽初创

从工业区到珠宝一条街。1981年，深圳出现首家"三来一补"黄金首饰企业。到1984年，深圳拿到了全国第一张黄金生产和加工销售的牌照，开启黄金产业的新时代。相关资料显示，20世纪90年代初期水贝工业区仅有10家左右的珠宝企业。1998年，人民银行深圳分行在全国独家试点开展"黄金寄售"业务，目的是缓解国内黄金供不应求的问题。这极大地推动了深圳珠宝产业的发展。水贝由于毗邻香港，拥有较为优越的交通地理环境，迅速形成了承接香港及东南亚地区产业转移的巨大洼地效应。随着水贝珠宝一条街成立，越来越多黄金珠宝企业在此落地生根，只是大多规模比较小，采用"前店后厂"模式，水贝珠宝一条街逐渐壮大，成为一个聚集了众多珠宝企业的繁忙商业街区。随着香港与深圳之间交通逐渐便利，水贝成为吸引大量客商和游客的热门目的地。

6.3.3.2 快速发展

从珠宝一条街到中国"宝都"。2003年10月，深圳市政府出台政策，支持在罗湖水贝建设珠宝产业集聚基地。2004年5月，中国首家珠宝专业采购平台——水贝国际珠宝交易中心正式开业，同年8月，深圳市黄金珠宝产业集聚基地在水贝挂牌成立，水贝珠宝由此进入高速发展阶段。作为罗湖区乃至全国珠宝产业最集中的优势特色产业区域，水贝诞生了40多家国内知名的终端及批发品牌，吸引了10多家上市珠宝企业入驻；年产销值超过1000亿元。行走在水贝的街头，放眼望去，各式各样的品牌广告、琳琅满目的金银珠宝，迅速崛起的金银珠宝广场、水贝金座、水贝银座、水贝万山、水贝国际中心等商业综合体，都在述说着这里的繁华兴盛。来自全世界各地的珠宝采购商穿梭于水贝的大街小巷，物色流行的黄金珠宝首饰。

6.3.3.3 转型升级

从"宝都"到"时尚之都"。截至目前，水贝片区珠宝品牌达到2400多个，注册的珠宝企业超过5000家，个体工商户经营超过1.5万家，珠宝交易批发市场达到了数十家。在产品创新方面，水贝建立了"深圳市珠宝首饰设计与研发中心"，引进了国内外先进的设计理念和技术，培养了一批专业的设计师和工匠，打造了一系列具有水贝特色的原创珠宝品牌。在品牌建设方面，水贝已经形成了以"水贝·中国珠宝指数"为核心的国家级指数体系，为珠宝行业提供权威的价格指数、批发量和景气度等数据分析。通过这些措施，水贝正在从一个单纯的黄金珠宝交易集散地，向一个综合性的黄金珠宝产业集聚区转变。水贝不仅要做中国的"宝都"，还要做中国的"时尚之都"。

6.4 中国工艺美术产业存在的主要问题

6.4.1 产业要素亟待完善，市场开拓能力略显不足

首先，近年来在市场需求的强力拉动下，我国工艺美术行业对原材料资源的需求大幅攀升，以翡翠玉石、和田玉、花梨木等为代表的传统原料已接近枯竭，需要依赖进口。加之国际贸易摩擦，原材料价格持续上涨，随着我国对金银珠宝首饰、玉石原料、珍贵木料等原材料进口量的不断攀升，国际原材料市场的价格波动对我国工艺美术产业的影响和冲击日益加剧。其次，伴随人口老龄化的加快，人口红利正在逐年消失，多年以来支撑我国传统工艺美术产业快速发展的劳动力优势正在削弱。最后，现代工艺美术产业正在经历转型，高端技术人才紧缺，企业用工成本不断攀升，生产经营压力加大。与此同时，来自国际国内工艺品市场的消费人群正在推动工艺美术产业分层化发展，以销定产，即具有强大购买力的消费群体注重产品收藏价值，具有一定实力的中产消费群体青睐中高档产品，普通工艺品爱好者对产品需求量大、价格期望低。针对上述市场的分层状况，我国现有的工艺美术产品大部分附加值不高，多定位于旅游纪念品市场，市场产品开发能力略显不足。

6.4.2　产业区域发展不平衡，产权保护意识相对缺乏

目前，我国工艺美术产业呈现明显的地域聚集性，东部沿海省市的工艺美术行业产值要明显高出内陆地区，地区间发展差异较大。根据最新的统计结果，我国工艺美术行业专利公布数量主要集中在广东、浙江、江苏等东部沿海经济发达地区，三地区合计公布的专利数量接近全国总数量的一半。工艺美术通过区域集中形成了自身产业集群的初级形式，具有明显的地域聚集性，但产业集群发展水平还比较低，绝大部分企业尤其是中小企业的领导设计创新意识淡薄，仅满足于来样加工的"贴牌"产品，缺乏自主的品牌。传统工艺美术企业研发能力较弱，产权保护意识相对缺乏。

6.4.3　规划前瞻性有待提升，政策配套亟待完善健全

从当前各地区工艺美术产业的规模和发展程度来看，产业布局分散、集约化程度不高等问题凸显，与当地的经济发展不相调性。部分地区尚未建立完善的工艺美术管理体制，部门分割的现象依然存在。从政策配套的情况来看，已出台的相关政策对工艺美术企业财政税收等内容做了原则性规定，但因缺少实施细则，部分政策措施没有得到很好的落实，造成规划实施进展缓慢。

6.5　中国工艺美术产业面临的困境

中国工艺美术产业在发展的过程中获得了许多方面的进步，但是也遇到了不少的困难，主要表现在以下几个方面。

6.5.1　传统工艺业濒临失传

历史上，中国传统手工艺技术的基础是建立在中国农村的宗族制上，经济产业以农业为主，农村是中国传统手工技艺的主要使用者与传承者。但是随着改革开放之后，城镇化的扩大，人口转移到城镇中，以及工业社会的形成挤压了传统工艺的发展空间，迫使传统手工业者谋求转型。从传统工艺的局部来看，传统手工艺的从业者越来越少。

6.5.2　行业间缺乏合作机制

目前，工艺美术行业在地方多由各个协会作为行业主导。各个协会为下属企业单位做服务指导工作，但是各协会之间缺乏沟通联络机制，独立发展，使得整个行业内部发展不均衡，产品质量也存在参差不齐的情况。

6.5.3　原材料资源供应不足

有一部分工艺美术品需要采用天然原材料，如玉石、黄金等。这些自然资源具有不可再生性，未来创作需寻找可替代性资源，以保护我们的生态环境。

6.5.4　质量标准体系亟待健全

目前，行业还没有建立起一套具有共识性的行业统一标准，行业鉴定往往需要聘请业内知名专家来进行专门的鉴定工作，成本高，质量无法得到有效保证。

6.6　产业发展对策

6.6.1　融入城市发展战略，助力文化强国建设

工艺美术本身具有文化创意产业属性，因此，注重与文化创意相结合不仅是工艺美术行业的发展趋势，也是很多城市进行品牌建设的重要策略之一。在传承保护传统工美技艺的基础上激发创意，有利于促进工艺美术产业结构升级，有利于增强文化自信，更有利于为文化强国建设做出行业贡献。

例如，我国的杭州、苏州、景德镇分别于2012年、2014年、2014年被任命为联合国教科文组织创意城市网络成员"手工艺与民间艺术之都"。这意味着，创意和文化产业将成为地区发展战略的核心。联合国教科文组织曾指出"发展最终应以文化概念来定义，文化的繁荣是发展的最高目标"。对于工艺美术产业而言，其既可以开发为有形的文化项目，又可以通过植入创意元素进行再创作和文化再演绎，成为文化保护与传承创新的载体。"十四五"时期，我国各地区的工艺美术产业要提升文化品质、推进高质量转型发展的高度，突出与文化创意的结合，以产兴城、以城促产、以业聚人，发掘、保护、传承、发展民族民间工艺美术技艺，建设社会主义文化强国。

6.6.2　聚焦数字化新技术，为行业发展保驾护航

随着5G、大数据、人工智能等技术的广泛应用，工艺美术行业与高新技术的结合将更广泛。与数字化有机结合、走信息化发展道路，是工艺美术行业发展的趋势之一。信息化手段能够有效提升工艺制造的数据质量，提供及时、有效、准确的生产经营数据，创新提升工艺水平，实现产品设计、工艺技术准备和制造的全面集成。同时，工艺美术产业与信息产业的融合发展将促使各种工艺设计资源的有效共享和智能化利用，实现工艺流程的优化分析。

当前和今后一个时期，数字经济将成为拉动我国经济增长的一个重要引擎，各行业各领域数字化转型步伐将大大加快。工艺美术行业的信息化建设，一是可以通

过建立数据化的行业资料库，对传统工艺美术信息进行系统记录保存，保证整个流程工艺传承的原始特性；二是各地可以依托本地工艺美术资源，建立地方动态工艺美术数据资源库，选择有发展潜力的优势产业，统筹规划，合理布局，提升产业层次；三是通过搭建工艺美术大师数据库，以信息化和大数据手段实现科学评选和管理，加大工艺美术大师传承带动和跨行业交流合作力度；四是利用5G、大数据、VR、AI等技术，建立数字技术博物馆，为广大工艺美术爱好者和从业者提供欣赏、交流和技艺传承的平台。

6.6.3　创新文化消费场景，提高产品内容体验

工艺美术产业是国家文化建设事业与国民经济发展的重要组成部分。在创新战略的驱动下，应主动拥抱新业态、新模式和新消费，是工艺美术行业实现可持续发展的必然选择。

一是要重视以产品制作为核心的内容体验和衍生品开发。当前，我国很多非遗技艺来自工艺美术，想要持续地传承与发展，关键在于打破时代的隔阂。例如，"工艺美术+旅游"的合作模式能够使消费者主动融入创作场景，以其年轻化的视角体验非遗制作技艺与地方传统文化。二是要善于利用文旅综合体、产业园区、特色小镇、民俗村落等为代表的载体。这些产业载体为工艺美术行业提供了多元化的展示体验空间，既满足了新时代的消费者需求，也让传统技艺焕发生机，展现出更灵动的形态。三是各地要加快建立传统工艺美术研学体验馆，开设陶瓷拉坯、刺绣、泥塑、剪纸等传统工美文化普及课程，推出面向企业团建和儿童研学等群体的新消费体验项目，实现从传统手工艺品物质消费向体验传统手工艺的精神休闲消费升级。

6.6.4　突破产业人才瓶颈，健全人才培养梯队

一是要继续完善大师带徒传承机制。发挥工艺美术大师对行业的引领作用，采取高校与大师工作室合作的方式，鼓励工艺美术大师到学校任教授课，学生到大师工作室进行实践训练。设立大师授徒补贴制度，鼓励工艺美术大师带徒授艺。❶二是要完善行业职称评定体系。各地可以结合地方实际，健全工艺美术系列专业技术资格职称评审，完善评价标准、创新评价机制、促进职称制度与人才培养使用制度相衔接，充分激发人才创新活力，改革人才培养体制机制，培育打造更多专业人才和创新团队。三是要开展工艺美术继续教育。通过政府、高校、企业、协会等机构的合作，对工艺美术从业人员进行工艺美术相关理论知识、现代企业经营管理、职业

---

❶ 秦峰.基于产业视角的工艺美术发展研究[J].文化产业，2022（3）：121-123.

经济人等培训，鼓励工艺美术从业人员走出国门，开展国际合作交流，开阔从业人员的视野，充分借鉴国内外经验。

本章思考题

1.工艺美术品的基本特征有哪些？

2.简述我国近代工艺美术产业的发展历程。

3.试列举一个我国工艺美术产业集群并简述其发展阶段。

4.当前我国工艺美术产业发展面临着哪些问题与困境。

5.请对我国工艺美术产业的未来发展提出几条对策。

第 7 章 中国化妆品产业发展

课程名称：中国化妆品产业发展

课程内容：1.中国化妆品产业概述

2.中国古代化妆史概述

3.中国化妆品产业近现代发展历程

4.中国化妆品产业发展现状

5.中国化妆品产业存在的主要问题

6.中国化妆品产业发展对策

上课时数：4课时

训练目的：通过本章的学习，使学生熟悉化妆品的基本概念、分类及特征，了解我国古代化妆史及近现代化妆品产业发展历程，掌握当前化妆品产业发展现状，使学生能够读懂化妆品行业的市场变化趋势。

教学要求：1.使学生了解化妆品的主要特征。

2.使学生掌握化妆品产业链上中下游环节的具体内容。

3.使学生明确我国化妆品产业近现代发展的几个阶段。

4.使学生掌握当前我国化妆品产业存在的问题。

课前准备：阅读我国古代化妆史方面的书籍。

7.1 中国化妆品产业概述

7.1.1 基本概念

根据我国《化妆品卫生监督条例》的规定，化妆品是指以涂擦、喷洒或者其他类似的方法，散布于人体表面任何部位（皮肤、毛发、指甲、口唇等），以达到清洁、消除不良气味、护肤、美容和修饰目的的日用化学工业产品（表7-1）。

表7-1　各个国家和地区对于化妆品的定义与分类

国家（地区）类别	中国	欧盟	美国	日本	韩国
定义	指以涂擦、喷洒或者其他类似方法，施用于皮肤、毛发、指甲、口唇等人体表面，以清洁、保护、美化、修饰为目的的日用化学工业产品	是指用于接触于人体表面（表皮、毛发、指趾甲、口唇和外生殖器）或牙齿及口腔黏膜，以清洁、增加香气、改变容颜、纠正体臭、保护或保持其良好状态为目的的物质或制剂	预计以涂抹、喷洒，或喷雾，或其他途径施用于人体以达到清洁、美化、增加魅力，或改变外观目的的物品	以涂抹、喷洒或其他类似方法使用，起到清洁、美化、增添魅力、改变容貌或保养皮肤、保持头发健康等作用的产品，对人体使用部位产生的作用是缓和的	指起到清洁、美化人体的效果，以增加魅力，使容貌变得更加靓丽，或者可以保持或加强肌肤和毛发健康的可用于人体的产品，并且对人体作用轻微
分析	国际上无统一的定义；均是从作用方式、部位、目的等三个方面来对化妆品进行定义；部位描述的不同使得定义范围不一致；目的的描述不同使得定义范围不一致。				
一般化妆品	普通化妆品	化妆品	化妆品	普通化妆品	普通化妆品
风险较高，含有特殊功效成分的化妆品	特殊化妆品	药品	非处方药（OTC）	医药外用品	机能性化妆品
			NDA药品		医药外用品
备注	特殊用途化妆品：用于染发、烫发、祛斑美白、防晒、防脱发的化妆品以及宣称新功效的化妆品	育发、健美、祛斑（美白）等类别的产品，依据其产品宣称判断是否作为化妆品或药品管理	非处方药（OTC）：防晒产品、防龋产品、去屑产品；NDA药品：祛斑美白等产品	医药外用品：口腔清凉剂、腋臭防止剂、痱子粉、育发剂、除毛剂、染发剂、烫发剂、生理用品、沐浴剂、药用化妆品（含药用皂）、药用牙膏类、杀虫剂、驱虫剂、杀鼠剂、隐形眼镜用消毒剂	机能性化妆品：目前主要包括染发、美白、防晒、除皱、脱毛、缓解粉刺、缓解特应性皮炎干燥、淡化萎缩纹等产品；医药外品（牙膏、除腋臭剂、口腔清洁剂）

化妆品原料成分复杂，其主要原料可分为基质、一般添加剂和活性成分三大类。基质原料是构成各种化妆品的主体，在化妆品配方中占有最大比重，决定了化妆品的功能和性质。一般添加剂是指能够为化妆品提供某些特定功能的辅助性原料，在化妆品中添加量相对较小，但作用不可忽视，如胶质、抗氧化剂、防腐剂、

香料和色素等。化妆品活性成分则是指赋予化妆品特殊功能或强化化妆品对皮肤生理作用，使化妆品对皮肤的保养作用能更有针对性的原料，也是当下各大化妆品品牌的核心竞争力所在。

7.1.2　主要特征

7.1.2.1　安全性

化妆品是指以涂擦、喷洒或者其他类似方法，施用于皮肤、毛发、指甲、口唇等人体表面，总体具有较好的安全性。

7.1.2.2　稳定性

化妆品要求在保质期内，或者一定使用日期内，产品不会发生变质、变色、变味、分层等现象。普通膏霜乳液类属于热力学不稳定体系产品，最终会分层，只是要求在保质期内稳定即可。

7.1.2.3　舒适性

化妆品使用过程中，肤感、香味、外观、泡沫、清洁等应当在使用过程中具有良好的体验感。

7.1.2.4　功效性

具有一定的功效效果，现在化妆品按功效分类可分为新功效、染发、烫发、祛斑美白、防晒、防脱发、祛痘、滋养、修护、清洁、卸妆、美容修饰、芳香、除臭、抗皱、紧致、舒缓、控油、去角质、爽身、护发、防断发、去屑、发色护理、脱毛、辅助剃须剃毛。

7.1.2.5　清洁性

化妆品能够清除皮肤、毛发、牙齿表面的脏物，以及人体分泌与代谢过程中产生的污物等。如洗面奶、洗发香波及牙膏等。

7.1.2.6　保护性

化妆品能够使皮肤及毛发滋润、柔软、光滑、富有弹性等，起到保护肌肤、抵御风寒、紫外线等刺激，防止皮肤受损以及毛发枯断等作用，如润肤乳液、防晒霜、护发素等。

7.1.2.7　美容修饰性

人们通过使用化妆品进行护肤和化妆，能够增加个人魅力或散发香气，达到美容修饰的目的，如粉底霜、唇膏、发胶、摩丝、香水及指甲油等。

7.1.2.8　特殊功能性

一些化妆品具有一些特殊功能，如育发、染发、烫发、脱毛、美乳、健美、除臭、祛斑及防晒作用。

7.1.3 分类

7.1.3.1 按使用功能分类

按使用功能可分为特殊用途化妆品和非特殊用途化妆品（普通化妆品）两大类。其中非特殊用途化妆品又可分为清洁类化妆品（如洗面奶、洗发水、沐浴露等），护理类化妆品（如化妆水、润肤乳液等），以及美容类化妆品（如眼影、胭脂、口红等）。

7.1.3.2 按使用部位分类

按使用部位可分为肤用化妆品（如卸妆油、润肤霜等），发用化妆品（如洗发水、烫发剂等），口腔用化妆品（如牙膏、漱口液等），以及指甲用化妆品（如指甲油、洗甲水等）。

7.1.3.3 按化妆品剂型分类

按化妆品剂型可分为水剂类产品（如香水、化妆水等），油剂类产品（如防晒油、按摩油、发油等），乳剂类产品（如清洁霜、润肤霜、润肤乳液等），粉状产品（如香粉、爽身粉等），块状产品（如粉饼、胭脂等），悬浮状产品（如粉底液等），表面活性剂溶剂类产品（如洗发香波、洗手液等），凝胶类产品（如洁面啫喱、睡眠面膜等），气溶胶制品（如喷发胶、摩丝等），膏状产品（如洗发膏、膏状面膜等），锭状产品（如唇膏等）和笔状产品（如唇线笔、眉笔等）。

7.1.4 产业链

7.1.4.1 上游：原材料采集与研发

化妆品原料主要包括基质、表面活性剂、一般添加剂和化妆品活性成分。基质是构成化妆品形态的主体，包括油质（用于水乳、精华、霜等产品），粉质（用于香粉、粉饼、眼影等粉末状产品）和溶剂（用于香水类产品）。表面活性剂具有固定的亲水亲油基团，起到清洁、润湿、乳化、分散、发泡、增溶等作用。一般添加剂包括香精香料、化妆品用色素、化妆品用防腐剂、抗氧化剂等。活性成分指的是对人体皮肤产生作用的成分，包括防晒、保湿、美白、控油、嫩肤、除皱等功效的活性成分。从各类原料的消耗量看，化妆品原料配比结构中基质、表面活性剂、一般添加剂和活性成分的占比分别为63%、19%、10%和8%。虽然基质的使用量最大，但其成分以水为主，价格低廉。活性成分溢价空间较大，是原料商竞争的主要领域。

在我国，化妆品产业对于原材料依赖程度较高。国内原材料供应商数量众多，但行业集中度低。化妆品生产厂商是产业链上游的关键环节，主要负责产品的研发和生产。目前国内化妆品生产企业数量众多，但企业规模大小不一，在这些企业中，很多品牌都拥有自己的生产厂家，而有些小型品牌则选择将生产外包给代工厂商。

品牌商生产化妆品有自产和代工两种方式。资金实力雄厚的成熟品牌出于配方保护、品控和规模效应的考量，多以自主生产为主、委托加工为辅，对代工的需求主要集中于非核心品类、迭代周期较短的彩妆以及大促期间的产能补充。新锐品牌通常集中资源用于营销，在制造端布局较少，通常会选择代工完成产品生产。

代工的模式主要分为OEM和ODM。OEM即贴牌生产，公司按照客户提供的配方设计、工艺控制要求进行生产，生产技术为核心竞争力；ODM即自主设计制造，公司根据客户需求开发产品，产品研发、配方设计、工艺控制等主要由公司完成，研发能力为核心竞争力。目前，莹特丽、科玛、科丝美诗、诺斯贝尔以ODM模式为主，嘉亨家化以OEM模式为主。

7.1.4.2 中游：品牌运营商

品牌运营商是化妆品产业链中的重要环节，主要负责产品的市场推广和销售。目前国内化妆品市场上，品牌运营商的数量不断增加，而且国际化品牌的市场份额逐渐扩大，如欧莱雅、兰蔻、雅诗兰黛等。与此同时，国内本土品牌也在不断发展壮大，如相宜本草等。

随着电子商务的发展和兴起，代运营商数量逐渐增多，其业务主要为品牌商提供店铺运营、客服服务、IT搭建、营销、仓储物流、数据分析、品牌策划等服务，通过精细化运营，提升品牌线上零售的运营效率和品牌形象。从服务品类看，美妆为中国品牌电商服务市场中最大的细分市场，其他类别包括服装、电子、电器、食品等。品牌代运营的需求主要来自国际品牌、处于下坡期的国内大品牌、国内中小品牌。国际品牌通过选择熟悉本土行情和规则的代运营商经营境内电商业务以降低经营成本和风险，品牌影响力与竞争力处于下坡期的国内大品牌期望代运营商帮其改善电商运营并为品牌进行数据赋能，国内中小品牌借助代运营商打通电商渠道并降低运作成本。

从业务模式看，代运营商有经销模式及服务模式两种收益模式，前者又可分为B2B和B2C商业模式。两种收益模式的主要区别在于，经销模式下，服务商负责产品采购及其后向客户的销售，需承担库存风险，赚取买卖差价。服务模式下，服务商提供电商服务，赚取服务费，无库存风险。

7.1.4.3 下游：销售渠道商

化妆品的销售渠道主要包括百货商场、专卖店、超市、电商等。其中，专卖店和电商是化妆品销售的主要渠道。目前，电商平台在化妆品行业中的份额逐渐增大，成为重要的销售渠道之一。

我国化妆品市场经历了几轮渠道更迭，大致可分为以下几个阶段：

① 百货时代（2000～2009年）：渠道指沃尔玛、大润发等大型商超，产品主要

覆盖日化用品及大众美妆产品。

② 渠道红利（2009～2015年）：屈臣氏、丝芙兰、娇兰佳人等化妆品专营店，通常为多品牌加盟代理经营。通过布局下沉市场，自然堂、珀莱雅、韩束、百雀羚等本土品牌随着渠道的发展而快速崛起。

③ 传统电商红利（2015～2018年）：电商渠道增长迅速并成为第一大渠道，淘宝、天猫等传统电商平台兴起。线上渠道进入壁垒低，面膜、精油等品类与电商渠道契合度高，孵化出了阿芙精油、御泥坊、膜法世家等受益于电商红利的"淘品牌"。珀莱雅在该阶段也积极抓住线上化趋势进行布局，销售额实现快速增长。

④ 社交电商红利（2018年至今）：社交电商不断兴起，出现了完美日记等新锐品牌。

7.1.5 中国知名化妆品企业与化妆品品牌

7.1.5.1 上海家化

上海家化前身是成立于1898年的香港广生行，成立同年双妹品牌诞生，旗下粉嫩膏荣膺1915年巴拿马世博会金奖。20世纪60年代广生行改名为"上海家用化学品厂"，此时，是中华人民共和国成立后的计划经济时代，人们的审美方式出现了比较大的变化，朴素之美成为社会的主流审美。这个时期的上海家化顺势推出了新中国最早的护肤品——"友谊""雅霜"雪花膏，针对大众追求高性价比功效产品的需求，上海家化制造的雪花膏是那个时代国人最喜欢的护肤产品。

改革开放之后，国人对审美的需求大幅度提升，对化妆品的要求也有了很大的提高。这一阶段是上海家化成长和发展的重要阶段，其主打品牌美加净是上海家化最为悠久、知名度最高的大众品牌之一，创造了中国日化史的多个第一：第一瓶摩丝、第一支护手霜、第一款洗护香波等。这些"第一"的产品就是当时最大的"爆款"。与此同时，改革开放也带来了来自国际巨头的激烈竞争，为此上海家化探索开创了很多新的领域，走出了一条差异化的发展道路，如以中医中草药为切入点，推出中国第一款功能性花露水——六神花露水；诞生于1992年的中国第一个男士护肤品牌高夫，其产品线跨越了护肤、护发、香水三大领域；延续东方文化经典，推出了中国第一个以中医中草药为核心理念的中高端化妆品品牌佰草集。

2001年，上海家化成为国内首家化妆品行业上市公司，随后陆续推出针对消费者细分需求的新品牌，如定位功效护肤的"玉泽"、婴幼儿护肤的"启初"和家居护理品牌"家安"。在消费升级背景下，上海家化不断完善品牌矩阵，通过子母品牌联动优化品牌驱动力，形成一个充满活力的良性品牌生态圈。除了在国内市场大放异彩，上海家化还积极开展全球化布局，不仅在全球拥有5家工厂（分别位于伦敦、摩洛哥首都拉巴特、上海、东莞和海南），销售网络也从中国拓展至亚洲、欧洲、非洲、北美洲和大洋洲。

7.1.5.2　谢馥春

谢馥春是中国化妆品业的始祖之一。创建于清朝道光十年（1830年），创始人谢宏业取"谢馥春"为店名，"谢"为姓，汉语中有凋零衰败之意，故加"馥春"二字，"馥"字意为馥郁芬芳，并与"复"字谐音，与"春"字相连，既寓回春之意，青春永驻。

谢馥春香粉店最初经营香粉、藏香、香件、头油产品。清末，谢馥春聘请了原戴春林的技术工人，集众家之长，对传统工艺不断创新和开发。香、粉、油产品广为畅销，谢馥春也成为家喻户晓的金字招牌。至1956年公私合营，谢馥春经历了谢氏家族五代人的苦心经营。"谢馥春"品牌初创时期，其创始人谢宏业精通中药药理，将中草药添加进化妆品中，研发并推出了多款具有化妆、医疗赏玩等功效的产品，如鸭蛋粉、冰片油、香珠、香脂等。此后，经历了清末的社会动乱与国外资本打压，也经历过因后继无人而濒临失传的危险，"谢馥春"突破了血缘观念的限制，接纳了技术工人。此后，"谢馥春"集众家之长，对传统工艺不断创新和发展，其香、粉、油产品广为畅销。

改革开放后，作为一家拥有悠久历史的本土化妆品企业，"谢馥春"又一次自我突破。在做了大量调研后，依托中华老字号商标及其江苏省非物质文化遗产保护项目——"香、粉、油"制作技艺，以"国色粉黛，天香本草"为公司产品研发核心，"谢馥春"开发多种古典及现代类化妆品，并通过直营店、加盟店及网上销售等多种销售方式向广大消费者提供东方化、天然化、人本化的化妆品，从而获得稳定的收入、利润和现金流。"谢馥春"的诞生与发展是对我国传统文化的传承。人们对传统文化的推崇与追求，赋予了"谢馥春"旺盛的生命力，使它历经坎坷续存至今成为我国为数不多的百年品牌之一。

7.1.5.3　百雀羚

1931年，百雀羚的创始人顾植民创办了上海富贝康化妆品有限公司，后来改名为百雀羚有限公司。在1940年推出了国内首款香脂——"百雀羚香脂"，自那时起百雀羚就成为社会名流的护肤首选品牌。那时的百雀羚不仅流行于国内大江南北，甚至以"东方美韵，护肤精品"的称号享誉全球。

1949年后，"百雀羚"因其价格低廉的优势仍成为大众最为喜爱的护肤品。20世纪90年代初，由于外资化妆品牌大举进入中国，百雀羚作为本土品牌渐渐沉寂。市场地位遭到严重的打击，这就使得百雀羚在市场的发展空间逐渐缩减。2000年，改制为民营的上海百雀羚日用化学品公司成立后，引入产业资本及专业团队，开启了"百雀羚"艰难的品牌转型之路。

2000年起，产品和技术不断升级超越，百雀羚陆续推出水嫩倍现保湿系列、水嫩精纯系列、水能量系列，逐步完善草本保湿系列。2004年，百雀羚决定向品牌年轻化方面转变，将"天然护肤"理念作为进军新一轮消费市场的核心定位，把品牌形象聚焦到"草本护肤"上，提倡天然不刺激，相应地推出了水嫩倍现、草本精粹等产品。2015年，百雀羚肌初赋活系列上市，持续以草本能量打造抗老系列，以更丰富的草本护肤佳品引领国内化妆品市场新的巅峰。

近些年来，品牌汇集全球硬核顶尖科技，探索"高效科技＋东方草本"的完美融合；以现代科技赋能东方草本，同时传承90年经典国货底蕴，专研东方女性肌肤，研发出具有高效焕肤力、好用更耐用的护肤产品。这就是百雀羚"科技新草本"战略升级——草本为核，科技加持。百雀羚带着她独有的上海味道和东方神韵，逐步走向国际舞台。

7.1.5.4　郁美净

郁美净前身为建于1958年的天津瑞金塑料厂，1979年更名为天津市第二日用化学厂，转产日化。当时企业的研发人员敏锐地发现，儿童护肤品在中国市场还是空白，便以鲜奶为主要原料，于1980年自主研发出儿童霜，取名为"郁美净"，寓意"郁郁葱葱、美丽大方、干净静雅"，听起来的确有几分古雅气韵。

郁美净儿童霜面世后一年的1981年，销售额就达到320万元；然而大热之后，走到90年代的郁美净也有过资不抵债的艰难岁月；1994年，老掌舵人张金奎临危受命，大刀阔斧地改革；1997年，郁美净走出濒临破产的低谷，实现销售额破亿元；1999～2003年，还清债务，急速扩张，在全国构建起完整的销售网络；2003年销售收入近2亿元，实现连续十年高速增长；2008年的金融风暴中，这家民族企业也化危为机；2015年销售收入破10亿元；曾连续25年保持行业内产销量全国第一。

作为中国第一款儿童霜的缔造者，郁美净的超级单品是一款单价不到三元的袋装儿童霜。它首创将牛奶应用到护肤品中，并坚持"当日鲜奶当日用"。填补空白的市场地位，几十年不变的好品质，细腻滋润的使用感受，使之与中国几代妈妈产生深刻的情感链接。根据统计，从1990～2022年，小小的袋装郁美净儿童霜共售出了45.25亿袋，而且现在还在以每秒销售5袋的速度增长。

郁美净的发展历史代表了中国护肤品行业的崛起和发展。其坚持高质量、创新和关注消费者需求的理念，使其在竞争激烈的市场中取得了成功，并在全球范围内建立了坚实的声誉。

7.1.5.5　蜂花

上海蜂花日用品成立于1985年，是一家集设计、研发、生产、销售于一体的洗护发专业企业，是我国改革开放初期中国第一代洗护发民族品牌。蜂花的前身——上海华银洗涤剂厂，是国内第一家专业从事液体洗发水和护发素生产的企业。蜂花靠着两三元钱一瓶的护发素，年销售额突破5亿。

随着经济发展，蜂花也面临着市场上同类产品的激烈竞争。从1994年开始，蜂花面临社会转型，假冒伪劣产品层出不穷，再加上洋品牌的夹击，让蜂花的销售额大跌。此后，蜂花不断地突破创新，才重新站稳脚跟。2016年，中国洗护产品十大品牌中，蜂花作为唯一的国产本土品牌位列其中。当时的蜂花品牌在国内知晓率在中国国产同类品牌中位居第一。现在，它的销售网络覆盖国内1600多个县级以上城市，实体终端也进入了630多家大卖场、超市、连锁店。蜂花好评度最高的小麦蛋白护发素月销售额超过9000+，经典款护发素月销量过万。

2023年，蜂花品牌创新升级，同步推出了蜂花的英文标识"FLAUHRA"，从FAUNA AND FLORA中获得命名的灵感，将FAUNA AND FLORA中"动物与植物和谐共生"的意义与品牌名"蜂花"相呼应，代表了自然之中的和谐之美，也传承了蜂花品牌中"蜂与花息息共生，徜徉在传统中国园林中"的场景氛围。同时，品牌也从固有的经典"檀香"转型到多元化的香氛领域，探索出了许多适应当下时尚潮流的新产品，将东方美绽放时代光芒。

7.1.5.6　珀莱雅

珀莱雅成立于2003年，在20年的发展历程中历经三大阶段成为国货龙头，由渠道驱动向产品驱动转型、焕发新生。

第一阶段——品牌沉淀期（2003～2008年）：珀莱雅品牌创立于2003年，2006年成立有限公司。早期我国一线城市的化妆品市场由海外品牌占据，珀莱雅通过布局二三线市场的日化专营店起步，通过渠道深耕快速成长。

第二阶段——外拓探索期（2009～2017年）：注重多维度发展。在生产研发方面，2008年公司设立科学护肤实验室并在湖州自建生产基地。在品牌方面，2009年后地方卫视流量崛起，珀莱雅先后与浙江卫视、湖南卫视签约，品牌实力快速提升，同时推出多个副品牌探索集团化。在渠道方面，于2012年成立美丽谷电子商务公司开始布局线上渠道，但彼时重心仍为线下。

第三季度——战略升级期（2018年至今）：随着线下饱和、线上兴起，公司上市后积极推动改革升级。2018年公司提出"三驾马车"战略，重点发展主品牌珀莱雅和线上渠道；2019年推出泡泡面膜，虽然其生命周期较短，却为公司在营销和渠道打法上积累了宝贵经验。2020年之后公司相继推出红宝石精华和双抗精华两大产品，并围绕基础款式进行多维度升级，打造大单品矩阵，实现大单品战略从0到1起步。2021年以来又相继推出源力精华、双白瓶精华等单品，并效仿展开矩阵扩充。预计未来进一步推出新的产品系列，公司大单品战略迈入从1到10的迭代周期。2022年主品牌珀莱雅在"38节""双十一"等大促活动中居国货之首，标志着公司从渠道驱动向产品驱动的转型初见成效。

7.2　中国古代化妆史概述

化妆是一种历史悠久的女性美容技术，最初的化妆技术叫作"文身"，即用利器将身上画出各种各样的图案，再将红白等颜色涂在伤口处，久而久之身上就形成了带有颜色的图案。后来由于祖先们觉得这种形式过于残暴，就逐渐取消了这种方式，颜面修饰术开始出现。颜面修饰术，即将各种油彩、颜色涂在身上、脸上，代表神的化身，以此来驱魔逐邪，这也显示着一定的权力地位。在甘肃广河发现的距今6000年的新石器时期马家窑文化遗址中出土的三件彩绘陶塑人头像，人头像上有着不同图案的花纹，这也代表着当时就已经出现了原始的化妆技术。

7.2.1　夏商周时期

夏朝的建立，标志着我国早期国家的产生，从此进入了世袭制朝代，颜面修饰术也逐渐失去了原有的象征，女性化妆技术就此开始发展起来。但是这个时候的化妆仅限于宫廷妇女，而化妆主要的作用就是为了取悦君王。并且在这个时期还应运而生了一样重要的东西——铜镜，更加促使了化妆的盛行。周朝时期，中国化妆史上出现了一个新时代，他们首次开发出了指甲油。眉妆、唇妆、面妆以及各种粉饼、面霜、唇彩、香水等化妆品成为流行趋势。周代的妆容素以古朴素雅著称，以黑白两色为主。这个时代被称为"素妆时代"。

7.2.2　春秋战国时期

在春秋时期，随着时代的发展变化，化妆逐渐在平民妇女中流行，出现了一种名为"红蓝"的花，在夏季的时候能够开出红黄色的花，古人就将其反复揉捻，取黄色的汁之后，做成胭脂（燕支）或者红色颜料。俗话说"一白遮百丑"，古代女子都是以白为美，因此出现了美白的米粉，在《韩非子》中就出现了"脂泽粉黛"这一词，表明妆粉出现在战国或者战国以前。

7.2.3　秦汉时期

秦汉时期的化妆习俗有了很大的进步，人们普遍使用米粉，并发明了一种糊状的铅粉用于化妆。红粉又称"粉粉"，这一时期开始流行用粉和朱（一种红色物质）作为粉底。朱砂是一种由硫化汞制成的红色矿物颜料，用于面部化妆。石墨又称墨丹，是用来画眉毛的。由水和朱砂制成的唇脂可以防止嘴唇开裂和流血，类似于现代的口红。

7.2.4　魏晋南北朝时期

这一时期，女性化妆技巧日趋成熟，呈现出大胆的色彩和多元化的倾向。妇女的脸上涂白粉，宫女们常常在脸颊上涂胭脂。额黄这种染画在额头上的装饰开始流行。斜红色，在脸颊上排列成鲜红色的新月或疤痕，变得突出。花点指的是眉间的妆容，以一种流行的梅花形状为特色，称为"梅花妆"。

7.2.5　隋唐五代时期

隋代女性多崇简妆，崇尚极简之美。唐代与外来文化交流频繁，对女性妆容风格产生了影响。化妆技术在这个时代达到了新的高度。唐代脸谱的化妆顺序为铅粉、胭脂、眉毛、贴花、点面斜红、口红。浓烈的红色妆容盛行，各种深浅和大小的红色妆容也很流行。唐代还引入了不同的眉形，大约有十五种流行的变种。

7.2.6　宋元时期

宋代女子妆容注重简洁、自然。脸谱虽然有所变化，但并不像唐代那样精致奢华。白色和红色仍然是基本颜色，女性更喜欢用墨而不是黛来画眉毛。这时，"三白妆"开始出现。女性会在额头、鼻子和下巴上涂上白色的粉末，这相当于现代元朝女子蒙古族宫廷多以暗红色着妆，但仍十分简洁。元民间女子盛行素颜风潮，与前两朝的艳丽与高雅反差极大，整体妆容随意。

元朝北方的女子妆容比较随意简单，她们以黄妆和暗红色为主要妆容。黄妆就是游牧民族妇女冬季用黄粉涂抹在面部，到来年春暖花开天气暖和时候再洗去。涂抹了这种粉可以抵御寒风沙砾的侵袭，开春后洗去，肌肤就会显得细白柔嫩。

7.2.7　明清时期

明朝妇女仍是涂脂抹粉的红妆，但不同于前朝装扮的华丽及多变。装扮偏向秀美、清丽、端庄的造型。明朝女子追求的也就是现代人口中的裸妆，整体上强调的是"面如凝脂，眼如点漆，眉黛烟青"，精致到每一个细节，崇尚清淡、雅致、低调奢华有内涵。

清朝女子在妆容上基本沿袭了明朝的风格，简约质朴。红妆依然是当时女性的最爱，面妆多为薄施朱粉，清淡雅致，与宋明两朝相类似。清代女性喜爱弯眉、细目、薄唇。清朝末年，女性不再浓妆艳抹，结束了盛行两千多年的红妆传统。

7.3　中国化妆品产业近现代发展历程

7.3.1　萌芽阶段：17世纪初至20世纪40年代末

1898年，中国美妆日化行业历史悠久的民族企业之一——上海家化的前身广生行化妆品公司在香港成立，并于1903年在上海成立发行所。广生行是中国历史上第一家化妆品公司，也是中国本土化妆品的先驱。1915年，广生行旗下高级护肤品牌"双妹"，以经典产品"粉嫩膏"在旧金山巴拿马世博会上斩获金奖。辛亥革命以后，以日化、纺织为代表的我国近代民族工业发展迎来短暂繁荣。❶1931年，我国第一个国产化妆品牌——百雀羚问世，在保持香水、香粉等产品线的基础上，又于1940年推出了"百雀羚冷霜"，由于这款冷霜防冻防裂、滋润皮肤效果甚好，成为那一时期的"网红"产品，及至1949年，"百雀羚"已成为全国畅销品牌，其产品甚至出口至东南亚各国。❷

7.3.2 起步阶段：20世纪50年代至80年代

20世纪50年代至80年代是我国化妆品产业的正式起步阶段，化工行业为解决规模小、产业链短、产品种类少的问题，改组兼并了小规模的化妆品手工作坊和集体所有制企业，形成了20多家化妆品企业，主要生产以雪花膏和香粉为代表的基础护理产品和洗涤产品。❸1986年，北京市三露厂推出"大宝"SOD蜜，定位"老百姓用得起的化妆品"，两年后，大宝就实现了超1亿元的营业额，又陆续推出美容日霜、晚霜等，颇受百姓欢迎。

7.3.3 发展阶段：20世纪80年代至21世纪初期

20世纪80年代至90年代中期，一些国际化妆品品牌陆续进驻中国市场，吸引了国内的高消费女性群体。与此同时，大宝、羽西和小护士等本土化妆品品牌快速成长。国产品牌凭借物美价廉的优势快速占据了一定的市场，得到了普通市民的消费认可。这一时期，我国化妆品市场形成了外资品牌主导高端市场、本土品牌占据中低端市场的局面。

20世纪90年代中期至21世纪初期，我国经济发展步入快车道。随着我国加入WTO世贸组织，在开放的市场中，中国化妆品生产制造型工厂陆续投产，并应用品牌化理念和思路运作，本土化妆品营销迈入了转型发展阶段。

7.3.4 成熟阶段：21世纪中期至今

进入21世纪中期，我国化妆品产业迎来了成熟发展阶段，本土品牌得到快速成长，品牌矩阵不断扩大。在消费增长的同时，本土美妆市场朝着专业化、细分化

❶ 郎艳红.论国际化条件下中国化妆品产业的发展思路［D］.成都：四川大学，2007.

❷ 熊鹰.中华老字号化妆品品牌转型策略研究［D］.南昌：南昌大学，2013.

❸ 王马若燕.民国海派风在老字号化妆品包装设计中的应用——以百雀羚为例［J］.今传媒，2019（9）：150-151.

方向演进，护肤品、彩妆相关品类迎来高增长态势，抗氧护肤、抗衰护肤、抗敏护肤、风格彩妆等细分赛道日趋显著。来自电商平台天猫的数据显示，2020年共有3000个美妆商家入驻天猫，2000多家是国货新品牌，占比近八成。得益于互联网的飞速发展，化妆品零售业正在拥抱数字化变革，开始深耕电商赛道，业绩不断增长。

　　同时，随着国产化妆品在技术研发、创意设计等方面的明显提升，一批知名度较高的国产美妆产品出口到新兴市场，开始抢占国际市场份额。《RCEP化妆品市场研究报告（东盟篇）》指出，2022年中国出口至RCEP其他成员的化妆品总额从2021年的9.8亿美元显著上升至15.1亿美元，同比增长53.8%，占中国化妆品出口总额的比重从20.2%上升至26.4%。❶国产化妆品正在迎来大有可为的机遇期。

7.4　中国化妆品产业发展现状

7.4.1　本土市场规模庞大，自主创新意识不断增强

　　近年来，得益于市场环境的不断优化，我国本土化妆品市场规模持续增长。根据中国香料香精化妆品工业协会发布的《2023年中国化妆品市场行业发展与消费洞察》报告，2023年中国化妆品行业市场规模约为5169.0亿元，同比增长6.4%，2025年有望增至5791.0亿元。随着国产化妆品的迅速崛起，企业开始重视研发攻关，从包装设计、生产工艺再到市场营销，每一个环节质量都有了大幅度提升，特别是对知识产权的保护意识逐渐增强，企业申请专利数量也呈逐年增长趋势（图7-1）。

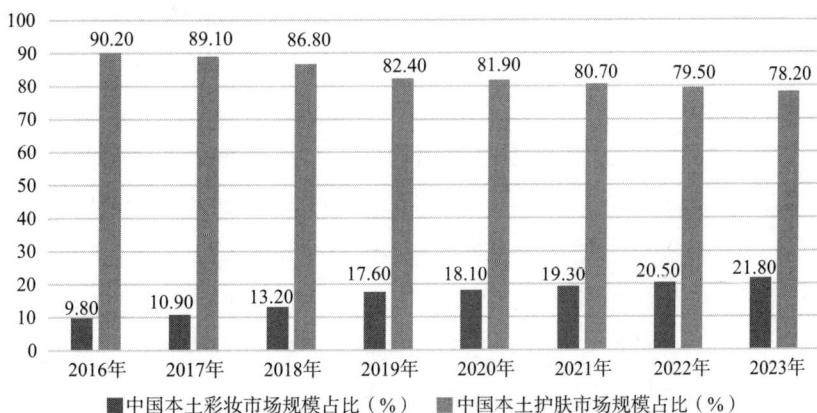

图7-1　2016～2023年中国本土护肤与彩妆市场规模占比

（资料来源：艾瑞咨询）

---

❶ 徐佩玉. 筑牢纺织工业强国根基［N］. 人民日报海外版，2023-06-20.

7.4.1.1 功能性化妆品市场

尽管我国对功能性化妆品没有明确的定义，但随着近年来国内外知名化妆品品牌不断推出功能性化妆品产品、我国人均可支配收入的提高，以及消费者对自身皮肤问题关注度的提高，我国功能性化妆品产业发展迅猛。

（1）功能性化妆品消费者的年龄结构更趋于年轻化

从消费者年龄分布情况来看，20~29岁的人数最多，达到51.27%；其次是19岁以下，占比24.62%；50岁以上的人数最少，占比0.17%。同一时期，在百度引擎检索"化妆品"的人群中，20~29岁的人数最多，达到50.50%；其次是30~39岁，占比25.47%；最少的是50岁以上，占比1.44%。总体而言，关注功能性化妆品和化妆品的人群年龄分布情况较为相似。与化妆品相比，关注功能性化妆品人群的年龄结构更趋于年轻化。

（2）功能性化妆品市场以女性为主，男性美肤市场尚需开发

无论是功能性化妆品还是普通化妆品，女性都是消费的主力军。虽然女性占据了功能性化妆品消费群体的主导地位，但是随着男性对外貌重要性认知的改变，他们更愿意通过护理和化妆来提升个人魅力，消费潜力巨大，因此，男性正在成为功能性化妆品市场的新兴消费群体。

7.4.1.2 药妆市场

随着消费升级、化妆品产品升级，中国的高端化妆品的增速快于大众化妆品。护肤品是化妆品市场中的第一大品类，且近年来消费者越发重视产品效果、成分、功效等性能，需求存在精细化和差异化，药妆概念逐渐被消费者接受。虽然目前国内对于药妆没有明确定义，但药妆具有功能活化、辅助医疗、修护保养、术后护理等功能，在国内逐渐崛起，需求持续扩大，初步统计2022年中国药妆市场规模超过800亿元。

目前，我国药妆市场主要分为三个层次。过去中国药妆高端市场和大众高端市场主要被外资品牌占领，大众中低端市场主要由我国本土企业占领。但近年来，我国本土药妆品牌纷纷崛起，与外资品牌共同竞争药妆高端市场和大众高端市场，外资代表性品牌包括修丽可、薇姿、理肤泉、雅漾等；本土代表性品牌包括Bio-MESO、润百颜、玉泽等。虽然目前外资品牌占据着我国药妆市场主要份额，但是近年来中国本土企业也纷纷入局药妆市场，企业类型包括药企、化妆品企业、涉及医疗器械和医药等企业。各大传统中药企业纷纷利用天然中药药材进军药妆领域，如云南白药、片仔癀等，均开始或已经涉足药妆产品的研发、生产与销售，片仔癀的片仔癀系列和皇后系列是药企入局药妆市场最具代表性的企业。在医学护肤品品牌上，上海家化孵化的新锐品牌玉泽、有医疗背景的贝泰妮推出的薇诺娜品牌、主打专业修复医用面膜的敷尔佳品牌，近年来在药妆市场上发展得如火如荼。润百颜等主打功效护肤的新锐品牌近年来在药妆市场上也发展迅速。

7.4.1.3 彩妆市场

近年来，国内消费者对国货彩妆的认同感逐渐上升，以彩棠、毛戈平为代表的国货品牌争相把握国潮风尚，打造差异化品牌形象，取得不错增长。根据数据统计，有78.6%的消费者认为国潮美妆具有吸引力，49.6%的消费者认为国潮美妆有创意并愿意支持。随消费者观念的进一步成熟，以及高端化底妆产品占比提升，未来中国高端彩妆具有较大发展空间。

从彩妆行业的产业链来看，上游以原材料和生产商为主，我国彩妆代工生产厂商数量众多，行业集中度低，头部彩妆代工生产厂商包括外资企业莹特丽、科斯美诗，以及国产公司上海臻臣、诺斯贝尔、伊斯佳等；中游主要为各品牌商；下游主要为销售渠道，产品通过经销商、零售终端等销售至消费者手中。

相比海外成熟市场，当前中国人均彩妆消费水平较低，随着消费者求美需求持续增长，未来中国彩妆行业仍有较大发展空间。2022年我国人均彩妆消费仅为39.33元，不及日本人均彩妆消费的1/5。2022年底，妆产品、唇妆产品、眼妆产品、指甲产品和彩妆套装分别实现销售额279.52亿元、77.81亿元、83.56亿元、3.74亿元和10.66亿元，其中底妆产品占彩妆销售额比重最大，达50.3%。随着消费者对服帖妆效的追求，预计底妆产品市场份额将进一步增大，据预测2027年底妆产品销售额将达422.49亿元，2022～2027年复合增速达8.61%。

7.4.2 行业迎来消费升级，功能性产品备受青睐

随着居民生活水平的提高，化妆品消费者对产品质量、购买渠道的要求也逐渐优化提升。艾媒咨询《2024～2025年中国化妆品市场运行状况及发展趋势研究报告》显示，2023年中国消费者了解化妆品的信息渠道多样，首要渠道就是线下零售，占比为50.2%，其次是电商平台（49.6%）与短视频平台（42.3%）。线上渠道能够快速定位目标消费群体，多维触及消费者，引流力度大。线下渠道虽引流范围不及线上广，但通过线下真实体验，在一定程度上增加了消费者对信息的信任，从而取得较佳的转换效果。

同时，随着消费者对化妆品个性化、差异化、功能化的追求，年轻消费者成为关注产品"成分"的主要人群。相关调研显示，中国化妆品企业在原料选择方面更趋向于研发绿色、安全、天然的功效性成分，而消费者不再将"品牌归属地"作为购买决策的重要因素之一，而是更看重产品的成分与功效。这为本土化妆品赢得新一代消费群体带来新的机遇，消费者对产品科技力和品质力的诉求越发明显，中国化妆品消费正在从中低端向中高端升级。相关数据显示，2017～2021年中国功能性护肤品行业复合增速高达36.7%，2022年市场规模约464.3亿元，同比增长22.9%。有关数据显示，2014～2022年，国产功能性护肤品牌市占率由10.7%上升至27.3%，而且，从2017年

开始，中国功能性护肤的市场增速就始终高于护肤品整体市场增速。

7.4.2.1　功能性护肤品行业步入规范化

从1998年开始的起步期，国际品牌如薇姿、雅漾等率先开拓了中国功能性护肤品市场，并建立了药店、药房等销售渠道，为后续的市场发展奠定了基础。随着市场竞争的加剧，2009~2014年的转型期间，品牌们开始寻求渠道转型以适应市场变化。2015年至今是国产品牌崛起期，薇诺娜、华熙生物等国产品牌逐渐崭露头角，市场份额持续增长。与此同时，功能性护肤品行业的销售方式也发生了变革，品牌销售费用率提高，线上渠道成为主流，社媒营销、广告宣传和流量带货等多样化营销方式盛行。此外，行业规范化发展也取得了重要进展，2021年颁布的《化妆品注册备案管理办法》为功能性护肤品行业提供了明确的法规指导，推动了不合格产品和原料的淘汰，为具备研发实力和高安全性的功能性护肤品牌提供了更好的发展契机。

7.4.2.2　功能性护肤品行业上中下游

功能性护肤品上游主要采用天然植物提取物、矿物质、活泉水等原材料制成。这些原材料富含皮肤所需的营养成分和活性成分，有助于恢复皮肤健康状态。功能性护肤品下游主要应用于护肤行业，包括日化、美容、医学等领域。在这些行业中，功能性护肤品被视为一种能够解决各种肌肤问题的高效产品，满足不同肤质和年龄段的需求，帮助人们维护皮肤健康和美丽。

7.4.2.3　功能性护肤品行业进出口情况

2022年中国功能性护肤品行业市场规模约464.3亿元，同比增长22.9%。另外，2020年我国美容化妆品、护肤品行业进口金额为173.36亿美元，比上一年增长31.07%。这些数据反映出我国功能性护肤品行业在进出口贸易上存在一定的波动性。

7.4.3　法规体系不断完善，市场环境趋于优化

近年来，我国化妆品法规体系不断完善，利好政策逐步落地。其中，对化妆品行业影响最大的是化妆品法规体系的建立。2021年，《化妆品监督管理条例》正式实施，这意味着中国化妆品管理更加规范化、标准化和国际化（表7-2~表7-4）。

表7-2　护肤品行业发展相关政策

政策名称	发布部门	发布时间	相关内容
关于大力发展电子商务加快培育经济新动力的意见	国务院	2015年5月	制定完善互联网食品药品经营监督管理办法，规范食品、保健食品、药品、化妆品医疗械网络经营行为，加强互联网食品药品市场监测监管体系建设，推动医药电子商务发展

续表

政策名称	发布部门	发布时间	相关内容
关于开展消费品工业"三品"专项行动营造良好市场环境的若干意见关于推动实体零售创新转型的意见	国务院	2016年5月	发展中高端服装鞋帽、手表、家纺、化妆品、箱包、珠宝、丝绸、旅游装备和纪念品等消费品
关于推动实体零售创新转型的意见	国务院	2016年11月	优化食品、化妆品等商品进口卫生安全等审批程序，简化进口食品检验检疫审批手续，支持引进国外知名品牌
《"十三五"国家食品安全规划》《"十三五"国家药品安全规划》	国务院	2017年2月	加强化妆品原料使用合规性检查
全面加强药品监管能力建设的实施意见	国务院	2021年5月	提升化妆品风险监测能力，整合化妆品技术审评审批、监督抽检、现场检查、不良反应监测、投诉举报、舆情监测等方面的风险信息，构建统一完善的风险监测系统，形成协调联动的工作机制
"十四五"国家药品安全及促进高质量发展规划	国家药品监督管理局	2021年12月	鼓励化妆品生产经营者采用先进技术和先进管理规范，提高化妆品质量安全水平
关于进一步加强商品过度包装治理的通知	国务院	2022年9月	适时修订食品和化妆品限制过度包装强制性标准，进一步细化有关要求

表7-3　2023年化妆品全国性相关法规合集

全国性法规	发布部门	发布时间	相关内容
化妆品抽样检验管理办法	国家药监局	2023年1月11日	自2023年3月1日起施行，从计划、抽样、检验、异议和复检、核查处置到信息公开等全环节，对监管部门、检验机构、生产经营者三方在抽检相关工作中的权利、义务、流程、时限等要求进行了明确
关于优化普通化妆品备案检验管理措施有关事宜	国家药监局	2023年1月13日	明确提出为优化普通化妆品备案，"允许普通化妆品备案人在进行产品备案时，提交由化妆品备案人或受托生产企业按照化妆品技术规范相关要求开展自检并出具的检验报告"。这意味着，企业在普通化妆品备案方面的自主性再次提高
牙膏监督管理办法	国家药监局	2023年3月16日	定义了牙膏是指以摩擦的方式，施用于人体牙齿表面，以清洁为主要目的的膏状产品。同时明确了牙膏及牙膏原料的管理要求，沿用牙膏生产许可制度，对牙膏生产颁发化妆品生产许可证，进一步明确牙膏功效管理和标签要求
关于进一步优化化妆品原料安全信息管理措施有关事宜的公告	国家药监局	2023年3月22日	对化妆品原料安全信息资料报送相关政策实施过渡期进行以下调整：自2024年1月1日起，化妆品注册人、备案人在申请特殊化妆品注册或者进行普通化妆品备案时，应当按照相关法规、技术规范和本公告要求，填报产品配方所使用全部原料的安全信息资料
化妆品网络经营监督管理办	国家药监局	2023年3月31日	《办法》于2023年9月1日起施行。《办法》全文共五章35条，包括总则、平台管理、平台内化妆品经营者管理、监督管理、附则

全国性法规	发布部门	发布时间	相关内容
儿童化妆品技术指导原则	中检院	2023年8月31日	该法规自发布之日起施行。规定明确了儿童化妆品的定义，详细解释并规范了申报儿童化妆品时的各项资料要求，提高了对儿童化妆品的申报要求。例如，婴童防晒产品的配方设计应当兼顾安全性以及防晒效果，应尽量减少使用化学防晒剂，原则上配方中化学防晒剂种类不得多于5种，并且不允许使用纳米技术制备的原料。另外，2023年5月1日后生产或进口的儿童化妆品，必须全部标注"小金盾"标志，这是中国化妆品独有的特色标志，进一步保障了儿童用妆的安全
化妆品配方填报技术指导原则	中检院	2023年9月4日	《指导原则》用于指导和细化配方成分填报、原料名称、原料含量、使用目的、配方备注栏以及原料安全信息等内容填写的具体要求
化妆品原料安全信息填报技术指导原则	中检院	2023年9月4日	《指导原则》旨在为化妆品企业在化妆品注册备案资料中自行填报、提交原料安全信息的情形提供技术指导和科学性建议，不适用于原料生产商通过原料平台报送原料安全信息的情形，自发布之日起施行
化妆品原料安全信息登记平台填报指南	中检院	2023年9月14日	《指南》自发布之日起施行，适用于在《已使用化妆品原料目录（2021年版）》中有独立序号的原料，原料生产商通过原料平台报送原料安全信息的情形
关于贯彻落实牙膏监管法规和简化已上市牙膏备案资料要求等有关事宜的公告	国家药监局	2023年9月22日	《公告》明确，简化备案的牙膏产品，标签标注的内容应符合《化妆品监督管理条例》《牙膏监督管理办法》和《化妆品标签管理办法》等规定要求，仅标签标注的格式等需要进行规范调整的，可以在简化备案时使用已上市的销售包装标签，并在2024年7月1日前按要求完成产品标签更新。这意味着符合要求的简化备案牙膏产品，在2024年7月1日前可以继续使用已上市的销售包装标签，企业可以在过渡期内继续消耗库存的包材，还应当于2025年12月1日前，通过备案平台上传并公布产品功效宣称依据的摘要
牙膏备案资料管理规定	国家药监局	2023年11月22日	《牙膏备案资料管理规定》自2023年12月1日起施行

表7-4　2023年化妆品主要地方相关法规合集

主要地方法规	发布部门	发布时间	相关内容
徐汇区"化妆品小样"规范经营指引（试行）	上海市徐汇区市场监督管理局	2023年4月4日	明确了"化妆品小样"的定义，其净含量不大于15克或15毫升的化妆品产品，要在销售包装可视面标注产品中文名称、净含量、使用期限、特殊化妆品注册证书编号、注册人或备案人的名称等信息。此外，《指引》还对化妆品"小样"经营者落实主体责任提出了明确要求，要求经营者应当建立并执行化妆品进货查验记录制度，并履行化妆品信息披露的义务，对销售的每一件小样产品做到来源合法、质量合格、有迹可循

主要地方法规	发布部门	发布时间	相关内容
关于实施营商环境优化提升"一号改革工程"助力浙江化妆品产业高质量发展的若干举措	浙江省药品监督管理局	2023年4月17日	从优化提升政务环境、法治环境、市场环境、经济生态环境入手，通过改进备案工作、完善监管模式、强化服务解难以及激发创新活动等18条措施，让化妆品市场主体"活"起来、营商环境"优"起来
地方标准《化妆品经营质量管理规范》	广州市	2023年5月25日	本文件规定了化妆品经营企业（者）类型、化妆品经营企业（者）职责、制度建设、人员要求、质量管理、档案管理、持续改进等
关于拟取消未提交2023年度报告普通化妆品备案的公告（2023第3号）	浙江省药品监督管理局	2023年7月28日	—
浙江省化妆品注册人、备案人及受托生产企业执行自查报告和停产复产报告制度的规定	浙江省药品监督管理局	2023年12月15日	本规定对企业自查报告、停产复查报告提出了多项具体要求

与以往的规则条例相比，《化妆品监督管理条例》主要规则的变化：一是按照风险分类管理，高风险严格管理保证安全，低风险简化流程加强事中事后管理；二是明确企业主体责任，规定注册人、备案人，对化妆品质量安全和功效宣称负责，而非监管部门为其背书；三是重视产品的安全性与有效性，扩大监管范围，提高违规成本。《化妆品监督管理条例》的颁布实施一方面提高了行业准入门槛，利好上游检测行业与代工厂；另一方面，鼓励了企业加大科研投入，加速转型升级，推动整个化妆品行业的高质量发展。

7.5　中国化妆品产业存在的主要问题

7.5.1　龙头企业数量较少，研发投入占比相对落后

7.5.1.1　我国化妆品龙头企业规模相对较小

尽管上海家化、珀莱雅、御家汇等国产化妆品企业已逐年加大研发投入，研发费用率均已超过2%，但受公司规模所限，实际投入的研发支出均不超过1.5亿元，而国际领先的化妆品集团研发投入每年超过50亿元，较大的资金差距导致国产品牌在一些关键原料与配方的环节仍落后于国际领先水平。

7.5.1.2　精细化工技术有待提升

我国在精细化工等科学领域起步相对较晚，植物萃取技术、皮肤传输技术有待提升。目前，我国已在合成护肤油脂、保湿剂、单体活性物（提取）、防晒剂这几类原料上具有过硬的生产实力，但相关技术应用还有较大拓展空间。

7.5.1.3 产品商业转化能力略显不足

在我国的化妆品原料市场中，部分原料已经具备相对成熟的技术手段，但由于科研机构普遍缺乏对化妆品相关需求的了解，加上许多原料代理商很少主动挖掘国内跨行业的优质资源，造成信息不对称，导致相关技术无法在化妆品领域得到充分的运用。

7.5.2 本土品牌影响力弱，市场占有率有待提升

7.5.2.1 品牌知名度有待提升

目前，我国的化妆品生产企业中，合资企业和外商独资企业数量占据明显优势。尽管本土企业已在加速追赶，但在品牌影响力、产品矩阵、研发实力和议价能力上仍存在一定的差距，国际竞争力亟待提升。

7.5.2.2 本土企业占比不足

虽然我国拥有众多的化妆品原料生产企业，但多数集中于中低端原料领域，附加值较低。国产原料的核心竞争力仍停留在高性价比，关键原料生产技术的核心环节仍有待突破。

7.5.2.3 本土品牌市场占有率有待提升

自20世纪90年代外资化妆品品牌进入我国市场后，首先抢占了空缺的高端化妆品市场份额，国产品牌的生存环境较为艰难，本土品牌市场占有率较低。经过加速追赶，目前，我国国产美妆品牌正不断摆脱"质次价廉"的低端刻板印象，国内市场占有率从2011年的8.9%提升到了2023年的50.4%，取得了长足进步；但在高端市场上，却一直未能实现有效突破，始终徘徊在10%～13%的水平。

7.5.3 产品细分领域不足，多元消费市场亟待挖掘

7.5.3.1 产品范围较窄

目前，我国本土化妆品品类相对集中，与国际一线品牌相比，无论是品牌矩阵还是价格区间，都存在一定的差距。部分本土企业在面对不利的市场因素时无法做到游刃有余，抵抗风险。

7.5.3.2 产品定位相对单一

国产化妆品定位主要聚焦于基础护理、美妆、药妆等，涌现出的新兴品牌很少聚焦单一垂直的细分品类，对于差异化产品的开发不足，"网红爆款"产品多有雷同，产品生命周期有限。

7.5.3.3 多元市场有待进一步挖掘

相较于以女性消费者为主的传统市场，男性、儿童、银发群体的化妆品市场尚处于蓝海市场，消费潜力大。目前，我国大多数化妆品品牌将女性作为主要顾客群

体，专为男性、青少年、银发群体定制的产品相对较少。

7.6　中国化妆品产业发展对策

7.6.1　强化产品研发创新，提升国产品牌竞争力

7.6.1.1　要加大科技投入与研究

我国化妆品企业应加强与相关科研机构和高校的合作，组建技术创新联盟和共享式研发中心，逐步形成"产学研"共同参与的多元化创新研发平台；打造一批具有国际水平、学科交叉和协同创新优势的实验室，共享大型实验装置、数据资源、生物资源，加快建设知识和专利信息服务平台。

7.6.1.2　要加大原料数据、标准及知识产权的建设

化妆品企业还应积极与其他企业建立合作关系，实现研发技术互补，形成价值联盟。通过合作，各方可共享先进的生产技术、管理理念，进一步降低生产成本，实现互利共赢。根据市场需求，建立原料备案、相关数据研究、相关标准建立、精准提供给国内相关企业研发生产，同时有效保护好自我原料知识产权。

7.6.1.3　要加大市场转化力度

深入研究市场需求，根据市场需求制定标准并研发出相关原料，通过小试和中试后并形成科学故事，同时规划好科学传播的方法。再将相关原料科研成果，通过企业加快在市场进行推广并销售，以尽快转化。

7.6.2　积极探索多元市场，大力开拓蓝海领域

7.6.2.1　要大力开发男性化妆品市场

随着男士护肤意识的提高，消费心态也发生了显著变化，逐步从保湿、控油和清洁的基础需求向祛痘、美白、抗衰老等功能性需求转变。因此，建议本土化妆品企业加强产品研发和创新能力，针对男性消费者需求，研制开发适合男性的洁面乳、爽肤水、乳液等用于清洁、保湿的基础护肤品，扩大本土化妆品品牌矩阵。

7.6.2.2　要关注青少年群体的护肤需求

针对青少年群体的肌肤进行针对性地研发产品，研制出既满足父母的安全性要求，又满足青少年的护肤有效性、简单易使用、舒适感以及审美等多种需求的产品，拓展蓝海领域。

7.6.2.3　要积极探索银发群体市场

随着老龄人口的持续增长，中老年人群的护肤产品消费力不断增长，根据预测，未来中国中老年化妆品市场规模将超过千亿。国务院印发的《"十四五"国家老龄事业发展和养老服务体系规划》指出：应重点开发清洁卫生、生活护理等方面

产品，并提升其适老性能。因此，建议聚焦身体与面部护理需求，从市场调研、产品研发、方案设计等方面进行多方考量，推出解决银发群体皮肤问题刚需的功能性护理产品。

7.6.3 加强政策引导，促进行业高质量发展

7.6.3.1 要强化对化妆品行业的监管

充分落实源头预防，过程制的方针，政府监管不仅局限于"标准监督"，更应包括质量、功效等，从而保证化妆品消费者健康，并加强和规范企业日常的行为，形成从原料到终端消费者的信息可追溯。进一步加大执法力度，对多次检验质量稳定合格的优质化妆品应加大宣传力度，提高其知名度，让消费者放心使用。

7.6.3.2 相关部门加大对化妆品创新基础设施的投入

从科技设施、智力资本、制度环境等方面夯实我国化妆品创新驱动基础。比如，定期开展化妆品科技宣传教育活动，举办化妆品科技展览、化妆品科技交流博览会等，增强全社会对化妆品科技创新的认识，为化妆品产业技术创新营造良好的环境。

7.6.3.3 要加快化妆品行业全产业链布局

加快化妆品行业全产业链布局，逐步形成涵盖品牌、研发、生产和线上线下全渠道的完整化妆品产业链。通过政府与企业的双向选择等形式，建立技术中心，发挥其技术示范、产品辐射的作用。建立一批企业研发中心，解决产业薄弱环节，提高整个行业的技术水平，提升大中小企业的专业化协助水平，使共同的技术在行业内广泛传播。

7.6.3.4 加强人才培育

企业要加强同高校的合作，有针对性地培养化工、生物、中医等复合型人才，扩大产、学、研结合，同时吸纳国外化妆品行业的优秀人才。积极与国内外化妆品研究机构对接开发研究，增强自主创新能力，开发技术创新成果。

本章思考题

1.化妆品的主要特征有哪些？

2.化妆品产业链上中下游环节有哪些？

3.我国隋唐与明清时期的妆容有何特点？

4.简述我国化妆品产业近现代发展的几个阶段。

5.当前我国化妆品产业存在的问题有哪些？

6.请对我国化妆品产业的未来发展提出几条对策。

第 8 章 中国时尚传播产业发展

课程名称：中国时尚传播业发展

课程内容：1.中国时尚传播产业概述

2.中国时尚传播产业发展现状

3.中国时尚传播产业面临的机遇与挑战

4.中国时尚传播产业的发展对策

上课时数：4课时

训练目的：通过本章的学习，使学生熟悉时尚传播的基本概念及特征，了解中国时尚传播业发展历程、发展现状及面临的机遇挑战，理解时尚传播对于行业发展的重要推动作用。

教学要求：1.使学生了解时尚传播的媒介。

2.使学生掌握我国时尚传播行业的现状及问题。

3.使学生掌握以人工智能（如大型语言模型、视频生成模型等）、大数据为代表的新兴数字技术对时尚传播行业的影响。

课前准备：阅读传播学概论方面的书籍。

传播是时尚产生、演变、发展中不可或缺的重要元素和重要环节。时尚传播通过文字描述、符号引导、视觉冲击、情境体验等方式，促使消费者在一定时期和范围内认同特定时尚产品、生活方式乃至文化理念，影响其品牌意识和消费喜好。近年来，随着新一代信息技术的推广应用，一批新兴传播媒介的不断涌现，时尚传播不再仅仅是单纯的工具和手段，而逐渐形成了跨界融合的新业态。时尚传播产业也成为宣扬时尚理念、繁荣时尚文化的关键抓手以及时尚经济发展壮大的重要组成部分。

8.1 中国时尚传播产业概述

8.1.1 时尚传播的定义与特征

8.1.1.1 时尚传播的定义

从学理角度上来看，时尚的传播是一种社会心理学现象，"模仿"与"从众"是时尚得以产生和普及的手段，人们因"模仿""从众""求新"心理而产生的具体行动便促成了时尚传播。[1]此外，若将"社会情境"这一变量纳入了对时尚传播定义的考虑范畴，部分学者提出，时尚传播是现代社会生活中，人们对发生在周遭世界里一切时尚信息的共享。这种共享由不同的社会情境所决定，经由媒介转化与引领，对人们的行为产生影响。[2]

从功用角度上来看，时尚传播的方式方法多种多样，最终目的是向消费者展现时尚的创意与美感，并实现其商业目的。因此，赵春华在《时尚传播学》一书中指出，广义的时尚传播是指所有与时尚有关的信息，无论是流行的时尚用语还是时尚标识、广告，既包括有形的时尚产品的传播，也包括无形的时尚理念、风潮、方式等。狭义的时尚传播则可以理解为对时尚产品或品牌的艺术化、商业化的传播与营销，主要涉及时尚传播的内容、媒体以及营销三个领域。[3]

8.1.1.2 时尚传播的特征

（1）拥有一定的艺术审美

时尚是关乎"美"的，是人们对于日常生活审美的具象化表达。当前，时尚以视觉信息为主要载体，利用各类艺术化处理的视觉符号，结合优秀的文案和创意化表达，组合成具有一定艺术审美价值的视觉形象，展现时尚产品的文化内涵和品牌定位。这一视觉形象通过感官的刺激使消费者产生一种梦幻感受与愉悦心理，创造、激发受众美的想象力和品牌的认同感。

---

❶ 周晓虹. 模仿与从众：时尚流行的心理机制［J］. 南京社会科学，1994（8）：4.

❷ 武汉纺织大学传媒学院. 时尚与传播评论［M］. 武汉：长江出版社，2015.

❸ 赵春华. 时尚传播学［M］. 北京：中国纺织出版社，2014.

（2）构建文化认同的符号性

在时尚传播当中，将精神内涵、人生价值、品位、风格等文化符号融入其中，通过文化符号，对时尚附加价值加以体现。❶ 在时尚品牌传播中，策略安排比较明确，在组织产品品牌精神时，对特殊符号加以提炼，将一定文化价值赋予其中作为核心内容，完成传播内容形式的安排、策划、构思。再结合持续性和系统化运作模式，对公众身份构建及社会认同框架体系产生作用，促使公众对此种符号所代表的品牌及消费进行追求，使公众对组织时尚性认知得到加强。❷

（3）需要多样的媒介支撑

传播媒介是信息传播的载体和中介。时尚传播的媒介包括报纸、杂志、广播、电视、互联网、社交媒体、短视频等，虽然它们在不同的历史时期出现，但对时尚的传播都起了不可或缺的作用。诸如报纸、杂志、广播、电视等传统媒介，利用其自身的普及程度和社会公信力，有效地提升了时尚品牌的知名度和可信度；与此同时，移动互联网下的新媒体则利用其快速的反应能力、丰富多样的传播形式、海量的受众群体以及强大的数据搜集和分析能力，为时尚资讯的多向和快速传播提供了全新的平台和载体，传统线性的传播模式正在向扁平化、分散化、互动化转变，并对时尚品牌的普及、中小时尚零售商发展、消费者行为引导等方面起到了关键作用。总体而言，得益于多样的传播媒介支撑，时尚传播的时空距离被大大缩短，时尚传播的影响范围得到极大的延伸，时尚传播的效果得到全面强化。

（4）形成系统的传播体系

从主流的广告、时装发布会，到社会性、公益性或商业性的活动赞助，再到利用新媒体、意见领袖（KOL），其传播范围、可传播的资讯及内容、受众群体等都有所差异。因此，需要对所有传播手段进行有效整合，构建一个多渠道、分层次、有针对性的时尚传播体系，从而达到时尚传播的预期效果。

（5）具备明确的商业目的

时尚传播的商业属性是与生俱来的。时尚传播的商业价值在于时尚品牌通过各种传播手段，持续地与目标受众交流，不断提升品牌核心价值和品牌溢价能力，提升消费者对于品牌的认同和情感依赖，促进消费者发生消费行为，最终实现时尚产品或品牌的盈利。

8.1.1.3 时尚传播的媒介

时尚传播媒介不局限于一般负载符号的物质实体，可以拓展为承载时尚的平

---

❶ 赵振祥，魏武．媒介融合生态下视觉媒介的技术进步与时尚传播发展［J］．西南民族大学学报（人文社会科学版），2020（6）：143-149.

❷ 王慧．时尚传播的模式与特征研究［J］．时代报告（奔流），2022（4）:107-109.

台、抽象的传播符号和多样的传播渠道。随着信息技术的长足进步，不同时代下的主流时尚传播媒介也不尽相同。❶

（1）时尚玩偶

时尚玩偶（Fashion Doll）也被称为"潘多拉娃娃"（Pandora），源于14世纪末的法国，其流行一直持续至19世纪。通常来说，一套完整的时装需要两个大小不一的时尚玩偶组合表现，"大潘多拉"从头到脚表现外观方面完整的装束，包括裙装、外套、发型、妆容以及配饰，而"小潘多拉"则是配套穿着的服装内饰。几个世纪以来，时尚玩偶风靡欧洲，由法国宫廷送至各个国家的宫廷之中，欧洲各国十分依赖来自法国的时尚趋势。直至19世纪，时尚玩偶逐渐由裁缝师、磨坊主和时装商人生产使用，并陈列于店铺橱窗中，使其作为一种用作宣传的广告载体。顾客可以从各种时尚玩偶中挑选出图案或是风格，然后确定面料、辅料和装饰细节，最后由裁缝根据要求和规格制作出来，这种方式遂成为早期个人定制的雏形。随着印刷技术的极大发展，时尚玩偶不再作为主流的传播媒介，更多地被用作儿童玩具，供富裕家庭的孩子玩耍。

（2）时尚活动

时尚活动包含了传统社交活动、艺术沙龙、时装发布会、时尚剧场等，均是传播时尚观念的人际传播渠道。纵观19世纪的西方时尚，各类形式的时尚活动成为上流社会维系人际关系的重要方式，也是传播时尚、催生时尚的重要机制。在19世纪，每一场时尚活动都围绕着名媛贵族的穿着打扮、行为方式和思想观念进行，那些极具时尚话语权的时尚偶像对资讯拥有绝对的控制权。在此过程中，高级时装设计师通过参与服装制作、时装发布会来进行时尚传播，除了设计师外，其他时装生产商、广告商和营销人员，通过各类时尚活动的参与在时尚传播过程中也做出了重大贡献。

（3）时尚杂志

19世纪末，时尚杂志业发展迅速。一方面，由于印刷术和运输手段的革新，各类杂志创刊数量激增；另一方面，时尚消费群体的扩大增加了人们的时尚诉求，随之催生了相关新兴职业，如时尚记者、时尚杂志编辑和时装插画师等。其中时装版画是时尚杂志中表现时尚样式的主要形式，根据描绘内容可以分为四类：无背景时装版画、情景式时装版画、服装细节及配饰时装版画、服装板型式时装版画。时尚杂志于20世纪大量发行，出现了更加精准化的版块来对应不同类型的读者群体，其中更多的是针对新兴资产阶级群体关于管理家庭生活、子女教育的内容。

（4）影视广告

影视媒介是指编录、传送和接收声音和活动图像信息的电子媒介。电视与电影

---

❶ 方庆，刘丽娟. 当代数字化动态时尚传播模型研究［J］. 东南传播，2021（12）：1-5.

艺术首先介入了人们生活中的听觉、视觉同享的媒介形式，由于其画面的吸引力，不仅提升了时尚传播的直观艺术效果，而且促进了电视对于传统纸媒受众的资源争夺。影视广告在20世纪发展迅速，经历了从无声到有声、从黑白到彩色的转变，最大特征为形象传神、信息易被理解、可信度与权威性高，成为各大高级时装品牌的重要传播方式。

（5）网络新媒体

网络新媒体主要包括互联网、移动智能手机、数字电视等一切基于网络技术相互连接的设备。网络新媒体的迅速崛起，既有深刻的历史缘由和技术基础，又有其必然的社会因素，其发展使得时尚消费群体迅速扩张，融合了多种传统媒介于网络之中。与此同时，数字媒体具有更为灵活的互动性，摒弃了传统媒介单向交流的缺陷，其显著特征体现为综合性、互动性、便捷性。在这样的背景下，它带来的受众的细化以及"自媒体"的出现，为时尚传播提供了更丰富、更多样化的选择。

8.1.1.4 时尚传播的作用

时尚传播是新工业和新文明发展到一定阶段的必然产物，也是时尚产业的重要推动力。[1]时尚传播具有文化传播和商业传播的双重属性。从文化意义上来说，它包括风尚、方式、观念和态度等的无形传播；从商业属性来说，其本质更接近于时尚品牌传播。时尚作为政治、经济、文化艺术等领域的多元价值呈现，已经超越了外观的局限，而以变化多端的形式增加对品位、信念和道德的影响力，其本质是人们对个性和自由的审美追求。通过文学作品、戏剧影视等形式将时尚观念或风潮进行叙事化呈现，将其内涵以多种文化形式加以编码和解码，新的价值观念或思想、行为方式等得以扩散并被更多的人群接受且内化为价值标准。

8.1.2 时尚传播产业的组成与趋势

8.1.2.1 时尚传播产业的组成

时尚传播产业的主要业态是时尚媒体，从不同的视角界定时尚媒体，时尚媒体的组成则会有所差异。

从广义的视角看，可将传递与分享吃、穿、住、行、游、用方面的时尚资讯和理念的媒体都纳入时尚媒体范畴。根据传播定位的不同，时尚媒体可细分为非专业时尚媒体、专业时尚媒体以及新媒体三个类别。[2]根据媒介类型的不同，时尚、媒体则可细分为平面媒体（杂志、报纸），电视，时尚表演/摄影，网络媒体（互联网、

---

❶ 王菲.媒介融合时代时尚传播的文化使命[J].文化创新比较研究，2022（17）：72-76.

❷ 王梅芳，艾铭，程沛，等.发展中的中国时尚传媒状况分析[J].现代传播（中国传媒大学学报），2015（6）：32-38.

社交媒体、自媒体等）❶（表8-1）。

表8-1 不同类型时尚传播媒介的特点

媒介类型	主要特点
平面媒体（杂志、报纸）	覆盖面广、曝光时段长，具有一定艺术化视觉效果，受众人群专业、水平高；传播渠道和形式较为单一，传播的图像信息是静态的
广播电视	具有一定的可信度和权威性，能够实现反复的传播，传播的信息是可视、可听的
时尚演艺及展示活动	提供场景体验，给予声、光、电全方位的感官体验
新媒体（互联网、社交媒体等）	融合众多媒介平台，实现了虚拟世界和现实世界的交融，促进了资讯的双向传播，提升受众体验

8.1.2.2 时尚传播的媒介主要业态概况

（1）报纸、杂志

报纸、杂志等传统媒体属于平面媒体，其特征为发展历史悠久、覆盖面广、曝光时段长、传播渠道稳定、口碑信誉良好。当前，由于平面媒体传播的图像信息是静态的，时尚资讯更新相对滞后，导致在电视、互联网盛行的时代，平面媒体企业经营越发困难，但其依然在时尚资讯传播中发挥重要的基础性作用。目前，全球比较有名的时尚类杂志包括 *VOGUE*，*ELLE*，*HARPER'S BAZAAR*，*GQ* 等，部分时尚类杂志也进驻了中国。

（2）广播电视

广播电视是全球主要时尚品牌开展时尚传播的重要阵地之一。电视具有权威性高、覆盖面广、视觉冲击强烈等特点。近年来，我国各大卫视纷纷开通各式各样的时尚类频道或栏目，为传递流行趋势与引领潮流起到了重要的促进作用。

（3）时尚演艺及展示活动

当前，时尚表演、时尚摄影等成为时尚资讯传播的重要载体。以时装表演、时尚产品发布会、时尚摄影等为代表的时尚线下活动是设计师表达设计理念、向受众传达时尚信息的重要途径，相关行业规模不断扩大，正成为时尚传播业的重要组成部分。数字时代产生的流动影像更能抓住大众的目光，时尚摄影正在表现出数字时代下多样化、个性化和互动化等特征。巴黎、米兰、纽约、东京拥有世界上最具代表性的时装发布会，中国国际时装周、上海时装周、深圳时装周等也已经发展成为具有一定国际影响力的时尚舞台。当前，时装发布及表演活动灵活运用动感的灯光音乐配合绚丽的舞美设计，再由模特通过表演赋予服饰、箱包、鞋履等全新的生命

---

❶ 赵春华. 时尚传播学［M］. 北京：中国纺织出版社，2014.

力。此外，目前国内各类服装品牌发布会、诸多时尚消费类电子产品发布会也会召开专场发布会，逐渐成为相关领域时尚潮流和趋势的风向标。

（4）新媒体

网络媒体是指借助互联网这个信息传播平台，以文字、声音、图像等形式来传播信息的一种数字化、多媒体的传播媒介。网络媒体的特点是传播媒介数字化程度高，传播资讯的多样性与无限性，传播内容可存储、易复制，传播过程中可以实现很好的交互。目前，各类综合性门户网站，专业性网站（购物网站、时尚网站），企业网站等仍是时尚资讯传播的重要平台。与此同时，社交软件、短视频、在线直播等新兴数字媒体发展迅速，正逐渐成为各类时尚品牌宣传、营销的主力渠道，其商业营销价值正在不断被挖掘和放大。

8.2　中国时尚传播产业发展现状

8.2.1　时尚类平面媒体日渐式微

当前，社交媒体、短视频、网络直播等新媒体正在颠覆时尚传播的原有发展模式，传统时尚媒体的行业影响力和综合运营能力日趋衰弱。《2017～2018年中国传媒产业发展报告》研究显示，10年前纸质媒体、电波媒体、互联网媒体、手机移动媒体四大媒介各有1/4市场份额，但目前传统媒体仅占整个媒体市场的1/5左右。其中，报刊行业从2013年开始进入快速下滑阶段，2018年报纸、期刊广告收入仅为2013年的15.7%和66.7%。普华永道的研究也表明，2019～2023年间报纸及杂志、传统电视及家庭视频、电视广告行业增速仅分别为-1.19%、0.14%和0.54%，远低于其预测的整个娱乐与传媒市场同期5.61%年均增速。

8.2.2　电视传统业务发展受阻

根据《2021年全国广播电视行业统计公报》《2020年全国广播电视行业统计公报》，受新媒体业务（IPTV、OTT TV、网络视频等）快速发展的影响，我国用户收视习惯发生巨大变化，这使有线电视网虽然占据主导地位，但用户不断流失，传统业务发展受阻。自2015年起，全国有线数字电视用户规模占比持续下降，由2015年的2.39亿户下降至2022年的2.00亿户。在此背景下，传统广播电视广告、电视视频购物频道等传统业务收入下滑明显。其中，2020～2022年间传统广播电视广告收入分别为789.58亿元、786.46亿元和626.95亿元；2022年电视购物频道收入81.59亿元，同比下降29.43%；收视维护费、付费数字电视、落地费等传统有线电视网络业务收入451.74亿元，同比下降7.35%。

与此同时，得益于广播电视与新一代信息技术融合创新，数字内容生产、高新视频发展、广电5G建设等加快转型升级。截至2022年底，全国高清电视频道1082个，4K超高清电视频道8个，8K超高清电视频道2个，中央广播电视总台和25家省级台电视频道基本实现高清化。高清和超高清用户1.10亿户；有线电视双向数字实际用户数9820万户，同比增长1.23%，高清超高清视频点播用户3981万户，占点播用户的比例达94.43%；全国交互式网络电视（IPTV）用户超过3亿户，互联网电视（OTT）平均月度活跃用户数超过2.7亿户。

8.2.3 时尚会展水平稳步提升

近年来，虽然巴黎、米兰、伦敦、纽约四大时装周依然是全球最为著名的时尚类展会活动，但以上海时装周、中国国际时装周为代表的中国时尚类会展的行业影响力正在不断提升。

8.2.3.1 我国主要时装周基本情况

（1）中国国际时装周

在北京举办的中国国际时装周作为中国最早的时装周，从1997年创办至今。中国国际时装周每年分春夏、秋冬两季在北京举办，每季涵盖时装、定制礼服、运动休闲、童装亲子装等各类时尚发布，以及专业大赛、DHUB设计汇商贸展、中国国际时尚论坛、中国时尚大奖评选等超百场专业活动。据不完全统计，已有近30个国家和地区的830余位设计师、810余家品牌和机构举办了1636场发布会，每季中国国际时装周参加品牌数量超过200个，到场观众数量超5万人次，每季全媒体总浏览量超过20亿。

（2）上海时装周

上海时装周诞生于2003年，以"立足本土兼备国际视野"和"创意设计与商业落地并重"的特色定位，以时装发布为核心，促进珠宝配饰、化妆品、汽车等大时尚范畴内的产品发布跨界合作，促进以纺织服装为主导的创意设计、营销策划、品牌推广以及终端消费等协同发展。上海时装周还率先推进数字化转型和发展，标志着我国时尚会展正在开创"线上+线下"融合创新的发展新格局。

8.2.3.2 我国时装周品牌在国际上的地位

《全球时尚产业指数——时装周活力指数报告（2020）》（以下简称《报告》）从要素聚集、媒体传播、时尚消费三个方面，对全球主要时装周进行了年度活力价值的量化评价。

（1）要素聚集

要素聚集度方面，巴黎时装周、米兰时装周位列第一梯队，伦敦时装周、上海时装周、纽约时装周、中国国际时装周组成第二梯队。据统计，2023年上海时装周、中国国际时装周参展品牌数量同比分别增长36.6%和61.4%，展现了中国新生代设计师的吸引力。在"量增"的同时也要看到，中国时尚品牌大多处于转型升级阶段，参展品牌的竞争力与国际时装周相比还有不小的提升空间，亟待打造一批世界一流的时尚品牌（图8-1）。

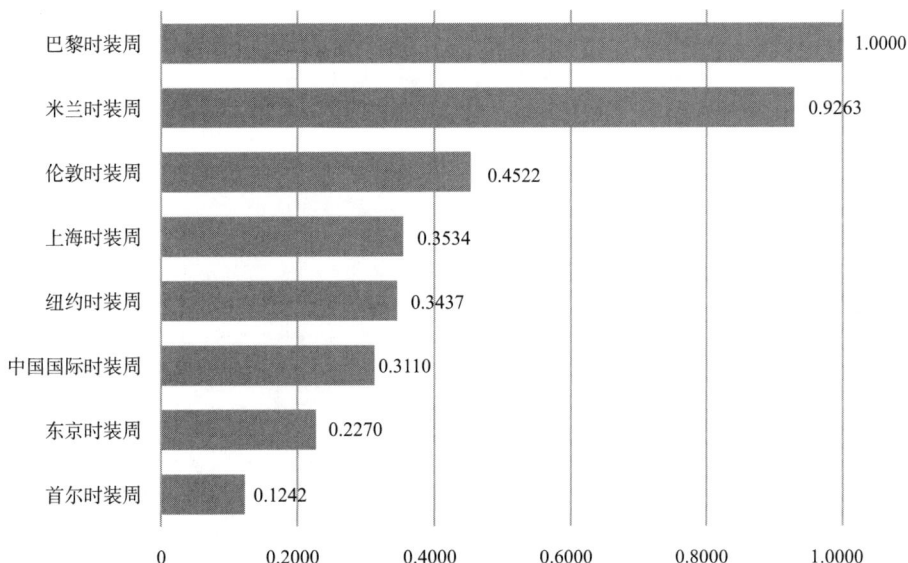

图8-1 2023年八大时装周要素聚集度综合评价得分图

2023年，上海时装周在要素聚集度上仍然保持第4名。

（2）媒体传播

媒体传播度方面，巴黎时装周、米兰时装周、伦敦时装周的媒体传播度位列前三，媒体传播影响范围广、力度大；纽约时装周、上海时装周及中国国际时装周排名四至六位，媒体传播度相对广泛；东京时装周、首尔时装周分别位列第七、第八名，位次与上一年同期改变不大。

（3）时尚消费

商圈辐射度方面，从时尚消费来看，2020年全球经济下行，时尚产业发展受挫，美国、欧盟、日本等样本时装周所在地区纺织服装和鞋类零售等时尚相关消费下降幅度明显。上海时装周作为中国时装周代表，积极探寻危机下时尚产业转型发展之道，全球首个"云上时装周"开启消费新模式，销售额逆势增长；2021春夏上海时装周重回线下，大多数复展品牌的交易情况均有2~3倍的增长，线下消费活力率先回归。2022年6月首季数字上海时装周圆满收官，为期三天每日六小时"秀场联播"，真正实现了破壁、出圈、跨屏，为广大时尚爱好者带来耳目一新的观秀体验。

《全球时尚产业指数·时装周活力指数报告（2022）》显示，巴黎、米兰时装周仍以较大优势保持领先，纽约时装周排名第三，上海时装周和伦敦时装周得分相差无几，中国国际时装周、东京时装周、首尔时装周位列6～8名（图8-2）。与此同时，随着各大时装周积极推进数字化转型，前沿技术在时装走秀、平台搭建、展会布置、线上销售等领域广泛应用，未来时装周将充分发挥创新消费场景、激发消费活力的作用，为国际消费中心城市建设注入"美丽"新动能。

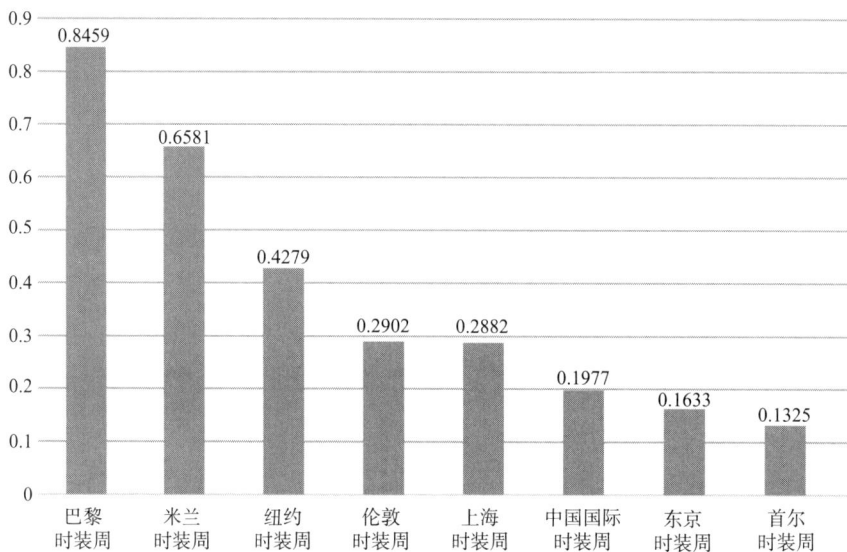

图8-2 全球时装周活力指数及排名（2022年）

8.2.4 新媒体推动了时尚传播产业的改革创新

随着新一代信息技术和多样化移动终端的推广应用，以移动端时尚类App、社交媒体、自媒体等为代表的新媒体，成为新时期时尚传播的重要平台，并引领时尚传播方式的创新。主要体现在以下几个方面。

8.2.4.1 传播渠道呈现多元化、融合化

时尚杂志、时尚类广播电视节目、时尚类网站、影视综艺以及各类时尚线下活动一直以来都是时尚传播的主要渠道。但是，伴随新媒体的兴起，时尚资讯的流动呈现多元化和融合化。一方面如微信、微博、抖音等社交媒体带来了更为多元的时尚传播路径以及新奇好玩的营销模式；另一方面在移动互联网时代，传统媒体也正加快朝着融合内容、社交和消费的媒体运营模式转型。

特别是近几年，国内科技、互联网巨头纷纷布局元宇宙市场，带动社交平台、跨境电商、短视频等多个业态融入元宇宙。例如，腾讯布局元宇宙游戏、虚拟演唱会、数字孪生等领域，其中腾讯投资的游戏引擎公司Epic于2020～2021年推出多场虚拟演唱会，互动性与沉浸感较强。网易投资多家VR技术公司，并于2021年12月推出沉浸式虚拟会议系统"瑶台"。百度AI实力领先，于2021年12月接连推出数字

人平台"曦灵"和元宇宙产品"希壤"。

虚拟人作为元宇宙世界重要元素之一，目前已落地综艺/新闻主持、直播带货、影视、广告代言等领域。芒果超媒推出的虚拟主持人"小漾"已参与主持跨年演唱会、《你好星期六》等节目。华策影视出品的《刺杀小说家》是国内首次全片应用虚拟化拍摄的电影。蓝色光标通过为客户制作虚拟形象助力广告营销，已打造出《王者荣耀》虚拟偶像无限王者团、QQ炫舞虚拟形象代言人星瞳等，并于2021年12月推出了自有IP虚拟人"苏小妹"。2021年"双十一"期间快手首个官方电商虚拟实习主播"关小芳"现身直播间；头部主播李佳琦也经常和虚拟主播搭档如虚拟歌手洛天依、天猫美妆虚拟主播猫小美联合开播，并取得了不错的销售成绩。❶

8.2.4.2　传播内容兼具大众化和个性化

新媒体承载着时尚信息传播与关系建立的双重角色。因此，一方面新媒体凭借广泛覆盖的移动终端和先进的数字技术，快速实现了时尚的大众传播，进而形成大众对时尚产品、文化、理念的大量追随；另一方面，新媒体使得每个人都可以成为信息的发布中心，培育形成了一批时尚领域的"网红"和意见领袖，并以他们为核心，打造形成以传播品牌文化价值内涵和时尚生活方式为主的人际关系新"圈层"。❷

8.2.4.3　传播效益在电商营销上得到体现

电商平台兼具媒体与消费属性，使得各类时尚新媒体注重与电商平台相互契合，实现了共赢发展，有效扩大了时尚传播的效益。

我国传统的电商平台依旧是时尚类电商的重要发展载体，但部分社交平台、短视频等新媒体也正在加快拓展电商产业空间，社交电商、短视频直播电商呈现迅猛发展态势。例如，抖音在2020年正式发布"抖音电商"品牌，并将兴趣电商概念升级为"抖音全域兴趣电商"，探索依托抖音平台，实现短视频、直播、抖音商城、搜索四大场域完整覆盖货找人和人找货的双向消费路径。2022年，抖音电商就实现了GMV破万亿元。

与此同时，由于国内互联网行业已进入存量竞争阶段，渠道获客成本日益提高，出海拓展成为时尚类电商实现可持续增长的重要途径。目前，国内时尚类电商主要通过自建的互联网线上销售平台，从而更加高效和低成本地触达消费者，并完成时尚产品的销售。目前，跨境时尚电商的运营模式主要有流量导向型、产品导向型、品牌导向型等，见表8-2。

❶　银河证券《传媒互联网行业2022年度策略》。

❷　吴祎昉. 新时代基于圈层关系的时尚品牌文化传播模式探索［J］. 纺织导报，2019（8）：97-100.

表8-2　中国时尚类电商出海的主要模式

运用模式	发展阶段	关键举措	主要挑战
流量导向型	出海初期	不断推出有潜力的"爆款"产品吸引流量，大面积投入广告营销，以获取新客户、扩大规模为目标 一般无自主设计团队及生产设施，不提前备货或部分备货 通过"图片"销售，获取订单后再从合作工厂采购	站点同质化严重，容易引发价格战和恶性竞争 始终追赶潮流，缺乏一致的品牌定位 质量及供应链管理薄弱，用户体验受损，抗风险能力较弱
产品导向型	出海成长期	以提升复购比例为目标，投资供应链来提高产品质量和配送时效 逐步建立买手团队，逐步提升自主设计的比重 通过品控、时效、售后服务和差异化的产品来提升客户满意度和留存率	前端销售与中后端产品开发协同效率低 产品自拍图片转化率低，库存风险上升 品牌建设短期难以有成效 核心能力及人才支撑
品牌导向型	出海成熟期	拥有明确的品牌意识和客户定位 拥有稳定的自有设计师团队，通过大数据挖掘来辅助预测时尚趋势，并提升品类运营系统以更快响应客户需求 持续重视品牌营销且投入比例占营销支出的比重逐年上升 与合作工厂、买手团队建立更紧密的合作关系，部署海外仓，提升产品质量、缩短出厂周期和物流时间	中国DTC企业普遍不擅长讲述品牌故事 规模扩张带来的管理挑战

（资料来源：德勤咨询＆谷歌《2020中国时尚跨境电商发展报告》）

8.3　中国时尚传播产业面临的机遇与挑战

8.3.1　主要机遇

8.3.1.1　新媒体时代下的时尚传播的全方位变化

在新媒体时代，时尚传播正发生着全方位变化。按照拉斯韦尔提出的传播过程的"5W"模式，相关领域的变化趋势如下❶：

在传播者上，当前专业传播者与普通受众之间的界限越来越模糊。专业传播者凭借其特殊的渠道资源、专业的知识积累和为大众认可的权威性，其在时尚传播过程中仍将发挥重要的作用和影响力。但是，以"网红"、流量大V、知名Up主等为代表的意见领袖以及带货达人、超级买手等正在组成新的传播群体。这类群体娴熟地利用新媒体，急速拉近品牌与消费者之间的距离，消费者通过他们的"最佳实践"，迅速参与时尚话题的讨论和潮流趋势的追随。

在传播内容上，以往就是组织化机构生产的时尚传播产品，但普通民众也可以

❶ 熊兴，陈文晖. 对我国时尚传播产业发展的思考［J］. 艺术设计研究，2020（6）：5-9.

通过文字、图像、影音甚至是个人行为来传递个性化的时尚资讯。

在传播渠道上，社交媒体将成为未来时尚传播的重要载体。当前，以社交通信App、直播/短视频、社交电商等为代表的社交媒体在中国的渗透率达到97%以上，69%的消费者在社交媒体上分享过自己网购链接或者经历。因此，未来的时尚品牌必须大力发展社交电商，要研究如何通过线上社交生态来提升品牌的曝光率，并影响消费者行为方式和购买决策。在传播受众上，原来仅有部分对时尚特别感兴趣和着迷的群体会持续跟踪、追随各类时尚资讯，但在社会化媒体环境下更多的普通民众也不知不觉地成为时尚资讯的被传播者和影响对象，并通过去中心化的传播机制，促进受众群体主动地评论、转发、分享乃至二次生产，实现时尚资讯的裂变式扩散。

在传播效果上，原有的传播方式会产生"自上而下"的传播效果，只能使得时尚受众进一步加强对时尚的跟随，但现在的传播方式使得普通民众更有属于自己的时尚，并开始就时尚的扩散、传播进行自我创新。时尚传播不仅是消费的对象，更是再制造的过程。一些中小时尚品牌，借助新媒体兴起，在一些细分领域可以打破大品牌垄断，实现自身的快速发展。

综上，在新媒体时代，我们要重新认识时尚与媒体的互动关系，把握时尚在社会化媒体时代的传播机制和扩散方式，以及不同媒介、个体在时尚传播中的角色定位和发挥的作用。

8.3.1.2　新技术对时尚传播业的变革影响

（1）5G将催生全新的时尚传播业态

5G网络高速度、泛在网、低时延的特性可以使直播画质更好、画面传送能力更强、直播的场景覆盖面更广，促进基于高清直播、多路直播、VR直播等技术的直播应用创新。与此同时，基于5G和物联网技术的整合，智能交通、智能家居、智能穿戴等行业也将迎来新的变革，这也将催生一批新的时尚生产方式和生活形态。

（2）大数据、人工智能有助于提升尚传播的精准性

目前，国内外诸多时尚品牌、电商平台（如阿里巴巴、京东、亚马逊等）都已经依托大数据、人工智能来开展时尚设计、供应链管理、消费者喜好分析、流行趋势预测等工作。未来，相关技术的应用将更加成熟和系统，时尚品牌和电商平台将更加精准地识别潜在客户群体，并为其提供更加个性化的时尚产品或服务的推荐。那些能够更好地收集、整理、运用好时尚大数据的时尚品牌将更有可能脱颖而出，通过精准营销来提升品牌影响力和市场竞争力。特别是随着ChatGPT、Sora等生成式人工智能模型的应用，将在广告营销、影视、媒体、互联网、娱乐等领域带来变革性的改变，并赋能全新的内容生产（表8-3）。

表8-3 AI赋能传媒行业的具体表现

AI自动创作生成 的内容（AIGC）	主要作用
AIGC+游戏	推动游戏生产范式升级，并丰富游戏资产生成，高效辅助游戏测试，使制作成本显著降低，全流程赋能游戏买量
AIGC+广告营销	贯穿广告营销全流程，将优化案头工作环节，提供更专业的个性化营销方案，并充实广告素材，实现广告自动化生成
AIGC+影视	提升影视行业全管线效率，影视剧本创作已初见成效，Sora将对短视频创作乃至影视特效制作带来变革性提升，多AI技术将助力电影中期拍摄，后期制作将更快完成
AIGC+媒体	带给媒体行业人机协作方案。新闻写作编排效率提升，传媒向智媒转向开启新篇章
AIGC+互联网	提供互联网行业丰富内容和更便捷的服务。ChatGPT赋能智慧搜索，互为供给加速内容平台发展，虚拟结合激发电商沉浸式体验
AIGC+娱乐	为娱乐行业提供更多样化的体验。人机交互娱乐迈入新台阶，AIGC或成元宇宙之匙

（资料来源：浙商证券《未来已来，AI如何赋能传媒行业》）

（3）AR和VR有利于提升时尚资讯传播过程中的体验

目前，国内外主要电商企业和时尚品牌正在大力将AR、VR技术应用到线上场景式消费、线下情景式体验等领域。例如，阿里巴巴积极开发AR应用平台，推出Buy+、VR直播购物等产品；京东面向AR/VR领域，以人工智能和3D建模为主要工具构建新购物场景，以期提升用户购物体验；宜家的移动App IKEA Place则能够让用户通过AR预览一款家具摆放在家中的样子；其他时尚零售商也推出自己的VR/AR平台，或以VR/AR+的形式进行各种"试水"，其目的就是增强消费者对自身时尚产品的深度体验，为未来购物的新业态做好技术储备和试点示范。

8.3.2 主要挑战

8.3.2.1 信息泛滥与同质化现象并存

新媒体时代，信息来源广、传播速度快、传播路径多等特征在一定程度上会导致大量信息泛滥。时尚本来应该是充满创意的，但信息的泛滥以及行业内部的抄袭和不正当竞争，造成时尚传播业的原创性、整合性都没有得到充分体现，同质化现象十分明显，这对于时尚传播业的发展会带来诸多不利影响。❶

8.3.2.2 运营模式仍有不确定性

传统媒体以生产高质量专业内容来吸引公众，继而才能获得更多广告收益。因此，广告是传统媒体的生命线。相较而言，新媒体依托数字技术和平台资源，吸引

---

❶ 崔保国，郑维雄，何丹嵋. 数字经济时代的传媒产业创新发展［J］. 新闻战线，2018（11）：73-78.

消费者使用平台媒体并在此完成准入门槛很低的时尚资讯的创造、分享与转化，继而通过巨大的流量完成商业变现，从而开拓其盈利空间。由于平台用户数量巨大，其流量根本不是传统媒体可以比拟的，因此传统媒体的广告市场受到了巨大冲击，传统媒体"二次售卖"的商业模式被数字平台经济瓦解。❶

并不是说传统时尚媒体或时尚传播方式借助数字化技术就能实现业态和模式的成功创新并取得成效。例如，电商平台线下场景缺失的固有属性，导致在电商平台进行购物具有很强的不可控性，平台把控不严就会造成信任危机导致用户的流失。这就造成近年来以寺库为代表的垂直奢侈品电商存在购物体验不佳、产品质量无法有效保障、流量转化率相对不高等问题，进而造成相关时尚资讯在这类平台上传播带来的经济效益难以达到预期。

8.3.2.3 行业监管对产业发展带来的挑战

由于监管制度和法律等方面的不完善，使得当下对新媒体的监管出现了一些空白和问题。例如，传播主体结构变得复杂，新媒体技术的进步超出了目前监管技术的控制范围，媒介产品的生产传播的模式的改变，法律法规的缺位以及跨行业、跨区域的新媒体市场结构等，虚假资讯、知识产权、文化失衡及歧视等一系列失范现象也亟待时尚传播产业监管工作的改进。❷

8.4 中国时尚传播产业的发展对策

8.4.1 促进传播媒介的转型与整合，开展差异化、精准化传播服务

时尚类杂志要加快转型发展。其中，大杂志朝着一个综合性的数字平台转型，包括媒体、广告创意、电商等渠道；小众杂志则可以凭借自己独特的文化属性以及自由大胆的创意度，吸引一些独立品牌，并朝着创意机构的方向发展。

新媒体方面，国内相关时尚品牌要加强对时尚媒体资源的整合，并针对用户需求和喜好制订差异化、精准化的平台营销计划。在积极发展各类"微"媒体的同时，要注重以"营销为主"向以"服务为主"来转变。要逐步摒弃原有的狂轰滥炸的"地毯式营销"、充满低级趣味的"恶搞式营销"，更加关注具有丰富内容和行业机制的传播角度和方式，通过提供更有价值的资讯服务，从而在时尚传播过程中积累受众，更好地树立品牌形象。注重时尚传播过程中文化与商业的协调，通过时尚传播将我国特色的民族服饰、乡土民俗、城乡生活体现的民族精神和核心文化内涵

---

❶ 胡翼青，张一可. 如何破局：数字经济时代传媒业的挑战与机遇［J］. 南方传媒研究，2021（6）：3-9.

❷ 张学英. 论当下新媒体的监管难题与解决路径［N］. 科教学报，2013-06-12.

传承下去。

此外，由于当前时尚资讯的快速传播以及各类传播媒介的深度整合，时尚品牌自身对时尚传播的掌控能力难以满足时尚传播在新媒体时代的发展。所以，未来可能会出现一大批专业化的时尚传播机构，从而承接一些规模不大的时尚企业的品牌、产品的营销工作。

8.4.2　推动资源的跨界融合，打造时尚传播生态系统

当前，随着线上线下技术、渠道和资源的融合发展，网络媒体与传统媒体之间的互动、网络媒体之间的互补、时尚产业与周边产业之间的联动等在日益深化，全媒体已经是大势所趋。这就要求现有的时尚传播企业要探索构建属于自己的时尚生态系统。为此，相关企业要不断优化调整人才结构，着力延伸时尚产业链条，加强与相关产业的跨界融合，加大在新兴时尚领域的要素资源布局，探索打造大数据及人工智能服务平台，构建形成独具特色的时尚生态系统。

与此同时，要加强数字传媒行业监管及数字时尚传播产品知识产权的保护。时尚传播类企业要承担起更多的社会责任，不断加强内容审核能力，完善和优化内容管理机制；在产品内容设计时要坚持正确的价值观引导；在时尚资讯传播分享环节要明确传输规则，确保数据安全，逐步建立起内部的数据合规性审查机制等数据合规计划。行业监管部门则要不断完善数字传媒产业中知识产权保护的有关政策法规，加强监督和对数字时尚传播产品产权的保护，进一步保护数字时尚传播类企业及人员合法权益。鼓励和指导数字媒体公司加快技术创新、模式创新，从而进一步提升时尚传播产业高质量发展水平。

8.4.3　推动时尚传播与营销模式的创新，提升时尚传播产业发展水平和效益

8.4.3.1　要加强对线上时尚传播技术的研究与应用

随着新一代信息技术及其配套新基建的发展和建设，无论是静态的报纸、杂志，还是动态的视频、影音，或者是声、光、电齐全的线下时尚产品发布会、服饰走秀都能在线上实现高质量的直播、互动和参与。加大直播带货、社交电商、线上走秀等新业态新模式的资金投入和技术支持，切实降低突发事件对行业发展的影响。

8.4.3.2　要构建以人为核心的社交化立体传播体系

随着新媒体的不断发展，资讯的传播将更加以人为核心，并形成"点—面—体"立体化传播体系。为此，时尚传播要注重利用5G、大数据、人工智能、物联网等技术，从而对传递的时尚资讯进行精准、精细、精确传播与实时的互动与反馈。

与此同时，要将时尚传播与新兴媒体平台、内容型电商、社交零售等进行有效整合，从而实现时尚文化传承、时尚品牌溢价、时尚产品变现等。

8.4.3.3　要通过重大事件来推动时尚产品传播和品牌营销

通过策划、组织和利用具有新闻价值、社会影响以及名人效应的重大事件或活动，并通过新媒体平台或意见领袖进一步扩大宣传范围，增强传播效果，从而促成时尚产品的热销和时尚文化或理念的推广。

8.4.4　充分利用新兴数字技术，提升时尚传播的效果 ❶

8.4.4.1　利用大数据实现时尚新型人际传播

时尚新型人际传播的路径坚持"受众为王"，对传统时尚传播的思维进行重塑，在细化时尚受众类别、强化时尚选择自主可控的同时，也拓展了时尚传播的深度和广度。基于大数据分析的智能推荐、语义识别、人机对话、机器深度学习等，机器/软件精准识别受众的喜好，推进时尚传播由过去简单的人际社交向智能化、数据化变革，从而实现点对点的精准传播。小红书的OOTD、抖音的剧情短视频和带货直播等都是时尚新型人际传播的重要表现。通过时尚新型人际传播，为消费者剖析产品的设计原理与来源，在功能需求之外创造附加情感价值，迎合消费者心理需求，从而获取消费者的主观信任。

8.4.4.2　利用新兴数字媒介实现时尚多向互动传播

数字时代背景下，新兴自媒体平台成为时尚多向互动传播的网络化中介，人们通过平台入驻、开设账号，实现时尚传播者与接收者的物质交往和精神交流。从传播学角度看，这是一种共情传播的传播机制，通过搭建时尚传播的信息发布平台，对已生产的视觉内容进行过滤、选取和发布，并且更多的时候以商业运作的模式通过时尚产品的展示和销售间接开展时尚传播。共享传递下的时尚传播不再是品牌的单方输出，而是在消费者参与下的共同构建。同时，时尚的媒体、品牌与用户三者在时尚媒体生态系统中的关系既是复杂的，也是共生的，需要多元之间的实时互动和反馈，避免单一和线性的输出。

8.4.4.3　利用人工智能拓展时尚传播新业务、新模式

以ChatGPT、Sora为代表的AIGC行业，可以有效提升内容生产效率、降低内容生产成本、捕捉激发创作灵感、联动实现数据优化，可为时尚传播业的发展拓展新业务、创造新模式（图8-3）。

例如，在广告营销行业中，前期准备过程中时间占比70%的资料收集整理等案

---

❶ 许旭兵，颜文溢. 数智赋能时尚设计的视觉内容生产与传播路径［J］. 河南社会科学，2023
（7）：79-87.

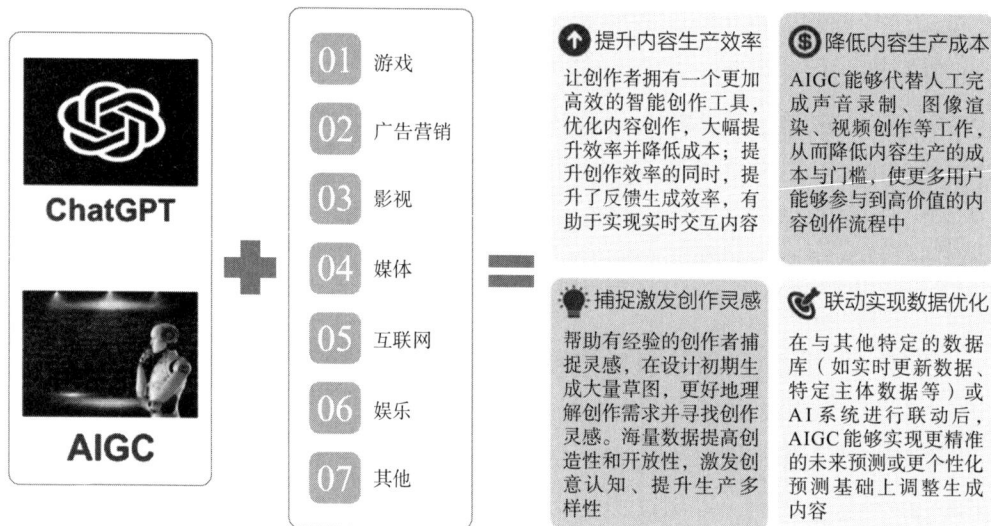

图8-3　AIGC对行业带来的变化

头工作可通过ChatGPT等模型抓取大数据缩短耗时；占比20%的调研访谈、头脑风暴产生灵感等创意工作可以通过AI运算快速实现。在媒体行业，目前新华社、中央广播电视总台、人民日报社、湖南卫视等积极布局，推出"新小微""小C"等虚拟新闻主持，可以有效提高新闻、资讯播报高效智能化水平。总体来看，AI技术将显著降低内容制作门槛，提高内容制作效率，增加内容供给，如今已有不少内容创作者利用AI辅助生成图文、视频及音频内容，同时也有AI直接生成的内容，未来AIGC有望成为内容平台供给和时尚资讯传播的重要形式之一。

8.4.4.4　依托跨界合作实现时尚传播的跨领域输出

一方面，数字时尚的传播不应该局限于大众所熟知的常规媒介，应该依托多元化平台、多元化渠道对时尚信息依附的载体及出口进行无限拓展，通过跨界合作促进时尚在不同领域构建全向度纵深传播矩阵，从而覆盖更多的传播受众及场景。另一方面，联名与跨界除了平台和渠道整合，还可以从受众层面实现扩展，与较强或者更高阶的渠道达成合作，增加用户类型及层次，培养数字时代时尚的潜在消费者。

本章思考题

1.时尚传播的媒介主要有哪些？各有什么特征及趋势？

2.简述我国时尚传播行业的现状及问题。

3.以人工智能（如大型语言模型、视频生成模型等），大数据为代表的新兴数字技术对时尚传播行业的影响有哪些？

第 9 章　国际时尚产业的发展现状及趋势

课程名称： 国际时尚产业的发展现状及趋势

课程内容： 1.部分国家的时尚产业

　　　　　　 2.国际时尚产业发展过程中面临的机遇与挑战

　　　　　　 3.国际时尚产业发展趋势

上课时数： 4课时

训练目的： 通过本章的学习，使学生熟悉世界主要国家的时尚产业发展历程、发展特点、代表性时尚品牌，了解全球经济环境下国际时尚产业发展面临的机遇与挑战，掌握行业变化趋势。

教学要求： 1.使学生了解法国时尚产业发展的历程和特征。

　　　　　　 2.使学生了解美国时尚产业发展的历程和特征。

　　　　　　 3.使学生掌握国际时尚产业发展的机遇与挑战。

课前准备： 阅读全球时尚产业发展趋势方面的书籍。

9.1 部分国家的时尚产业

本章主要选取法国、美国、日本等国家，探析世界主要国家时尚产业的发展历程、现状和特征，以此为基础思考国际时尚产业面临的挑战和未来的发展趋势。

9.1.1 法国时尚产业

9.1.1.1 法国时尚产业的发展历程

在法国，服装业是其最具代表性的时尚产业之一，服装业的发展又引领着化妆品、香水、皮具、珠宝等相关产业的稳步前行。以服装为代表的法国时尚产业的发展，与法国的政治发展状态是紧密相关的，因此本文以服装产业的发展作为法国时尚产业发展阶段的节点和基本划分依据。❶

（1）路易十四时期以前（1643年以前）

14世纪以前，法国并没有"时尚"的概念，各国经济、政治都在传统的封建阶段。在路易十三执政时期（1610~1643年）出现了一种法式的着衣风格，这可以说是法国时尚的开端。这种法式时尚仅限于皇宫以内以及一小部分资产阶级。路易十三大刀阔斧地改变了穿衣的方式，并赋予其一定的意义——大胆打破陈规，相互比较。法国人使用香料和化妆品始于13世纪，主要流行于贵族社会之中。在当时的宫廷不仅女性需要盛装打扮，男性也需要使用化妆品，这种文化历史为今后法国时尚产业发展的兴盛奠定了基础。

（2）路易十四时期到19世纪中期

在这一时期，法国的时尚产业蓬勃发展，一直呈现着引领世界潮流的趋势，并逐步奠定了巴黎时尚之都的地位。此时的服装以手工制作为基本特征，创造着极度奢华的流行，这个时期的巴黎时尚受到了全球的追捧。

路易十四时期（1643~1715年），他希望通过与其他西方国家的贸易往来提升法国的国际地位和国际影响力，并倡导"带有时尚文化意味的政治发展模式和国家管理方式"，于是他在路易十三的基础上大力提倡与积极传播法国的宫廷时尚，并企图带领法国经济走向利润丰厚的奢侈品市场。之后，路易十四成功地使国家皇室、贵族变成了时尚的狂热追随者。一个融合艺术、商业与政治的全新法国时尚帝国形象就此诞生，创造了历史上首个靠时尚与品位推动国家经济发展的先例。到了路易十五时期（1715~1774年），法国时装风靡欧洲。但是法国的威望并不仅仅局限于服饰，还在于文学、艺术、装饰、建筑和美食等领域，可以说法国的整体文化才是其时尚的具体表现。

---

❶ 李璐. 法国时尚产业研究［D］. 北京：首都经济贸易大学，2012.

受路易十四时尚观念影响，王室贵族对以服装为主的时尚文化极度追求。16 世纪，由法国德·洪布耶夫人（1588—1665）建立的沙龙文化逐渐兴起，越来越多的社会上层阶级与名流贵族参与到沙龙等时尚社交活动中，各类时尚媒介的传播影响资产阶级及社会普通阶层对时尚的概念与理解，时尚的定义被不断更新，这也是法国时尚逐渐走向完善的原因。到了 17 世纪末，以路易十四为首的时尚中心扩散至王室政权以及贵族的精英时尚社交圈，随着时间推移，王室政权逐渐衰退，新兴资产阶级队伍壮大，诸如时尚沙龙一类的社会社交活动得以发展。时尚消费群体被资产阶级贵族、艺术家、社交名媛等人群扩充，更多社会阶层开始接受时尚文化号召，这也预示着精英时尚向大众时尚转移成功。

18 世纪中期，出现了一种新的社会特征，即出现了一个新的社会阶层，他们对服装有着艺术的认知。这个阶层包括服装手工艺者、设计师、服装商人、皮匠等，他们都是 19 世纪和 20 世纪伟大设计师的先驱。法国大革命是法国服装业发展的一个新起点。服饰成为一种政治手段，主要有两个原因：其一，有史以来法国服饰只为宫廷制造，并且极度奢华，需要废除服装与旧体系之间的联系。其二，法国大革命导致了新兴的象征性的改革，对服装有了回归简洁的追求。

19 世纪可以称为法国时装的世纪。时装在新兴的社会阶层中扩大了影响，包括大资产阶级、中产阶级和暴富的一代。巴黎作为法国的首都，经历了经济腾飞和现代化阶段，奠定了在政治、文化和社会方面的地位。时装的发展不是孤立的，在蓬勃发展的大环境下，它随着社会、文化一起发展。以法国巴黎为中心，社会阶级从高到低吹起了法国时尚风，从艺术家到高产阶级再到中产阶级，从大城市到中小城市，所有爱美人士都跟随法国的时尚风，为的是在巴黎时装沙龙里炫耀。报纸是时尚传播的重要途径，到处都是宣传高档法国汽车和巴黎时尚的广告，法国的时尚产业给人以高贵美丽的印象。

（3）19 世纪中期到 20 世纪 60 年代

在这个时期里，法国的时尚业进入改革的顶峰阶段。19 世纪初，法国高级定制时装产业已初具雏形。以"高级时装之父"查尔斯·弗雷德里克·沃斯（Charles Frederick Worth）的沃斯高定（Worth Couture）为典型代表，高级时装产业借助时尚沙龙发展的高级时装屋运营方式快速发展，巴黎从此凭借高级定制引领时尚潮流。第一次世界大战后，法国时装的霸权地位及扩张得到淋漓尽致的体现，对于巴黎制造的狂热，至今仍可见一斑。这种狂热的产生应归功于裁缝、生产者、设计师、分销商、造型师等，也得益于稳固的政权、传媒的开放以及积极提意见的人。但是后来第二次世界大战影响了时尚产业的发展，同时也使得法国时装业出现萎缩。不过第二次世界大战后，长期的压抑及对于享乐的渴望又催生了新的创作，遍布各个领域。

（4）20世纪60年代以后

20世纪60年代以后，法国的巴黎不再是一枝独秀的国际时尚之都，米兰、纽约、伦敦和东京的崛起，使得巴黎不得不在时尚之都中找到属于自己的地位和价值。它不断吸收国际新生力量，成为时尚的国际大熔炉，始终保持着优雅、个性的风格，在时尚界发挥着举足轻重的作用。1970年以后，年轻化势不可挡，这批战后婴儿潮时期出生的消费者成长起来，并拥有了一定的经济能力，为时装市场的发展注入新的活力。年轻一代需要新的时装去打破常规，奢华与精致不再是时尚的宠儿。造型设计师以及他们的成衣时装才是新的时尚热点。国际化、风格多样化、创新性和受艺术音乐风格影响，趋向简单易穿，鼓励男女服饰的混搭，成为这一时期的特点。如今，法国的时尚文化时尚产业已在国际辐射开来，其时尚产业正向多领域渗透。每年两次的法国巴黎高级定制时装周发布会已然成为国际时尚行业的聚焦中心。由此可见，法国的时尚产业深受其时尚文化的影响，而法国的时尚文化的覆盖面也影响着全球各国的时尚产业发展。

9.1.1.2 法国时尚产业的现状

法国的时尚产业在世界时尚界中的地位是不容置疑的。法国是高级定制的发源地，把时尚产业作为第八艺术，是时尚的风向标，是奢侈品的聚集地，是社会名流最为活跃的场所。法国时尚产业的设计、制作、销售中的每个环节都极具特色。与其他国家不同，法国时尚产业最值得一提的是其设计师品牌，并逐步发展成为多产品线以及同一品牌多个品种共同发展的局面，相互之间共同促进，一起推动时尚品牌的进展，并提高其知名度。法国除了纺织服装业的蓬勃发展外，香水、化妆品、珠宝等各类品牌在世界时尚产业中都拥有自己的一席之地。总之，法国的时尚产业及产业链非常完善，加之政府扶持以及时尚教育的推进，它总能给人们带来振奋和欣喜，吸引了一批又一批来自世界各地的优秀人才。即使在各国的时尚产业都欣欣向荣的今天，法国的时尚产业凭借其得天独厚的条件，仍在继续引领着时尚潮流，在时尚产业中发挥着不可替代的作用。

（1）服装行业

① 法国服装行业整体实力较强。法国的服装行业具有悠久的历史和独特的风格。法国的时装品牌以其奢华、优雅和精致闻名于世。巴黎是法国时尚产业的中心，拥有许多世界知名的设计师和时装品牌。

法国纺织服装行业之所以能够在世界上独树一帜，主要由于其产业设计、服装加工技术教育的前卫和严谨。例如，法国先进的服装教育体系已经成为法国纺织服装行业不可分割的一部分，诞生了法国巴黎国际时装艺术学院等世界著名服装设计培训机构。同时，法国纺织机械产业实力也较为强劲，以纺纱和后整理设备的精细和先进著称，2022年产值规模10亿美元，95%的产品供外销，纺织机械出口位居全球第五。

② 法国通过纺织服装展览会等形式有力提升了纺织服装的世界影响力。法国每年举办的纺织服装展览会共有20多个，较为著名的有法国纱线博览会、国际面料展览会、国际内衣展、里昂沙滩内衣展、国际时装及便装展等。每年两度的巴黎Premiere Vision布料展，在全球享有盛名，无论是时装设计师、制衣商、零售商还是专业买家都会蜂拥而至。法国时装周已经全球时尚界的重要盛事之一，每年吸引着来自世界各地的设计师、买家和媒体。

法国的服装行业注重传统工艺和手工制作。许多法国品牌在其产品中融入了精湛的手工技艺，以保持高品质和独特性。此外，法国的服装行业也非常重视时尚教育和培训，培养了众多优秀的设计师和工艺师。巴黎的人文环境陶冶了众多的时尚群体。

（2）香水行业

① 法国香水企业占据市场国际市场较高份额（表9-1）。

表9-1　全球香水主要竞争公司

序号	公司名称	所属国家
1	科蒂集团	法国
2	香奈儿（CHANEL）公司	法国
3	娇兰集团	法国
4	欧莱雅集团	法国
5	Joy Jean Patou公司	法国
6	Davidoff集团	法国
7	LVMH集团	法国
8	法国拉科斯特（lacoste）股份有限公司	法国
9	雅诗兰黛公司	法国

（资料来源：前瞻产业研究院）

② 法国香水行业出口持续保持快速增长。2022年，法国香水行业出口继续呈现增长趋势。以法国香水制造商Inter Parfums为例，该公司旗下拥有万宝龙（Montblanc）、梵克雅宝（Van Cleef & Arpels）、盟可睐（Moncler）、凯特·丝蓓（Kate Spade）、蔻驰（Coach）、周仰杰（Jimmy Choo）、浪凡（Lanvin）、巴黎罗莎（Rochas）等众多时尚和奢侈品牌的香水业务线。2022年第一季度，主要市场较快发展：北美市场，占比最高，销售额增长13%，达5320万欧元；西欧市场，Montblanc、Jimmy Choo和Rochas持续发力，销售额2840万欧元，增加44%，是增长最快的市场；亚洲市场，Van Cleef & Arpels、Coach和Lanvin香水引领亚洲市场，

销售额2720万欧元，增长29%。其中，中国市场业务快速增长，较之前实现翻倍；拉美市场，销售额1390万欧元，获得41%的增长。❶

（3）化妆品行业

① 法国化妆品品牌在本土具有较强的市场竞争力。目前，法国护肤品市场竞争品牌主要是本土品牌以及德国的护肤品品牌的竞争。法国最具代表性的本土护肤品品牌包括伊夫黎雪、理肤泉、雅漾、巴黎欧莱雅等，它们极其具有市场竞争力，在法国国内市场具有较强的竞争力。2020年伊夫黎雪、理肤泉、雅漾在法国的市场占有率分别为8.2%、6.7%、6.5%（表9-2）。且在法国护肤品市场占有率排名前五的品牌中，仅有拜尔斯道夫公司旗下的妮维雅属于德国，其市场占有率为4.9%，排名第五，其余的四个品牌均为法国本土品牌。值得注意的是，在法国护肤品市场占有率前十的品牌中，有四个品牌属于欧莱雅集团旗下品牌，分别是理肤泉、巴黎欧莱雅、Mixa和兰蔻。

表9-2　法国护肤品市场主要品牌对比分析

品牌	创立时间	所属集团	主打成分	产品
伊夫黎雪	1959	伊夫黎雪集团	纯天然植物精华	洁面乳、面膜、防晒霜、护手霜、精华、身体乳等
理肤泉	1928	欧莱雅	碳酸性温泉水	面膜、乳霜、喷雾、精华、爽肤水、防晒乳等
雅漾	1990	皮尔法伯实验室	雅漾活泉水	洁面乳、喷雾、面膜、面霜、精华等
巴黎欧莱雅	1907	欧莱雅	玻色因	面霜、爽肤水、面膜、精华等
妮维雅	1911	拜尔斯道夫	辅酶Q10	润唇膏、爽肤水、洗面奶、防晒雾等

（资料来源：前瞻产业研究院）

② 法国化妆品出口强劲。法国化妆品企业联合会（以下简称"Febea"）发布的数据显示，2022年全年，法国化妆品出口总额同比增长18.8%，达到192亿欧元，2021年全年该数据为162亿欧元。

市场方面，美国是法国化妆品出口的第一大目的国，2022年对美国出口总额同比增长28%，至23亿欧元，2019年~2022年，法国化妆品对美国出口额实现了48.2%的增长。其中，香氛、彩妆和面部护肤产品在美国市场大受欢迎，这些单品的出口额占法国化妆品对美国市场出口总额的95.2%。2022年法国化妆品对中国市场的出口额增长相对疲软，同比增长率仅为3.1%，总额为19.54亿欧元。对中国市

❶ 法国香水制造商新季报：梵克雅宝香水增长最快，中国市场增速翻倍［EB/OL］．华丽志，2022-05-11.

场出口额的缓慢增长也影响到整个亚洲地区，2022年法国化妆品对整个亚洲市场的出口总额同比增长8.8%，总额51.79亿欧元。对欧洲地区的出口额同比增长24.2%，其中欧盟国家占出口总额的37%，特别是德国，2022年法国化妆品对德国的出口总额达到19亿欧元，同比增长了21%。全球其他地区中，法国化妆品对中东的出口额增长十分强劲，同比增长33.8%，其中，对阿联酋和沙特阿拉伯的出口额增长最快，增长率分别为41.8%和20.4%。

出口品类方面，从法国出口的香氛和化妆品数量占生产总量的三分之二，其中，护肤品（包括面霜、乳液、卸妆产品等），口红和眼部彩妆产品是出口总数排名前三的单品。香氛产品在美国最受欢迎，其次是德国、西班牙、英国和阿联酋；口红产品则在中国最受欢迎，其次是新加坡、美国、德国、韩国。

（4）珠宝行业

近年来，全球珠宝市场呈现稳步上升的趋势。2022年，总体销售额为739亿美元（图9-1）。市场规模的增长主要得益于以下几个方面：一是随着全球中产阶级人口的增加，人们对于奢侈品的需求也在不断增长；二是全球经济稳定发展，消费者购买力和信心不断提升，推动了珠宝市场的需求；三是珠宝企业在产品设计和市场营销方面不断创新，吸引了更多的消费者。

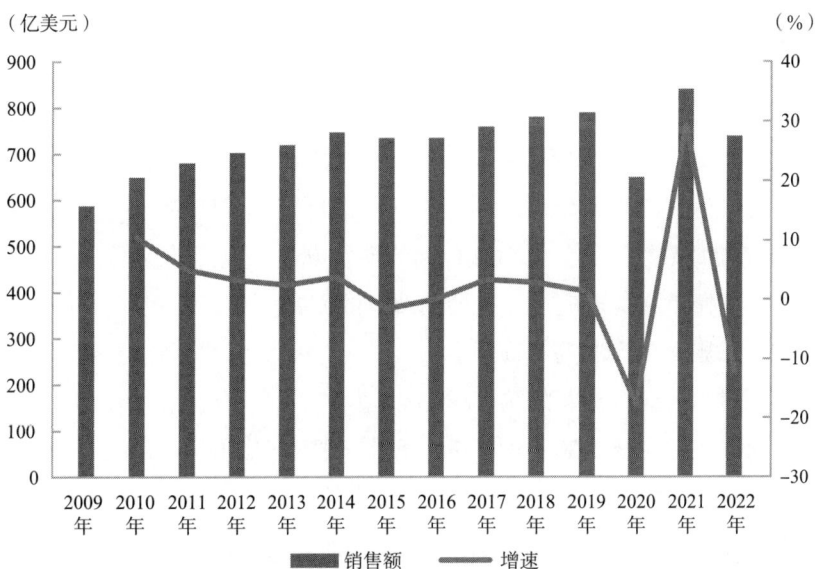

图9-1 2009～2022年全球钻石珠宝销售额统计

（数据来源：恒州诚思调研）

这其中，各品牌和参与者之间存在着较大的差异。例如，法国的LVMH，通过优质的产品、创新的设计和强大的品牌影响力，赢得了消费者的青睐。2022年，

LVMH的钟表珠宝板块销售额为105.81亿欧元，经营利润为20.17亿欧元，详见表9-3。

表9-3　LVMH钟表珠宝板块销售情况　　　　　（单位：百万欧元）

钟表及珠宝板块	2022年	2021年	2020年
销售额	10581	8964	3356
销售额占比	13.4%	14.0%	7.5%
经营利润	2017	1679	302
经营利润率	19.1%	18.7%	9.0%
集团经营利润占比	9.6%	9.8%	3.6%

（5）皮具行业

据皮革商务网报道，2022年法国皮革行业出口收入接近180亿欧元，比上一年增长22%，是2015年的两倍。法国皮革协会（Conseil National du Cuir）表示，法国皮革行业出口总收入的67%来自皮革制品，28%来自鞋类产品。2022年鞋类出口同比增长了26%。2022年法国鞋类产品出口西班牙达2600万双，出口意大利为2100万双，德国1600万双以及波兰1200万双。法国皮革协会称，2022年，法国原料皮只占出口总额的3%，法国是世界生皮出口第三大国。其中，75%的生皮出口到意大利。生皮出口总额为2.307亿欧元，与2021年相比增长了5%。同期，成品革出口同比增长17%，达2.566亿欧元。法国皮革协会主席弗兰克·伯利（Frank Boehly）对出口增长发表评论时称："法国皮革行业以其独特的精湛技艺和致力于生产持久产品而享誉世界，这将有助于推动时尚产业向更加可持续性转变。我们正在见证一场真正的消费方式变革的到来。面对这种新的消费方式，我们的皮革行业已具备自我升级的能力，以便更好地适应当今社会消费者的需要。"

9.1.1.3　法国时尚产业的特征

（1）法国时尚产业占领着高端市场

法国时尚产业主要聚集在三个领域，分别是香水和化妆品、高级时装（奢侈品成衣）、高级珠宝。17世纪70年代，为了加强奢侈品出口额，国王路易十四建立了专门的奢侈品制造加工厂，这一举措成为法国奢侈品商业化的标志。在法国，奢侈品名称的授予权也严格地被限定在了政府的手里，说明法国对"高、精、尖"时尚产品的重视程度。从整个时尚产业链来看，法国奢侈品类已为其产业坐实"时尚巨头"位置打下了坚实的基础，使它在世界时尚产业中处于霸主地位，具有绝对的竞争优势。

（2）巴黎成为引领世界时尚的最权威平台

巴黎的时尚活动引领时尚趋势，是设计师向世界展示才华的终极平台。巴黎时装周、高级定制时装周、高级成衣时装周已经成为全球时尚界不可错过的三大时尚活动。这些享誉全球的活动旨在聚集世界各地的买手和时尚记者，帮助新晋设计师展示设计才华，促进时尚产业人才的输入，保持快速创新的产业理念，巩固巴黎作为世界时尚之都的强大地位。

（3）巴黎成为全球奢侈品品牌的聚集地

巴黎聚集了世界各地的奢侈品品牌，如巴黎世家（法国）、克丽斯汀·迪奥（法国）、赛琳（法国）、爱马仕（法国）、乔治·阿玛尼（意大利）、华伦天奴（意大利）、卡尔文·克莱恩（美国）、史密斯·博柏利（英国）、三宅一生（日本）、高田贤三（日本）等。

（4）巴黎的时尚产业链非常丰富、完善

巴黎时尚产业链较完整，其产品链条为"服装—香水—化妆品—珠宝—皮具"，这条产业链以奢华的成衣系列和配套的服务体系为核心，不单包含了皮具、化妆品、成衣，甚至还包括从私人定制、金融理财到与时尚联名的相关产品，如电商服务，社交软件、广告乃至不动产（图9-2）。与巴黎时装业相关的产业还包含艺术服务（刺绣、文具商、绢花等），时尚服务（造型、设计、美工等），配套服务（服装秀、展览、媒体等）。

图9-2 巴黎时尚产业链

9.1.2 美国时尚产业

9.1.2.1 美国时尚产业的发展历程

一直以来，美国都用其国际影响力在全球范围内进行文化输出，时尚产业也是如此。美国的时尚产业在全球有着举足轻重的话语权。纽约时装周的设计师作品、好莱坞明星的红毯秀和*VOGUE*杂志的时尚主题都是全球时尚潮流的风向标。总体上看，美国时尚产业的发展大致经历了四个阶段，当前正从过去对资本驱动、要素驱动的依赖，转向对科技、品牌、设计、创意、文化、模式创新的新一轮产业变革中。

（1）萌芽孕育阶段（20世纪10年代至50年代）

20世纪初，美国的时尚产业主要受欧洲特别是英国的影响，女性穿搭十分保守，蕾丝内搭、羽毛帽、遮阳伞是当时经典的潮流搭配。20世纪20年代是美国经济快速发展的时期，爵士乐风靡，很多俏皮女郎开始剪短发，她们的衣服线条更宽松，并辅以珍珠、小手袋搭配。20世纪30年代美国迎来了经济大萧条，华尔街股市大崩盘，经济一泻千里，人们的时尚风格也因此受到影响而发生巨大变化，从20世纪20年代的中性、奇异、奢华回归到柔美、简洁。随着第二次世界大战的来临，军队制服风逐渐取代柔美风，成为当时人们的潮流服饰。

（2）快速发展阶段（20世纪50年代至90年代）

第二次世界大战结束后，美国时尚业的发展迎来黄金时代。许多时尚人士和媒体来到纽约，本土设计师的风格也不再完全受制于欧洲时尚界的影响，他们逐渐形成了体现时代特色的"American Style"。高雅、复古、简洁以及恰到好处的细节是那一时期的潮流主题。作为对时代潮流最好的诠释，当时的女装设计如今看来也丝毫不过时，这点在热播美剧《了不起的麦瑟尔夫人》中得到了充分体现。剧中女主人公的服饰非常注重整体搭配，帽子、手套甚至是戒指、耳环、手镯、手表，每一个细节之处都体现了和谐舒适的观感。时尚是一次又一次的轮回，黄金时代的余热从未消退。复古是一种生活态度，更是一种审美潮流，直到现在它还影响着时尚界，每年各大时尚杂志都会甄选此时代艺人的经典摄影作品刊登，顶级时尚品牌也会推出致敬黄金时代的产品系列。

（3）日趋成熟阶段（20世纪末期）

从20世纪末开始，受波普运动和嬉皮士文化的影响，美国本土时装和首饰的设计摒弃了传统审美的端庄优雅，取而代之的是更加多元的功能和夸张的设计，时尚潮流已经不再是优雅和精致，而是个性的彰显和情感的宣泄。年轻人崇尚打破传统与禁锢，注重充分的自我表达与展示，时尚风格以多元、自由、随性、浪漫和个人主义为主题。此时期的女性纷纷穿起厚底鞋和喇叭裤、戴上圆形的复古墨镜、披着波希米亚流苏外套及Statement项链，这个时代可以说是对长期审美意识的反叛。

（4）优化调整阶段（21世纪初期至今）

进入21世纪，时尚又回归到简约和优雅，但它不仅是消费者品位和态度的展示，更是一个人品性和诉求的表达。时尚产业更加重视本地设计的重要性，各行业间合作日益密切。美国时尚产业的市场被进一步细分，相对独立和个性的设计师品牌得到快速发展，时尚产业与其他行业的跨界合作越来越多，尤其是具有高附加值的科技早已和时尚联合，相互成就。例如，2014年维多利亚的秘密联手3D打印公司SHAPEWAYS和施华洛世奇一起，开创性地制作出一款纯3D打印的内衣，吸引眼球的同时也为品牌的年度大秀造势。

9.1.2.2 美国时尚产业的现状

在全球化的背景下，美国时尚产业进行持续性结构调整。以服装、珠宝首饰、消费电子、化妆品为代表的时尚产品呈现系列化、多元化的发展态势。

（1）服装行业

与欧洲国家时装时常显现的贵族气质和精致风格相比，美国时装更趋向于大众化、平民化，时装设计师强调功能性与舒适性兼备，在设计中将休闲风格和简约主义发挥到极致，创造出众多如卡尔文·克莱恩（Calvin Klein）、汤丽柏琦（Tory Burch）、汤姆·福特（Tom Ford）、王薇薇（Vera Wang）等本土高端设计师品牌。经销商采取灵活的宣传和营销策略，将舒适耐穿、价格多元、适合社会各阶层的时装行销至世界各地，以简约风格为主的轻奢类产品受到市场的广泛认可。

① 纽约是美国服装行业的圣地。纽约是美国第一大城市和第一大商港，集聚了全美最具实力的纺织行业进口商和批发商。时尚产业吸纳了纽约市5%的劳动力，创造了182000个岗位，其中服装制造业占据整个制造业的30%。纽约区苏荷（SOHO）是美国最知名的创意集聚区，它曾是一个被废弃的地下工厂，因有大量闲置房屋且租金极其低廉，被一些从欧洲移居纽约的艺术家看中，发展成一个艺术家聚集区。20世纪50年代，为促进园区发展，纽约市政府出台法规，规定非艺术家不得进驻。全盛时期，面积不足纽约市区1%的SOHO区内，居住着全纽约30%以上的艺术家。作为一个国际化大都市，纽约开放多元的城市文化创造了大量机会释放不同群体的创意，吸引文化创意人才聚集于此。城市在各种文化、思想的碰撞下，产生了独特的时尚氛围，时尚文化体现在街区的每个角落，即便平凡无奇的车站，在纽约也能变身为华丽的秀场，无处不呈现出轻松、新潮的纽约式时尚。1943年由时尚评论家Elenor Lamber发起并成功举办的纽约时装周，已成为世界最重要的时尚盛事，很多全球著名的时尚设计师都通过纽约踏入时尚圈。纽约的时尚氛围也赢得了高等学府、电视媒体的青睐。例如，培养和缔造时尚传奇的帕森斯设计学院、全球最具话题感的时尚真人秀节目《天桥骄子》都在纽约汲取时尚灵感。

② 影视娱乐业对时装业的促进明显。娱乐产业和原创设计是推动美国时装产业提质升级的重要力量，借助好莱坞娱乐产业在全球的重要影响力，时装业成为最大的受益者之一。娱乐界是美国时装最有效的宣传手段，借助媒体和影星，本土的时装潮流和设计风格能够赢得全球瞩目，并成为消费者效仿追求的对象。20世纪90年代，美国情景喜剧《六人行》（Friends）上映，演员亮相的服装造型随着剧集掀起了十年的全美时尚风潮，特别是由詹妮弗·安妮斯顿扮演的瑞秋，她的服饰搭配成为当时职场女性竞相模仿的对象，还诞生了著名的"瑞秋发型"。另外，每年的奥斯卡颁奖典礼也是全球时尚潮流的风向标。明星们展示设计师的精心之作，表达时尚魅力的同时也在宣扬社会责任。2018年的奥斯卡颁奖典礼上，许多女明星佩戴别针徽章向以"Time's Up"为名的反性骚扰行动致敬，成为红毯秀上温情亮丽的风景线，别针徽章一经上市便销售一空。

借助传媒，影视娱乐产业为时装作品提供了展示平台，设计师可以通过市场反馈不断创造、修改作品从而引领新的时尚潮流。借助明星效应，美国时装能够快速"走出去"，树立国际市场的标杆，成为全球潮流的缔造者，同时促进企业获得更多的市场认可和品牌关注。综上，美国时装产业强大的全球影响力在很大程度上得益于发达的影视娱乐，高效率的权威媒体作为两者联合的纽带发挥了不可替代的催化作用。

③ 持续推动服饰的高端化。发展中国家纺织品凭借低成本优势大量涌入美国，给当地服装产业带来巨大的价格冲击。美国人力成本及原材料价格本身不具有竞争优势，因此服装业开始寻求新的发展定位，即推动产业向高价值环节——高端设计与品牌营销转变。于是服装市场开始主动迎合明星艺人和青少年的时尚诉求，充分吸纳他们对产品功能的反馈，调整设计思路，进行服饰的再设计、再生产。服装企业也紧跟消费观念的变化做出战略性调整，部分企业开始向私人定制化和品牌限量化转变，留住具有高级购买力的消费者。高定服装和限量版时装成为当下颇受中产阶级以上消费者欢迎的产品。目前，美国服装业正在形成一个日益强大、产业链条完整的设计密集型市场。大部分时装公司专注设计服务、市场营销和其他商业服务，上下游产业的细分领域更加专业，制造业环节普遍外迁至发展中国家。摒弃了制造环节的资源消耗，企业将经营重点放在独特的设计和高质量的售后服务上，即使是高昂定价，来自市场的反馈依旧积极良好。

④ 科技为传统服装业带来深刻变革。随着可穿戴技术、3D打印技术的成熟，科技已经在美国时尚业成功植入。这些科技手段不仅体现在时尚产品的功能上，还悄无声息地渗透到整个行业的生产和设计流程中。如今，设计师们能够十分方便地通过电子邮件将时装设计图传送给海外的成衣厂，利用那里的廉价劳动力批量生产时装，促进时装业分工的精细化，也让更多的时装企业有精力投向更小批量、更具有个性化的产品制作。

（2）珠宝首饰行业

① 珠宝首饰行业成熟，但增速放缓。根据Fruchtman Marketing发布的报告，2021年美国钟表和珠宝首饰的销售总额达到1152.9亿美元。2022年由于受到高利率、高通胀等因素的影响，钟表和珠宝销售总额为1255.3亿美元，增幅为9%左右，难以突破两位数增长。"千禧一代"（现25～35岁人群）是珠宝首饰行业重点关注的客户群。美国著名珠宝商Tiffany作为高端品牌溢价的代表，其品牌定位、优质的品牌形象早已深入人心。2022年全年业绩公告显示，Tiffany全年净销售额达51亿欧元，门店销售额与上年持平；毛利率为62.5%，上年同期62.2%；经营利润率为19.1%，较上年同期增长1.1%。从品类角度看，珠宝系列包括高级珠宝、独粒珠宝和时尚珠宝，全年销售额整体都有所提高。

② 税收对珠宝首饰行业的影响明显。珠宝兼具消费与投资的双重属性，税收政策是影响珠宝市场及其产业发展的关键，在进口环节征收的进口关税、生产和流通环节征收的增值税和零售环节征收的消费税直接影响珠宝行业利润。美国对进口珠

宝首饰原材料基本采取"零关税政策",宝石进口材料基本零关税,成品首饰的进口关税很低。

③ 需求结构良性调整,回归消费需求。伴随投资渠道丰富和黄金珠宝主流消费人群的代际转换,珠宝首饰行业市场逐渐回归至婚庆、礼品等领域。由于受生活成本增加和社会观念等因素的影响,"千禧一代"结婚率持续下滑,而独立女性的自我消费在未来将提升,成为支撑珠宝首饰行业的潜在消费群体。美国中端珠宝市场规模约410亿美元,占行业需求近六成,从产品结构上,钻石、黄金、珍珠宝石占比分别为52%、26%、10%,如图9-3所示。

④ 个性化定制将是珠宝首饰行业发展的必然趋势。随着人们自我意识的增强,珠宝个性化定制成为热潮。通过与商家沟通,消费者可以购买

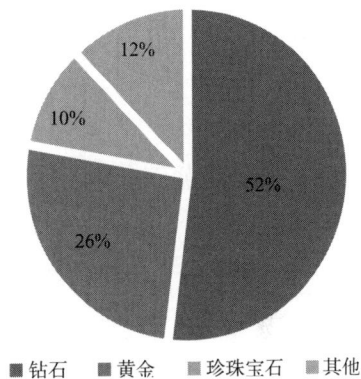

图9-3　美国珠宝零售产品结构

心仪的产品和个性化的增值服务,也可参与产品的设计,充分彰显个人品位。就商品和服务而言,个性化珠宝定制能极大地唤起消费者得到充分尊重的感觉。在表达情感方面,个性化定制产品已不再是一件单纯意义的商品,而是寄托了人的审美情趣和独特心意的特别之物。调查发现,消费者在购买意义重大的珠宝首饰如订婚或婚礼戒指时,更偏向于选择行业中能提供专业意见和实物消费购物体验的实体零售店。

⑤ 线上销售快速增长,但实体零售仍占主体地位。美国珠宝零售业的竞争日趋加剧,主要珠宝商的市场霸主地位受到非珠宝零售商和电商的挑战,而价格敏感性高的消费者更倾向于通过多种渠道比较珠宝首饰的价格。根据美国钻石珠宝零售商Signet珠宝发布的2022财年业绩,截至2022年1月29日,全年销售同比增长49.7%,达78亿美元。其中,实体店总销售额63亿美元,同比增长56.2%;电子商务销售额同比上升27.6%,15亿美元。尽管在线购买量有所增加,消费者仍旧愿意在购买珠宝之前与珠宝商进行商谈,深入了解产品后下单。美国珠宝商协会(JA)的一项调查显示:在购买珠宝的人中,约有64%的人访问了一家商店,在决定购买前会与专家进行磋商,并且与珠宝商交流的消费者也更有可能从实体商店购买,而不是在线购买。

(3)化妆品行业

① 美国化妆品行业的集中度较高。目前,美国化妆品市场被几个国际大牌,如宝洁、雅诗兰黛等公司所垄断。上述公司凭借其强大的研发能力、市场销售渠道和品牌影响力,多年占据化妆品产业领先地位,引领全球时尚美容理念和产业发展方向。化妆品是一个拥有众多细分市场、品牌竞争激烈的消费品类。随着消费者对生

活品质的追求逐渐提高，他们更加倾向于购买自己关注的品牌，品牌忠诚度较高，一些小众品牌想从中分羹并非易事。随着新一轮并购行动的加速，美国化妆品业的竞争趋近白热化，行业集中度也越来越高。

美国护肤品竞争以本土品牌之间的竞争为主。根据欧睿公布的数据，2020年美国护肤品市场占有率最高的前三个品牌分别为露得清、Bath & Body Works、Rodan-Fields，市场占有率分别达到4.7%、3.7%、3.6%。在美国护肤品品牌市场占有率排名前10的品牌中，除了适乐肤和兰蔻两个品牌隶属于法国欧莱雅，其余的品牌均属于美国的本土品牌（表9-4）。

表9-4 美国护肤品市场主要品牌对比分析

品牌	创立时间	所属集团	主打成分	产品
露得清	1930年	强生集团	黄醇（A醇）	洁面、面膜、保湿、眼唇护理等
Bath&Body Works	1990年	L.Brands	天然植物及自然原料	身体乳液、防晒、足部保湿等
Rodan-Fields	2002年	雅诗兰黛	视黄醛	清洁剂、爽肤水、保湿剂、面霜等
OLAY	1952年	宝洁公司	烟酰胺	精华液、面膜、面霜等
玫琳凯	1963年	玫琳凯公司	高山雪莲	面膜、爽肤水、精华、防护等

（资料来源：前瞻产业研究院）

② 化妆品行业产品种类多样。美国作为移民国家，吸引了亚裔、拉丁裔、非洲裔、欧洲裔等多个种族及其后代来此工作定居。种族的多样性也催生了化妆品市场需求的多样性，以时尚香水为例，相对于欧美人，亚洲人喜爱味道淡雅的清香，而非洲人偏爱热情浓郁的气味，香水生产商为了提高市场覆盖率，专门设计了针对不同肤色种族人群的产品，备受消费者好评。化妆品市场的产品种类众多，且产品更新换代快，消费者可以根据气候和自身肤质的变化拥有更多的选择权。

③ 美国化妆品监管体系完善。美国建立了完善的监管体系，产品原材料监管、上市前的市场准入制度和上市后的不良监管都涵盖其中。美国化妆品相关法规中明确提出：原料中禁止含有有害成分，产品制造商为化妆品安全的唯一责任人。化妆品在上市前都要进行安全性测试，并鼓励生产企业对自己产品信息进行报备。

在化妆品投入市场后，监管部门会对化妆品的整条生产链进行监管。对于需要召回的产品，通过审查企业的相关报告、审查产品的批发和零售行为来保证企业产品撤回的有效性，并通过检查生产设备以及生产路线，收集样品进行检查。

9.1.2.3 美国时尚产业的特征

（1）时尚产业的受众群体覆盖范围广

时尚产品在形成之初就充分考虑了"以人为本"的原则，由于纽约文化更加多元，所以鼓励具有强烈反差的文化元素相互"交锋"，让时尚潜意识在不同种族、肤色的人群中得到充分表达，从而打造出新的时尚风格。无论是地铁街道的涂鸦艺术，带有欧洲蓝血风格的高定服装，抑或 Vitoria Secret Pink 系列美国甜心式的活力四射，婉约保守的亚洲长衫、旗袍，这个时尚的国度总有一个场所让消费者寻找到适合自己的时尚表达方式和时尚产品。时尚产业的消费归宿如同林肯在葛底斯堡演说中所说的那样"民有、民治、民享"（By the People，for the People，of the People）。时尚的源泉与动力归于尊重，而非抹杀特色。

（2）时尚媒体的全球霸主地位不可撼动

纽约是美国文化、艺术、音乐和出版的中心，有众多博物馆、美术馆、图书馆、科学研究机构和艺术中心，全球 8 大广告公司的总部有 7 家设于曼哈顿，曼哈顿还有美国主要的 4 家广播公司，因此，发达的文化创意产业为时尚产业的腾飞提供了跳板。例如，诞生于 1892 年的 VOGUE 杂志是全球时尚的风向标，拥有"时尚圣经"的美誉，从主编到专栏写手都是时尚领域的绝对权威。文化评论家们一致认为 VOGUE 杂志的发展史就是一部时尚摄影的历史。世界顶级的超模、艺人都以拍摄 VOGUE 杂志封面作为其时尚地位的见证。目前，全世界有 22 个国家和地区有 VOGUE 杂志，最著名的仍旧是美国版本。例如，美国版本是第一本起用黑人模特做封面女郎的杂志。美国版本成功让"不入流"的牛仔裤脱离低级身份，引入高端时尚界。在全球各地，VOGUE 杂志注重独树一帜的风格，旨在从敏锐的时尚触觉反映出版所在地的文化。无论是时尚传媒的从业者还是普通读者，VOGUE 杂志的影响力都无与伦比，对产业的引领作用不可撼动。

（3）时尚与科技渗透的融合更加深入

信息技术的迅猛发展让生活发生了翻天覆地的变化，科技早已渗入美国时尚行业，并成为时尚消费电子领域不可替代的竞争力。Apple Watch 等产品的发布，标志着技术与时尚产品之间将实现更加广泛的融合，而传统的时尚产品将融入更多的科技元素，既包括运动鞋和毛衣，也包括结婚戒指和运动服，越来越多的技术与时尚融为一体，这些产品直接穿在身上，彰显个性，引领潮流。经过蜕变的供应链管理模式和新颖的制造技术结合之后，科技将继续以新的方式渗透时尚。在美国，人工智能（AI）自动售货机构 Bodega 的发展势头越来越强劲，亚马逊全面推出的亚马逊 Go：超高科技的无人杂货店。许多销售渠道将使用全新的自动结账服务，时尚消费将变得更加快捷高效。美国作为全球高科技的中心，信息技术有着不可比拟的优势，时尚产业与科技的联姻，将会从产品层面提升功能和体验感，从价值层面带来质的飞跃。

9.1.3　日本时尚产业

日本东京作为国际时尚的亚洲代表，是唯一一个东西交融的东方城市。东京的时尚不仅蕴含了东方气质，也融合了西方文化的特点，创造了许多多元化的时尚风格，引领了现代时尚的新概念。虽然，比起欧美时尚城市，日本东京服装产业的发展并不算太突出，但是时尚产业不仅包含服装，日本的动漫、电子、建筑产业、美妆产业等发展十分迅速。

随着社会的发展与科学技术的不断进步，日本居民的消费能力不断提高，诸多国际时尚品牌不断涌入日本。尤其是20世纪70年代后，日本通过完成工业化计划，逐渐成为世界经济大国。同时，日本服装产业机构通过不断调整得到迅猛发展，在提高自身竞争力的同时，大批纺织服装品牌开始在国际上崭露头角。因此，本部分以日本为例，阐释亚洲时尚产业的发展及趋势。

9.1.3.1　日本时尚产业的发展历程

（1）明治时期（1868~1911年）

明治三年（1870年），日本兵部省发布公告：从同年10月开始，日本海军采用英式制服、陆军采用法式制服。作为富国强兵的国家政策之一，明治政府首先要求军队必须"洋装化"。

军队"洋装化"之前，留学海外的一些日本学者和官僚，已经开始身着洋装，实践改革。随着军队"洋装化"，洋装开始大范围普及。明治政府紧接着颁布了"散发脱刀令"，明治天皇以身作则，率先剪头发、着洋装，日本男人们则紧随其后，争相效仿，从外形上大致完成了"脱亚入欧"。

然而，日本男人"洋装化"之后出现了各类"异风变态"，如身着西装大衣却腰挎日本刀的武士、穿西装系领结又肩披和服外套足踏草履的学者等。这些奇装异服，从本质上说，是日本人想要"脱亚入欧"却"进化"不彻底的结果，但到后来反倒是为和洋折中式的日本时尚衍生出各种创意。

继军队"洋装化"与"散发脱刀令"之后，洋装制服在更大范围内被社会各行各业所采用：警察、巡查、铁道员、消防官乃至邮递员、汽车司机等，包括作为现代经营组织概念的银行、会社、商店的职员们，也都身着洋装出门上班，下班回家之后，再脱去洋装换上舒适的和服。这种"上班洋装、下班和服"的生活方式带来了洋装时尚与和装时尚的两极分化。

大量的洋装制服需求，带动了日本洋服制造业的兴起与繁荣，各种洋服屋和洋裁学校也纷纷出现。这为之后日本成衣制造业的发达，打下了极为坚实的基础，也为日后日本的服装设计需求埋下了伏笔。

（2）大正时期（1912~1926年）

日本女人洋装时尚相对滞后。明治时代，日本女人日常生活中依旧以和服为主。大正12年（1923年）关东大地震，身着和服的女子因逃生不便身葬火海，人们猛然认识到，洋服轻捷便利，利于逃生。

关东大地震成为日本女人"洋装化"的契机，随后日本人的洋装从"洋装制服"完成了"洋装时尚"的转型。多姿多彩的洋装时尚在日本女人中开始流行，明治末期，日本各地学校开始将日本海军英式制服作为运动装。

1912年，日本女性的教育普及率已经很高，在商店、银行、会社等就职的女性职员越来越多。女职员的出现，让原本只有男人穿着的单调制服，从设计到色彩，都变得俏丽可爱。1924年，巴士女售票员的红色衣襟制服开始出现在东京街头，成为"大正的浪漫"里一道亮丽的风景。

日本女人"洋装化"的过程中，传统的和服店受到明显冲击，和服设计师们开始对传统和服进行改良，设计中引入洋装的流行色彩与洋风图案。1925年，几何图形作为一种时尚的装饰开始在欧洲流行，受其影响，日本和服逐渐突破传统保守的瓶颈，迈向更为广阔、多元的设计领域。温暖的色彩和大胆的线条构图与和服融为一体，这种和服深受大正时代年轻女子们的青睐，日本的"和服时尚"与"洋装时尚"并驾齐驱，分别朝着不同的两极平行发展。

（3）昭和时期（1926～1989年）

昭和时代有过短暂的"昭和摩登"。当时，实业家的典型代表小林一三首创了在车站大楼开办百货大楼的模式，后来，逛百货大楼成为市民文化生活的重要组成部分。昭和初期，日本遭遇了罕见的酷暑，大阪主妇最先穿起一种叫"Appappa"的直筒连衣裙，由于其宽松、简洁、清凉又方便实用，很快在日本流行开来。由此延伸，出现了主妇便装，开启了日本女性由流行穿和服变为改穿洋装的第一步。

"昭和摩登"一晃而过，日本很快进入"战争状态"，政府要求全民节俭备战，随着"国民服令"在1940年的颁布，全国上下，日本男性都身着"国民服"，日本女性身着"妇人标准服"。随着日本的战败，"妇人标准服"并未深入推广。

随后，日本人争相模仿、复制美国的流行时尚元素，并推而广之。但受法国以时尚服装为代表的流行时尚影响，日本人的时尚追求迅速从美国风格切换到巴黎风格。在时装、电影与明星等共同影响下，战后日本人对时尚的理解不断加深。20世纪六七十年代出现了高档成衣时尚和牛仔休闲时尚为代表的两极分化态势。

20世纪80年代后期，日美《广场协议》导致日元汇率迅速升高，日本纺织服装等产业开始向发展中国家转移，本国保留设计部分。此时，日本涌现出一批设计大师，如三宅一生、山本耀司、藤原浩等。同时，索尼、松下等电子产品在世界上的影响力越来越大，日本时尚消费东西方融合特色明显，并开始处于世界潮流前沿。

（4）平成时期（1989年至今）

平成时期日本涌现出大量的"草食男子"，服装中性化或者无性别化越来越为年轻人所喜爱。另外，日本人钟情、热爱动漫为世人所知，日本街头随处可见模仿动漫人物造型的Cosplayer：1991年左右，Cosplayer仅有200人的规模，现在已经发展成由各种小团体构成的人数庞大的队伍，成为一种社会现象，日本媒体称其为"卡哇伊时尚"。

1992年后，日本经济泡沫破灭，各行业发展面临巨大挑战。此时，日本的时尚产业已处于稳定发展并日趋成熟的时期。依托一批世界著名设计师和独特的东方风格，日本时尚消费在世界时尚领域独具特色。另外，时尚电子产品不断升级，东京成为时尚之都，日本时尚成为引领世界时尚发展的重要龙头之一。

近些年，日本开始流行极简主义。受日本禅宗文化的影响，越来越多的日本人开始以"断舍离"的精神对物件"做减法"，以此进行自我减压。由此还出现了只拥有极少私人生活物品、奉行简单生活的"极限民"群体。在社会风气和传统文化的影响下，以简约、朴素为特征的极简主义风格在日本时尚界大行其道，影响着人们的时尚理念和品位。

9.1.3.2　日本时尚产业的现状

（1）纺织服装产业

① 日本纺织企业大力发展合成纤维产业。20世纪50年代初期，日本纤维生产工艺发达，是亚洲地区唯一高质量纤维生产及输出国。为摆脱东南亚一些国家的追赶，60年代后期，日本相关企业大力引进合成纤维技术，发展合成纤维生产，合成纤维制品大量出口到东南亚、美国等市场。日本纺织服装企业优化升级、提升竞争力的方式包括：一是加大海外投资，如投向东南亚、南美洲的发展中国家；二是日本国内相关企业加大研发力度，调整、优化产品结构，注重高附加值产品生产。日本政府着力推动企业开展技术创新，严格控制生产规模，提质增效，此种应对策略有效地舒缓了来自低成本国家强有力的竞争压力。

② 日本纤维产业升级调整。20世纪60年代中后期，日本将产业发展方向调整为重工业领域，此时，世界纺织服装产业发展也由注重价格和质量阶段转为注重高新技术应用阶段，欧美发达国家尤其注重纺织服装材料高级化、用途多样化和产品个性化。日本顺应大趋势，加快纤维产业提质升级，注重技术升级和创新，推动纤维产业向更高级阶段发展，实现从OEM向ODM的跨越。后发国家的纺织服装企业挤占了日本一些传统纺织品市场，但日本纺织服装企业仍有自己的发展空间。一方面给国内居民提供质高价优的纺织服装产品，另一方面产品积极出口到欧美发达国家，赚取高额利润。

日本纤维产业专注专业化，加强垂直联合一体化。20世纪七八十年代，日本纺织服装品和纺织机械设备产量不断减少，但进出口量却明显上升。从全球看，日本作为世界发达国家的一员，国内生活水平明显提高，在服装穿着方面，人们越来越追求高端、时尚、多元。日本决定发展高端化纤维产业，加快供应链、产业链、价值链的整合，引入先进信息技术，不断创新，为消费者提供多样、高档的纤维品。首先，在纤维产品方面，力推专业化生产高附加值产品，实现产品升级。不断培育市场机会，开发纤维品的新标准、新用途，尤其注重拓展产业用纤维品。整体一盘棋考虑，使企业在布局市场时按其专业化方向各自有所侧重，避免同质化低效竞争。例如，东洋纺、东丽以生产合成纤维为主，钟纺则以棉纤维品的生产为主。

其次，在纤维机械制造方面，鼓励研制更先进的机器，力求在技术方面超越欧美国家。先进制造技术优势是日本企业参与国际市场竞争的一大法宝。例如，丰田是尖端纺纱及织布机器的领先者，帝人和东丽掌握着合成纤维机械制造的国际领先技术。

③ 日本纤维企业致力于产业延伸拓展。20 世纪 90 年代后期，得益于技术创新方面的各项政策以及研发投入、人才培养等，日本纺织服装产业自主创新成绩显著，高性能纤维材料、高端纤维生产设备在全球范围内获得了绝对统治地位。

在注重技术创新的新阶段，日本纤维产业大胆尝试、勇于探索，将控制营销、销售、品牌等高附加值环节也作为重要目标，不断完善、提升全球价值链的功能和层级。

高科技企业的发展选择。日本纺织服装高科技企业发展路径主要有以下两个：一是立足先进技术，拓展其他产业。20 世纪 90 年代，以东丽、帝人为代表的各大高科技企业加速进入其他产业领域。东丽以聚合纤维和薄膜技术为基础，不断拓展新产业空间。1953 年，东丽经营范围由纤维生产扩大到塑料、压膜树脂、尼龙等领域，之后又进入了电子材料、建筑材料等行业。20 世纪 70 年代，东丽又先后进入制药、水处理领域。二是立足纺织关联技术，向其他产业渗透。以东洋纺为例，该公司作为纺织行业传统优势企业，在行业不景气期间积极谋求转变，涉足新领域。公司选择围绕纤维业这一核心，向化学产业不断渗透，并逐步进入人造器官等产业。

一般企业的发展选择。除高科技企业外，其他企业也努力扩张，进行探索与尝试。以日清纺为例，认识到中高合成纤维技术被高度垄断的现实，该公司利用已有的技术储备，经过充分的市场调研后，开始涉足飞行器设备生产领域。20 世纪 70 年代，该公司收购了造纸厂，生产适应市场需求的高端优质纸品，后来又进入了信息系统（色彩成像识别）和生物医药等新兴高科技产业领域。另一家比较有代表性的企业——仓敷实施了需求驱动型战略，即紧跟市场需求，快速放大电子设备、生物医药、食品和化妆品等行业，然后设立能引起人们极大兴趣与关注的不同营销主题，整合产品链，着力培育以营销为基础的企业核心竞争力。

④ 日本服装企业的发展路径。日本大多数服装企业起步于批发商等商业性企业，本身不具备生产功能，这是日本服装业发展的一个显著特点。

20 世纪 70 年代初，日本的服装业进入了非个人定做的成衣生产时代。其做法是，日本服装企业在签订品牌授权契约后，获得美国服装品牌在日本市场的使用权、销售权以及国内生产权。日本服装企业需要不断提升自身，吸收大量的技术知识，包括成衣企划、生产、组织以及相关业务等。以这些技术知识作为强力支撑，拥有百货商店固定销售渠道的相关企业迅速成长，到80年代末期直至以后的20年里，出现了年销售额超过1000亿日元的大型服装企业，如RENOWN、ONWARD樫山、三阳商会和东京STYLE等。

（2）化妆品产业

① 市场规模。日本是全球最大的化妆品和个人护理产品市场之一，护肤品是国内美容市场的主导品类。日本护肤品市场规模预计将从2023年的217.6亿美元增长到2028年的243.8亿美元，期间2023～2028年的复合年增长率为2.3%。❶

② 竞争格局。2006年以前，日本资生堂（SHISEIDO）、嘉娜宝（KANEBO）、花王（KAO）三大化妆品集团统领日本的化妆品行业发展；2006年花王收购嘉娜宝后，化妆品市场前三甲变为资生堂、花王和高丝（KOSE）。2021年，日本化妆品市场，资生堂排名第一，花王位居第二位，高丝位居第三，宝拉奥比斯（POLA-ORBIS）位居第四，芳珂（FANCL）位居第五（图9-4）。

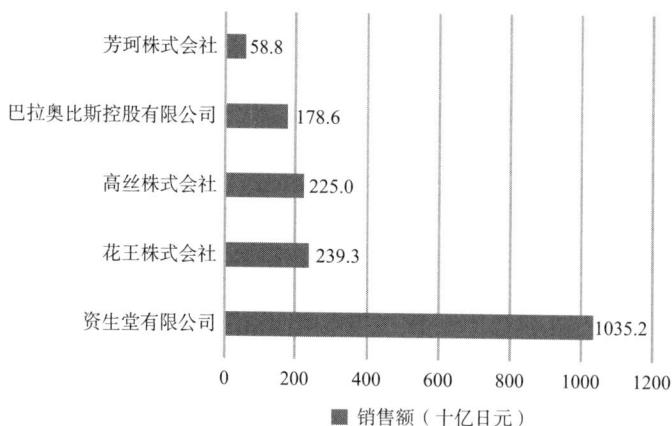

图9-4　2021年日本领先化妆品企业销售额

（数据来源：TSR❷）

（3）动漫产业

① 产业发展概况。日本是世界上仅次于美国的动漫产业生产大国，动漫产业也是日本第三大产业。日本以漫画业作为切入点，动画业在漫画业的基础上快速发展。日本漫画业在20世纪40年代起步，60年代末进入辉煌时期，当时的漫画出版

❶ 2024日本美妆市场洞察报告［EB/OL］.大数跨境，2024-07-04.

❷ 维卓出海研究院：2012—2023日本美容美发行业研究报告［R］.2023.

产值占到了出版业总产值的10%以上。❶目前，日本是世界上动漫作品出口最多的国家。

日本一年的出版物约有60亿册，如按销量计算，漫画期刊和单行本约占50%以上。日本拥有超过400家的动漫制作会社和数量庞大的动漫制作人队伍，每年近百部动漫影片在电影院上映，每年有超过4000集（部）动漫作品在电视台播出。

根据前瞻产业研究院发布的《2016—2021年中国动漫产业发展前景预测与投资战略规划分析报告》显示，在日本人群中，喜欢漫画的约占87%、拥有漫画人物衍生品的约占84%。散落在各个角落的日本动漫俱乐部更是不计其数。据初步统计，目前世界其他各国播放的动画节目中日本制作的约占60%，日本动画电影、电视动画风靡世界，许多日本动漫形象给各国观众留下了深刻的印象。

② 产业规模。据日本动画协会统计发布的有关数据，2021年的日本动画产业规模同比增长13.3%至27422亿日元，创下历史新高。其中，电视动画为906亿日元，动画电影为602亿日元，碟片为662亿日元，网络发行为1543亿日元，角色商品为6631亿元，音乐为317亿日元，海外市场为13134亿日元，游艺产品为3056亿日元，演出及线下娱乐为571亿日元。除此之外，2021年也是日本国内市场反超海外市场的一年（表9-5）。

表9-5 日本动画产业规模 （单位：亿日元）

品类	2012	2013	2014	2015	2016	2017	2018	2019	2020	2021	增长占比	增长与2020年数据相比	
电视动画	960	1027	1116	1073	1056	1061	1137	948	840	906	3.30%	66	7.86%
动画电影	409	470	417	477	663	410	426	692	554	602	2.20%	48	8.66%
碟片	1059	1153	1021	928	788	765	587	563	466	662	2.41%	196	42.06%
网络发行	272	340	408	437	478	540	595	685	930	1543	5.63%	613	65.91%
角色商品	5732	5985	6552	5794	5522	5037	5003	5868	5819	6631	24.18%	812	13.95%
音乐	283	296	292	324	369	344	358	337	276	317	1.16%	41	14.86%
海外	2408	2823	3266	5834	7677	9948	10092	12009	12394	13134	4790%	740	5.97%
游艺	2272	2427	2981	2941	2819	2687	2835	3199	2630	3056	11.14%	426	16.20%
演出及线下娱乐	—	248	318	484	532	629	774	844	290	571	2.08%	281	96.90%
合计	13395	14769	16371	18292	19903	21421	21807	25145	24199	27422	100%	3223	13.32%

（数据来源：一般社团法人日本动画协会）

---

❶ 陈子萍. 日本动漫年营业额达230万亿日元日本动漫产业现状分析［EB/OL］. 前瞻网，2016-04-17.

③ 日本动漫产业链及衍生品市场。日本动漫产业逐渐形成了以漫画为起点的巨大商业链。漫画家连载的漫画成为人气作品后，将会逐步进入电视动画化、DVD化（OVA）、电影化等多种媒体形式，然后会开发庞大的玩偶、游戏等衍生品。近年来也出现了一些从小说、游戏反向推进到漫画、动画的作品。总体来看，日本动漫产业呈现动画、漫画、游戏相互融合、齐头并进的发展态势。

9.1.3.3 日本时尚产业的特征

比较而言，日本时尚文化与世界其他国家、地区的时尚文化具有共性，但自身的特性也十分明显，尤其在服装设计领域。日本时尚工作者都遵循自身的美学逻辑与哲学，塑造了日本独有的时尚设计风格。

（1）产业发展水平较高，世界影响力广泛

明治维新后，日本吐故纳新，快速步入资本主义发展轨道，经过20世纪六七十年代的快速发展期，日本快速推进了工业化和现代化，成为世界经济强国。经济的快速发展也促进了日本国民发展理念和消费观念的转变，日本国民普遍向欧美发达国家看齐，更加注重仪表和生活品质，对欧美外来文化、新商业、新品牌趋之若鹜。与此同时，日本涌现出了索尼、丰田、三井、日立、三菱、欧姆龙、住友、松下、康佳等一批世界级企业，引领了各自领域的发展。与日本综合国力相对应，日本曾经多年保持了世界奢侈品消费第一大国的地位。与美国等发达经济体不同的是，日本国内市场的时尚和文化创意产品以国内产品和品牌占据绝对主导，其他国家的产品和品牌很难进入日本市场，这彰显了日本时尚产业的国际竞争力。近年来，日本在智能机器人、动漫、奢侈品等领域的发展更加突出，涌现出了一批世界级的时尚及创意品牌，其影响力巨大。

（2）融合东方哲学思想，时尚设计力量不断崛起

日本时尚设计风格独树一帜的重要原因之一是继承和发扬了本土文化以及地理环境对思想的潜移默化。日本时尚和文化创意产业国际地位的确立，增强了日本时尚设计师的自信心和对本国文化的信心，不少前卫设计师重新研究和审视历史和地域文化，在设计中更多地融入了历史、地域及大和民族的文化元素和符号，体现出对细节的重视、对自然的重视，追求简单和朴素，越来越显示出日本文化的影响力。与此同时，不少新锐设计师学习和吸收国际上流行的时尚文化与元素，将异域文化与日本文化有机融合，扩大了其产品在国际上的认可度与影响力。

20世纪70年代，日本涌现了川久保玲（Rei Kawakubo）、原研哉（Kenya Hara）、三宅一生（Issey Miyake）等一批国际知名设计大师，以他们充满创造力与想象力的作品，在国际顶级时装界中逐步占有一席之地。其中，川久保玲作品的主要特色是多用立体几何模式，进行不对称重叠式剪裁，将线条、色调经过创意，使

作品呈现出有意识的美感。原研哉设计的作品多被赋予深邃、空灵的哲学理念，而这些理念源于日本传统文化。"一生褶皱"是三宅一生设计风格的写照，其作品貌似无形，却是疏而不散，完美诠释了东方文化。日本服装设计师能够在世界时尚之林突出重围，赢得世界时装行业的尊重与认可，与日本多元文化内涵息息相关。日本设计师往往以东方传统文化为灵魂，以东西方立体裁剪和服装款式相结合进行创造，不断摸索出独树一帜的独特且前卫的时尚设计风格。这些具有独特风格日本设计师的崛起，使东京成为东方时尚之都，吸引了来自西方世界的广泛关注。

（3）注重质量与客户体验，产业间跨界合作明显

工业化以来，日本的纺织服装产业在全球的地位和影响力不断增强，日本历来注重工匠精神，对产品质量的追求十分执着，日本时尚和创意设计师历来对材料的选择近乎苛刻，他们设计的产品除了质量好、性价比高，对舒适度和客户体验的追求远胜过欧美设计师。另外，日本制造环节精益求精的职业精神决定了其产品的可持续竞争力。日本时尚和文化创意界还鼓励和包容奇思妙想，出现了很多不拘一格甚至惊世骇俗的艺术化产品。日本时尚和文化创意界呈现出"万紫千红"的景象。

时尚设计产业间跨界合作日渐成为趋势。各领域的设计师相互学习、相互合作、优势互补，其产品呈现出综合性与多元化，如建筑设计师与艺术设计师的合作，艺术家与服装设计师的合作，艺术家与家电、汽车设计师的合作等。通过这种跨界合作，提升了艺术家、设计师各自的竞争力，提升了设计产品的附加值和影响力，实现了艺术家和设计师的自我价值。

（4）以东京特色区域为核心，时尚集聚地逐渐形成

随着日本时尚文化的传播、时尚产业的快速发展，以特色、时尚时装为代表，日本形成了表参道、原宿、涩谷、代官山、银座等诸多时尚集聚区，其中尤以东京最为集中，不同消费层次和动机的顾客均能在不同集聚区满足自己的内心需求。目前，这些时尚区域越来越成熟，并独具风格，吸引着人们去旅游、观光和体验。

① 表参道（OMOTESANDO）。表参道以"日本的巴黎"而著称，汇聚了欧洲、日本等众多知名设计师的作品，有很多的流行元素，许多衣饰设计富有创意，符合经济实力雄厚的有品位人士。HILLS是表参道的标志建筑。另外，诸多著名的世界品牌旗舰店、大型服饰广场设在此处，这也促使表参道成为世界品牌的亚洲展览中心。

② 原宿（HARJUKU）。原宿处于东京两大商业区新宿和涩谷之间，日本著名的"青年购物街"，是日本少男少女时装流行的发源地，适合学生与年轻人的店比较多。服饰主打轻便风格，街头小店的品牌服饰很流行，形成了"后原宿热"。20世纪80年代，原宿出现过两次时尚潮流。一是年轻的街头歌手与音乐爱好者常在原宿车站附近表演，他们的街头装扮形成独具一派的街头时尚；二是许多著名时尚品牌

在原宿开店，吸引了众多追赶潮流的年轻人来到这里。每逢周末，许多身着奇装异服的扮星族和追星族到原宿，展现他（她）们的"明星潜质"。

③银座（Ginza）。银座与纽约第五大道、巴黎香榭丽舍大街并称为世界三大繁华中心，是许多百年老铺与本土品牌的发祥地，是奢侈品牌专卖店的重要商业区，是奢华的象征。20世纪20年代后期以来，银座逐渐成为东京新潮商业中心，以繁华和高雅格调著称于世。后来发展成为日本现代化的重要标志，是日本消费文化及"标新""逆反"文化的典型代表。"银座"一词本身除了代表地名，还有一种深层的、外人很难理解的文化内涵。

9.2 国际时尚产业发展过程中面临的机遇与挑战

9.2.1 时尚将进一步全球化

经济全球化的同时也带来了信息全球化，这就意味着时尚全球化也在进行中，全球化的时尚思维在大众脑海中逐渐形成。目前来看，时尚产业仍然活跃在一些发达国家的中心地带，发达国家由于经济和文化的强势，成为时尚的引领者和输出者，也是时尚发展规则的制定方。因为时尚的产生不仅与经济发展程度相联系，与社会文化和传统历史也有一定联系，在发展中国家和其他经济相对较落后的国家，时尚影响力体现不足。但随着时尚经济的快速蔓延，经济发展推动着思想的革新，时尚将成为全球性的产业，在不久的将来，这些地区也将受到时尚文化的全方位熏陶，形成属于自己的时尚产业。

9.2.2 时尚与国民经济之间的联系将更紧密

从正向看，时尚引领并促进社会生产与消费，欠发达地区与发达地区的消费观念存在一定差异，受到消费心理的影响，发达地区的消费者更在乎他们所购买的产品或服务抑或时尚，是否合乎他们对生活品位的追求，这部分人群对时尚已明显形成了自己的标准。然而，这种时尚标准具有感染性，一旦出现在小部分群体中，另外的社会成员就有可能进行模仿，从而迅速传播，形成一种时尚消费的潮流。从反向看，时尚消费的潮流同时反作用于社会生产，成为许多时尚产业崛起的动力，由于时尚产业蓬勃发展的城市的引领作用，后起之秀有了经验与方向，其产业发展速度将出现爆发式增长，时尚与国民经济的紧密联系将很快凸显出来。

9.2.3 时尚产业将更加多元化

随着可穿戴技术、3D打印、虚拟现实等热门科技的进步，时尚产业中将被融入更多科技元素，这些元素不仅体现在使用功能上，还在新产品中注入了科技气息，科技感悄无声息地渗透到了时尚产品开发、设计、销售等每个环节，为时尚产品增添了更多个性化、人性化的元素。另外，信息全球化使得我们可以便捷地了解到其他地区的文化发展史，对本土文化和外籍文化进行融合创作，并运用到时尚产品中，不失为一种高级的改革。与传统设计不同的是，有购买实力的消费者可以自主参与创作，如可以打印一双自主设计的鞋子，这被称为"即时消费"。科技为时尚产业提供推动力，文化开拓人们的时尚思维，未来世界时尚产业将进一步扩大，呈现百花齐放的局面。

9.2.4　快时尚发展脚步放缓

所谓"快时尚"，其特征体现在紧追潮流，单款数量少，款式多，价格平民化，更新速度快。快时尚产业的运营特点是产品从开发到投入市场的前导时间短，并且它们有着强大先进的物流及数据分析系统，同时在设计方面，快时尚产业会以超高薪聘请奢侈品设计师与国际巨星加盟，商业选址也往往与奢侈品为邻。他们的产品开发实行买手制，不是制造时尚，而是创造时尚。快时尚经过十年左右的发展，开始出现瓶颈。例如，日本快时尚巨头优衣库表示将把生产基地从中国、东南亚等地区搬至非洲埃塞俄比亚，从而降低集团生产成本。出现此情况的原因或许是快时尚从诞生之初就存在道德困境，价格战中，快时尚的经营情况将雪上加霜。相较于其他快时尚品牌，ZARA 的情况相对乐观。2018 年 ZARA 仍处于快时尚品牌领先地位。但在全球零售环境不活跃、消费者的生活习惯被快速崛起的移动互联网深度改变的背景下，ZARA 也不能固守传统，需要加快企业结构更新。

9.2.5　街头潮牌开始崛起

目前，时尚产业呈现明显的年轻化趋势，设计乏力、供应链及运营模式僵化的奢侈品牌近年来在年轻消费者中热度减弱，充满活力与创意的街头潮牌成为这一现象的受益者。为了重新引起年轻消费者的关注，与街头潮牌合作成为奢侈品牌年轻化的捷径之一。2017 年 2 月奢侈品牌 LV 与 Supreme 的联名系列引起业界与消费者的高度关注，被称为是 21 世纪奢侈时尚界最高级别的联名系列，并获得了积极的市场反响。2017 年 10 月，美国私募股权投资公司 The Carlyle Group 集团计划以 5 亿美元的价格收购 Supreme50% 的股权。Google 搜索指数统计也得出，2017 年 Supreme 的搜索指数已经超过 YEEZY、AirJordan、Puma、Prada、Balenciaga 等品牌，与其有关的每一条新动态都会以最快速度广泛传播，OFF-WHITE 的设计师维吉尔·阿布洛（Virgil Abloh）则成为 2017 年最受品牌喜爱的合作对象，已和 Nike、Rimowa 等多个品牌推出联名系列。年轻消费者比传统消费群体有着更个性化、更挑剔的眼光，他们对设计感、质地、文化内涵有着自己的标准尺度，潮牌时尚产业所带来的刺激满足了年轻消费者的外部感官和内心诉求，正面临着巨大的发展机遇。

9.2.6　网络成为奢侈品的新兴分销渠道

数字化与电商的崛起为各大奢侈品牌提供了新的输出方式。据 Ecommerce News 报道，2023年欧洲线上时尚、美容和奢侈品市场营业额将达到2130亿欧元，其中跨境市场份额为38%，达到820亿欧元。另外，时尚、美容与奢侈品零售业目前正经历数字化转型，超30%的销售现已转向线上。由此可见，在线销售的方式在奢侈品行业也成了销售额增加的最大助力。

9.2.7　时尚产业与自然的关系是未来世界时尚产业关注的焦点

联合国环境规划署一致认为，可持续发展思想在时尚产业上的影响力不够，它需要更加受到重视，并制订可持续的设计方案，为此不少奢侈品产业开始转变方式。近年来越来越多的时尚品牌宣布弃用皮草，其中包括 Armani、Hugo Boss、Stella Mccartney、Calvin Klein、Tommy Hilfiger、Ralph Lauren 等。可持续时尚观念在时尚产业间开始流行，消费者和品牌一致关注环保和人文，可持续时尚成为一种全新的消费选择，是未来的发展趋势，市场前景广阔，同时也是未来世界经济可持续发展的重要一步。

9.3　国际时尚产业发展趋势

9.3.1　时尚产业的商业模式将持续创新改变

时尚产业在过去数年间，逐渐走进了以科技手段为主导的数字时代，广大消费者的时尚消费观念也在不断调整。在数字技术给消费行为带来长期改变的情况下，为了适应不断发展变化的市场，时尚产业持续创新改革商业模式。

9.3.1.1　循环经济催生二手商业模式

随着"商品的价值"和"可持续性"成为消费者购物的重要导向性因素，时尚产业加快对生态环保产品以及可持续发展领域方面的实践步伐，以适应消费者不断增长的需求。近年来，二手奢侈品市场成为人们日益关注的焦点。根据奢侈品转售平台 Vestiaire Collective 的统计，2023年，二手时尚衣物、配饰占个人衣橱中的27%；到2025年，该行业的价值将超过600亿美元。另据优奢易拍联合对外经济贸易大学奢侈品研究中心研究发布《中国二手奢侈品发展研究报告》显示，中国近10年的奢侈品存量约为四万亿人民币，但二手奢侈品市场规模仅占奢侈品行业市场规模的5%，仍处于萌芽期，若以二手奢侈品市场的平均占比来估算，未来中国二手奢侈品市场可达万亿规模。因此，奢侈品品牌也对二手市场表现出浓厚的兴趣。例如，全球第二大奢侈品集团——开云集团，对奢侈品转售平台 Vestiaire Collective 进行投资，购买该公司5%的股份。通过此次收购，开云集团显示了其在数字化电商领域以及二手时尚市场进行扩张的野心。面对巨大的市场潜力，国内寺库、只二、胖虎、红布林及妃鱼在内的国内二手奢侈品平台相继通过直播电商渠道扩大客群；淘宝、抖音、小红书等具有分享性质的直播平台则逐渐成为二手奢侈品的传播营销主战场。随着市场朝着规范化和模式化的方向发展，未来整个奢侈品行业将陆续向二手转售平台开出绿灯，二手转售电商平台将越发受到头部奢侈品品牌的认可。同时，随着可持续时尚消费观的普及，也将使这股时尚循环经济的热潮，转变为巨大的经济效益。

专栏　二手奢侈品行业简介[1]

1.二手奢侈品行业分类　二手奢侈品按产品品类不同可分为箱包皮具、服饰鞋帽、高级腕表和珠宝配饰四类，其中箱包皮具是消费者首选的消费品。

2.二手奢侈品行业特征　中国二手奢侈品经过发展，形成了以下几点特征：第一，中国二手奢侈品市场存量大，与发达国家相比产品流转率低，整体行业发展潜力大；第二，消费者年轻特性显著，30岁以下是主要消费群体，追求高性价比是消费者对二手奢侈品的首要态度；第三，中国二手奢侈品市场大众化趋势明显，社交属性凸显。

3.二手奢侈品行业发展历程　目前中国二手奢侈品处于起步阶段，与奢侈品市场表现、消费理念密切相关，且预计未来3~5年迎来高峰期。受日本中古文化影响，二手奢侈品也开始在中国萌芽，二手奢侈品逐渐被中国消费者接受，这期间，国内涌现了一波二线电商平台。未来，二手奢侈品市场潜力大，中国有近4万亿的存量未开发，且渗透率仅1%~2%，资本市场看好未来二手交易市场的发展。

4.二手奢侈品行业产业链　中国二手奢侈品行业产业链由上游的回收环节、中游的商品化环节和下游的消费者共同组成。其中产业链上游货源充足且分散，上游卖家分为个人和B端货源公司，个人卖家以"80后"和"70后"为主，更倾向购买新品，B端卖家掌握一手资源，利润高；中国二手奢侈品产业链中游是商品化环节，包括二手奢侈品鉴定、定价和销售流程，鉴定正品率低和定价标准不统一是存在的问题；中国二手奢侈品的产业链下游为消费者，消费主力为女性，且年轻特性显著，多为30岁以下群体，集中分布在一、二线城市；追求高性价比是消费者对二手奢侈品的首要态度，线下渠道是购买二手奢侈品的主要方式，消费者偏好一线大牌

---

[1] 资料来自头豹研究院《二手奢侈品》。

经典款。

5.二手奢侈品行业规模　随着二手奢侈品电商平台如雨后春笋般涌现，交易方式多样和交易程序简单共同促进二手奢侈品市场发展：2016年二手奢侈品市场规模仅58.5亿元，2020年上涨至173亿元，复合增长率达31.1%。根据《中国二手奢侈品市场2024年分析报告》，预计到2025年，中国的二手奢侈品市场规模将达到780亿美元，二手奢侈品行业仍具有增长空间。年轻消费者普遍追求个性和可持续性理念，这类人群在二手奢侈品领域的强购买力是驱动未来市场增长的重要因素之一。另外，箱包皮具类在二手奢侈品市场中占据主要市场份额：《中国二手高端消费品线上卖方（回收）市场发展报告2024》显示，我国二手高端消费品交易市场以箱包为主，交易量占比为84%。箱包皮具奢侈品的款式多样，流转率和性价比高于其他品类，因此在二手奢侈品市场流行度高。

9.3.1.2　连通线上线下提供完整消费体验

根据腾讯与BCG编写的《把握时代传承的变与不变——中国奢侈品市场数字化趋势洞察报告（2021年）》报告显示，品牌官网、品牌官方小程序、国内电商、跨境电商、线下门店构成了消费者购买的主要渠道。值得一提的是，"90后"客群较为依赖微信生态，但部分重度客群较为偏爱线上研究线下购买。因此，对于时尚产品消费而言，服务体验仍是影响消费者决策的重要因素之一。因此，能否连通线上线下为消费者（特别是年轻消费者）带来完整的消费体验成为考验品牌营销服务体系系统性和互动性的重要标准之一。

纵观全球，几乎所有的百货商场都在用社交媒体、线上电商和直播带货等各种不同技术手段，来重新提升自己对年轻世代的吸引力，更加灵活多变的转型策略正帮助它们持续撬动年轻圈层。同时，线下商业门店也在努力思考如何将线上渠道与线下零售相结合，如何重塑线下零售体验的重要性以及通过直播、社交媒体等平台搭建自己的私域流量。例如，北京以三里屯、蓝色港湾、国贸、望京等商圈为试点，充分运用5G、AR和VR、物联网等新一代信息技术，打造数字化沉浸式时尚消费空间。在王府井购物中心打造的极具未来感的"星空馆"中，消费者只需拿出手机扫描商品即可体验AR互动新零售。

9.3.2　产品创新日益成为时尚产业吸引客户的核心竞争力

以产品创新应对多元化需求，是品牌向上创新的正确姿势。产品创新是时尚企业永远的课题和使命。中国"千禧一代"及"Z世代"在2020年时总人口为5.7亿人，这一群体通常具有更前瞻的消费偏好，对时尚潮流趋势的认知也更深刻。"千禧一代"及"Z世代"偏好时尚休闲及休闲风格的鞋服产品。此外，"千禧一代"及

"Z世代"对风格的选择也越来越影响其他代际消费者的消费选择，推动中国时尚潮流市场的整体增长（图9-5）。

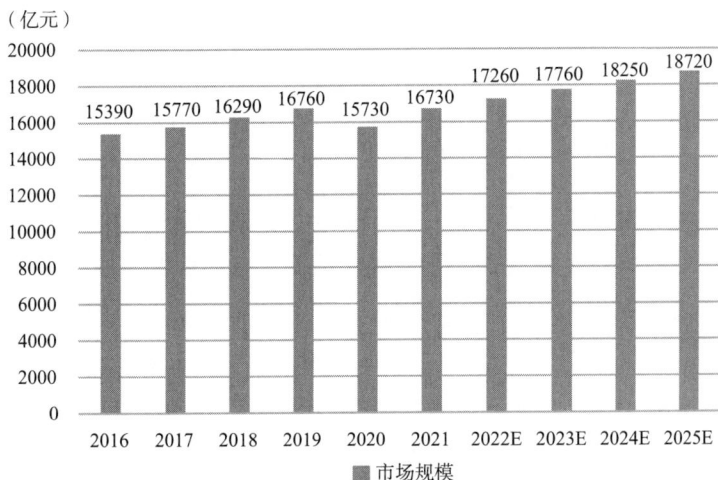

图9-5　2016~2025年中国时尚潮流行业市场规模统计

（数据来源：弗若斯特沙利文、中商产业研究院整理）

对于"Z时代"时尚消费者而言，时尚产品早已跨越了其原本的功能性，更已经走出了身份象征的浅表意义，而成为消费者的一种个性风格、享受时尚所带来的心理满足感，甚至是一个人消费观、价值观的具体表现之一。消费者会为不同的生活、社交及工作场景购置专用的产品。为满足此需求，适用于特定消费场景、设计独特的时尚潮流产品不断推向市场。在消费者日益主导市场的环境下，拥有深厚客户洞察力、研发能力以及拥有全面产品组合的时尚潮流企业最有能力抓住巨大的市场机遇。

案例　　SHEIN——快速成长的跨境电商巨头

2008年，希音（SHEIN）由创始人许仰天成立，致力于"人人尽享时尚之美"，是一家以女性快时尚为业务主体的跨境B2C互联网企业，主要面向"Z世代"受众，总部设在新加坡。目前，SHEIN主要在中国境外经营，只在境外销售，主要进入的市场有北美、欧洲、中东、东南亚、南美等，直接服务全球超过150个国家的消费者，App全球覆盖50多个语种，拥有11个自有品牌。近几年，SHEIN已成长为中国最大的出海独角兽之一。2021年，SHEIN超越亚马逊成为美国下载量最高的购物App之一；2022年，SHEIN的GMV达290亿美元，收入达227亿美元，同比增长45%（过去八年的复合年增长率超过100%），销售收入超过了ZARA、优衣库。根据花商淘略，截至2021年7月，SHEIN拥有近1.2亿注册用户和超过3000万日活用户（DAU）。SHEIN的快速发展得益于以下原因：

1.小单快返缩短上新周期，按需生产优化存货周转　第一，小单快返缩短上新周期。SHEIN依托面向客户的网站提供个性化产品推荐，基于购买量、收藏量等反馈快速决定SKU的返单深度，基于其高效的小单快返供应链，SHEIN将上新周期缩短到7天，而ZARA的上新周期为14天，传统服饰品牌为6~9个月。第二，大量测试提升爆款概率。SHEIN一次可生产并测试100件，ZARA最少为500件，同样生产3000件衣服测试市场反应，ZARA只能测试1~6个款式，而SHEIN可以测试30个款式，这意味着SHEIN压中爆款的概率更高。2018年SHEIN的商业计划书显示，SHEIN爆款率达50%。第三，按需生产减少库存压力。SHEIN在网站上架图片后迅速跟进反馈，产品测试成本更低，凭借这种按需生产的模式，SHEIN成功压缩了库存成本，库存周转仅40天左右，SHEIN的未销售库存占比降低到了个位数，有效减少了库存成本和浪费，对比同行，2022年ZARA母公司Inditex库存周转天数为80天。

2.背靠高效协同产业链，缩短与厂商距离降本增效　背靠丰富产业链资源，深入供应商区域降本增效。SHEIN总部及供应链中心位于广州市番禺区，而服装产业是番禺区的传统优势产业。根据高德地图显示，SHEIN总部附近分布着大量服装厂，SHEIN能够触达的中国供应商数量在1000多个，其中围绕SHEIN在广州番禺设工厂的核心供应商约有300~400家。SHEIN将办公室位置设在核心厂商中心，提高了信息传输效率及透明度，进而降低了对供应商的管理成本和交易成本。与从更发达市场采购产品的参与者相比，SHEIN受益于中国较低的劳动力和纺织（原材料）成本。与从一个国家采购原材料并在另一个国家拥有制造设施的零售商相比，SHEIN供应链在广州的地理集中也降低了物流成本和缩短了交货时间。

3.后台数据系统支持，不断创新迭代　第一，及时掌握客户需求和跟踪全球服装趋势。一方面，SHEIN能够借助界面友好的应用程序收集比网络或实体店更详细和全面的消费者数据。另一方面，SHEIN通过访问Google的实时"趋势查找器"服务，可以非常精细地跟踪全球的服装趋势，实时使用这些数据的能力领先于行业中的任何其他参与者。第二，后台数据系统支持。后端系统不断完善，大幅改善供应商生产效率。SHEIN自主研发并投入建设供应链数字化管理系统，将全部供应商接入并进行集中化管理，实时追踪各工厂生产进度、订单处理情况等，有效提升供应商生产效率。在实现上下游信息互通的同时，也为后续帮助供应商清理冗余库存做前期布局。SHEIN后端供应系统分为商品中心、供应链中心及IT研发中心，且针对不同环节开发了30~40个系统，后端供应体系的完善为供应商持续赋能。此外，一旦产品上市，对于消费者而言，随着消费者与商品的互动，会创建更多的第一手数据。因此，SHEIN受益于其面向消费者的前端和高效后端之间的强化飞轮，这意味着其产品始终紧跟潮流和时尚。

9.3.3　科技驱动为时尚产业带来全新的变革契机

时尚强国建设需要以科技为基本保障。《中国服装行业"十四五"发展指导意见和2035年远景目标》指出,到2035年,"我国服装科技创新水平位列世界一流行列,成为世界服装科技的主要驱动者"。为了实现这一目标,时尚产业通过积极地拥抱变革和创新,推进新材料、新工艺、高效传播方式等的创新研发和使用。时尚产业的从业者们日益意识到,科技创新是创造新思维、新模式和新渠道的驱动力。未来推动数字时尚产业发展,应该跳出传统产业发展模式,强化"数字时尚思维",围绕时尚设计数字化、时尚营销数字化、时尚供给数字化、时尚消费数字化,走转型升级发展之路。

9.3.3.1　数字传播技术改变时尚品牌的营销方式和传播方式

在以数字技术为主导的新一轮科技革命加快推进的同时,系统性的数字化营销渠道已经成为不确定时代的确定趋势。根据艾瑞咨询公司的数据,2020年中国直播电商市场规模达1.2万亿元,年增长率为197%,2023年直播电商规模将超过4.9万亿元,三年年均复合增长率为58.3%。

作为第一个尝试在小红书进行直播的头部奢侈品品牌,Louis Vuitton于2020年3月份在小红书平台上进行了直播首秀,向观众介绍品牌2020春夏系列的主打产品。Louis Vuitton的动作也向行业透露了一个明显的信号,即奢侈品品牌之间的流量争夺已经从线下零售转移到线上直播渠道。

除了利用直播形成的公域流量,各品牌还在私域中构建了自己的流量池。例如,Pandora就选择在自己的私域流量中,举办针对VIP客户群的小规模直播活动,并由自己的品牌员工担任主播。Dior也采用了私域流量中进行直播的方式,利用企业微信,邀请明星或KOL进入直播间,为自己的VIP客户进行直播。这种方式能够给真正具有高消费能力和客户黏性的VIP客户带来真实的购物体验感,其直播转化率要比在抖音、小红书等平台上更高。

数字传播技术的变革作用还体现在品牌们利用数字时装秀、时装短片等形式进行营销。以Gucci、Bottega Venta为代表的品牌纷纷把以往用来筹备实体时装秀的资金预算转移到了线上渠道,用制作精良、极具创意的时装电影,以最新的数字化叙事手法强化品牌先锋形象。

9.3.3.2　大数据推进品牌进行数字化升级

"Z世代"消费者的崛起以及他们独特的消费需求,让整个时尚产业始终处于求新求变的状态之中。随着AR增强现实、元宇宙、NFT等趋势的兴起,时尚界正掀起一场数字时尚的竞赛,试图抓住Z世代消费者的注意力。作为最早进入"虚拟试穿服务"的公司之一,时装设计软件公司Browzwear在AR试穿、试妆等领域的技术研发已经走在行业前端,其虚拟试妆技术在Snapchat、Instagram和YouTube等社交平台上吸引了大量用户。利用虚拟试穿技术，不仅可以帮助零售商提高竞争力，还可以利用扫描顾客体型所搜集到的体型数据库，为品牌和设计师提供更广泛和更具参考价值的设计数据来源，以此反馈给品牌方，品牌便可以通过这些数据来调整自己的产品设计和营销内容，从而更有针对性地对某一市场进行精准布局。

此外，"Z世代"消费者对可持续环保议题的关注、对个性化的追求以及日益下降的品牌忠诚度，都决定了品牌方需要利用大数据技术来对这些消费者的需求进行量化，并持续产出预测消费者需求的洞见。目前，已经实现这一目标的平台包括亚马逊网络服务、谷歌Cloud等巨头。

9.3.3.3 元宇宙等虚拟科技成为时尚产业的下一个风口

元宇宙是一个极致开放、复杂、巨大的系统，涵盖了整个网络空间以及众多硬件设备和现实条件，是一个超大型数字应用生态。这个世界真正实现了数据的确权、定价、交易和赋能，元宇宙是客观存在的、开源的、动态演化的、以客户需求为导向的，是一个人造的虚拟的平行世界。元宇宙的部分概念已经渗透到时尚领域中，例如，非同质化代币（NFT）、虚拟偶像、沉浸式电竞游戏等。元宇宙不仅颠覆了"时尚只有实体"的传统概念，更让时尚奢侈品牌得以在现实世界以外，逐渐进入虚拟领域，从而实现对年轻世代消费者的精准抓取，并在这一未来趋势中占据主动权。例如，2021年，Louis Vuitton为庆祝品牌公司创始人200周年诞辰，推出了基于NFT的游戏应用程序"Louis：The Game"，游戏中运用最新区块链技术，嵌入30个非同质化代币（NFT），供玩家在游戏过程中收集。从快时尚品牌到头部奢侈品牌，再到NFT艺术品和房地产，元宇宙经济迎来了井喷式的发展。据摩根士丹利的报告，目前NFT奢侈品市场规模约为250亿美元。预计到2030年，元宇宙概念下的游戏和NFT将占据奢侈品潜在市场的10%。北京也在积极发展元宇宙相关技术及应用，例如，北京欧倍尔公司开发的元宇宙中，在其中可以穿越时空，购物无界；可以个性化定制，满足多样化需求；可以参与互动活动，体验更多乐趣。此外，还有中国首个时装周虚拟时尚地标"元宇宙·北京751D·PARK"、阿里元境等。

9.3.4 时尚产业更加注重品牌文化的塑造

在过去几年中，大浪淘沙的时尚消费市场始终证明着——拥有独特且明确的品牌文化才能不被市场淘汰，并持续吸引着不同时代的消费者。当下，独特的品牌文化是决定一个品牌能否持久发展、保持消费者忠诚度的决定性因素。它不仅能够赋予品牌深刻而丰富的文化内涵，还能够帮助其建立起鲜明的品牌定位和形象，并通过各个渠道的传播途径让消费者形成对品牌的认知，从而创造品牌信仰以及培养消费者的品牌忠诚度。拥有忠诚度意味着品牌能够在激烈的市场竞争中保持自己的竞争优势，为品牌的可持续发展提供源源不断的动力。因此，需要重视建构新时代时尚文化理念，充分挖掘中国传统文化元素与吸纳时代精神，加快融入符合新潮流的时尚产品之中，打造满足百姓文化与生活方式的时尚品牌，这也是提升文化软实力的需要。

9.3.4.1 通过数字技术实现品牌与传统文化的连接

时尚产业中的中国元素从繁到简，西学东渐，不断融入各大时尚品牌之中。在这个过程中，不断发展的数字技术如5G、AR、VR、直播等以及元宇宙概念的兴起，都对中国传统文化与品牌的连接产生了极大的推动作用。以北京众多博物馆为例，纷纷通过虚拟空间技术、AR互动体验等形式，将以往艰深难以被完全解读的艺术展品转变成逼真、实时的三维虚拟场景，从而帮助博物馆提升观众的参展互动性和体验感。在时尚产业中，许多品牌也通过数字化手段来完成与传统文化的对接，如北京2022时装周期间，首次推出了数字时尚会场，以"翻转未来，破壁降临"为概念，将艺术、时尚与科技相结合，为虚拟时装发布、数字艺术作品展示打破时空阻隔，引领观众足不出户沉浸式看秀观展。北京工美的数字艺术作品《四维空间》景泰蓝收纳盒、EVERLAND的虚拟时装"数字神话·鹊桥仙"等数字服饰、艺术展品，用数字手段展示了品牌所诠释的中国传统文化，既让传统文化焕发了新生，也让品牌更好地触达了消费者。

9.3.4.2 利用艺术重新定义品牌文化

在不断用跨界联名、限量发售和爆款产品连接大众和年轻人的同时，时尚品牌也在尽力维持其与成熟消费者和资深买家之间的联系，手段之一就是与严肃的当代艺术进行结合。从某种意义上讲，时尚与艺术的结合仍是跨界合作的一种，通过与当代艺术的结合，品牌得以重新定义自身的品牌文化，并与新的市场消费者展开对话。最鲜明的例子莫过于设计师与艺术家之间的合作，例如，DJOYCE旗下北京精品店JOYCE TRUNK推出的首个艺术合作，力邀本地新锐艺术家和设计师王志钧在店内展示面罩艺术设计，带来一场高街时尚与艺术创意的新鲜对话。

9.3.4.3 建立与消费者文化价值观相同的品牌文化

根据前瞻产业研究院的相关研究报告显示，在2016~2019年及之前，中国消费者的时尚消费主要受流量明星、网红潮人、社交平台所引导，但在2019年后至今，消费者的主要购买导向已经变成了时尚品牌所承载的文化内涵，以及这种文化内涵是否符合自己的文化价值观。文化是时尚的灵魂，消费者对时尚品牌和产品的认同，归根结底来自对品牌所蕴含的文化价值的认同，而这种认同就建立在是否与自身文化价值观相契合之上。以成功实现品牌新生的李宁（Li Ning）为例，其利用大量的传统文化符号来唤起国民的集体文化记忆，使后者产生了对民族传统文化的认同感。同时，利用当下潮流趋势对传统文学符号、建筑、戏剧等内容进行再诠释，其背后所蕴含的文化精髓也通过这种符合新世代消费者审美的创意呈现方式，引发了后者的情感共鸣。在这个过程中，Li Ning 成功地获得了消费者的文化认同。

本章思考题

1.法国时尚产业发展的历程和特征是什么？

2.美国时尚产业发展的历程和特征是什么？

3.日本时尚产业发展的历程和特征是什么？

4.国际时尚发展的机遇与挑战是什么？

5.国际时尚产业发展的趋势是什么？

参考文献
REFERENCES

［1］弗格. 时尚通史［M］. 陈磊，译. 北京：中国画报出版社，2020.

［2］高长春. 时尚产业经济学导论［M］. 北京：经济管理出版社，2011.

［3］马胜杰. 中国时尚产业发展蓝皮书（2020）［M］. 北京：经济管理出版社，2020.

［4］贺雪飞. 论时尚文化的成因及其话语特征［J］. 当代传播，2007（3）：22-25.

［5］黄小熳. 时尚传播的模式与特征：时尚文化的传播学研究［J］. 出版广角，2017
（12）：80-82.

［6］蔡尚伟. 浅析成都时尚文化的发展路径［J］. 文化产业，2018（12）：31-32.

［7］中欧国际工商学院时尚产业研究中心. 中国时尚产业蓝皮书［R］，2008.

［8］颜莉. 时尚产业国内外研究述评与展望［J］. 经济问题探索，2011（8）：54-55.

［9］刘长奎，等. 时尚产业发展规律及模式选择研究［J］. 求索，2012（1）：31-33.

［10］陈建忠. 浙江时尚产业发展规划研究［J］. 浙江经济，2015（4）：38-41.

［11］刘娟，等. 五大时装之都的经验对浙江时尚产业发展的启示［J］. 丝绸，2018
（7）：64-69.

［12］李采姣. 我国时尚产业文化内涵提升研究［J］. 城市学刊，2018（6）：84-88.

［13］刘晓喆，等. 消费升级与时尚产业发展研究［J］. 价格理论与实践，2018（6）：159-162.

［14］陈文晖，等. 消费升级背景下时尚产业发展战略研究［J］. 价格理论与实践，2018
（11）：155-158.

［15］陈文晖，等. 数字化赋能时尚产业转型升级研究［J］. 价格理论与实践，2022
（6）：38-41，105.

［16］塔尔德. 模仿律［M］. 何道宽，译. 北京：中国人民大学出版社，2008.

［17］西美尔，时尚的哲学［M］. 费勇，译. 广州：花城出版社，2017.

［18］罗兰·巴特. 流行体系［M］. 敖军，译. 上海：上海人民出版社，2016.

［19］苏珊·B. 凯瑟. 时尚与文化研究［M］. 郭平建，等译. 北京：中国轻工业出版社，2016.

［20］让·波德里亚. 消费社会［M］. 刘成富，全志钢，译. 南京：南京大学出版社，2001.

［21］PRIEST A. Uniformity and differentiation in fashion［J］. International Journal of Clothing Science and Technology，2005，17（3/4）：253–263.

［22］OKONKWO U. Luxury Fashion Branding［M］. Hampshire：Palgrave Macmillan，2007.

［23］ROGERS D S，CAMANS L R. Fashion：a marketing approach［M］. New york：Holt，Rinehart and Winston. 1983.

［24］SUK J，HEMPHILL C S. The Law，Culture and Economics of Fashion［D］. Harvard Law School John M. Olin Center for Law，Economics and Business Discussion Paper Series，2009：648.

［25］KING R E，HODGSON TJ，LITTLE AL. Analysis of Apparel Production System to Support Quick Response Replenishment［J］. National Textile Center Research Briefs，1998（8）：37–38.

［26］CHRISTOPHER M，LOWSON R，PECK H. Creating agile supply chains in the fashion industry［J］. International Journal of Retail&Distribution Management，2004. 32（8）：361–376.

［27］NEWMAN A J，FOXALL C R. In-store customer behaviour in the fashion sector：some emerging methodological and theoretical directions［J］. International Journal of Retail & Distribution Management，2003，31（11）：591–600.

［28］DAVIS F. Fashion，culture，and identity［M］. Chicago：University of Chicago Press，1994.

［29］BRIDSON K，EVANS J. The secret to a fashion advantage is brand orientation［J］. International Journal of Retail & Distribution Management，2004. 32（8）：403–411.

［30］ANUPAMA GUPTA. Sustainability Policies for the Fashion Industry：A Comparative Study of Asian and European Brands［J］. Indian Journal of Public Administration. Volume 65，Issue 3. 2019：733–748.

［31］KEDRON THOMAS. Cultures of Sustainability in the Fashion Industry［J］. Fashion Theory，2020，24（5）：715–743.

［32］王琴. 由《时尚女魔头》引发的思考——从设计角度看时尚产品的消费［J］. 电影评价，2007（17）：73–74.

［33］郎咸平，等. 破解时尚产业战略突围之道［M］. 上海：东方出版社，2007.

［34］唐忆，等. 国际时尚产业发展趋势及上海借鉴［J］. 上海文化，2013（4）：66–72.

［35］杨永忠. 创意产业经济学［M］. 福州：福建人民出版社，2009.

［36］杨大箴. 推动时尚——杨大箴纵观中国时尚产业［M］. 北京：东方出版社，2006.

［37］赵君丽. 时尚产业的经济学分析［J］. 云南社会科学，2011（3）：33–36.

［38］李超，等. 国外新兴产业生命周期理论研究述评与展望［J］. 科技进步与对策，2015

（1）：155-160.

［39］张会恒.论产业生命周期理论［J］.财贸研究，2004（6）：7-11.

［40］陈娟.湖北省农村生物质能源产业布局与发展研究［D］.武汉：华中农业大学，2012.

［41］刘彦伯.区域创新能力对我国集成电路产业布局的影响研究［D］.哈尔滨：哈尔滨工业大学，2021.

［42］贾文艺，康德善.产业集群理论概述［J］.技术经济与管理研究，2009（6）：125-128.

［43］高长春.时尚产业经济学导论［M］.北京：经济管理出版，2010.

［44］刘凡胜.产业转移理论研究综述［J］.吉林工商学院学报，2013（1）：39-44.

［45］顾庆良.时尚产业导论［M］.上海：格致出版社，上海人民出版社，2010.

［46］张芝萍，等.中国城市时尚指数研究［M］.上海：东华大学出版社，2020.

［47］张婉诗.时尚产业与新媒体产业的融合性研究［D］.上海：东华大学，2016.

［48］GREGORY M. PAUL. Fashion and Monopolistic Competition［J］. Journal of Political Economy，1948（1）.

［49］刘华康，等.我国时尚产业融资模式研究［J］.中国市场，2022（29）：79-81.

［50］中欧国际商学院《中国时尚产业蓝皮书》课题组.中国时尚产业蓝皮书［M］.北京：经济管理出版社，2015.

［51］朱明侠，曾明月.奢侈品管理概论［M］.北京：对外经济贸易大学出版社，2014.

［52］张福昌.中国传统工艺产业的现状与设计振兴战略思考［J］.设计，2013（10）：136-148.

［53］董波，周颖.产业及工艺美术产业属性述论［J］.苏州工艺美术职业技术学院学报，2017（3）：31-36.

［54］马文侠.论工艺美术的经济性［J］.科技信息（科学教研），2007（29）：296.

［55］王瑜，吴殿廷.基于旅游产业链视角的传统手工艺开发对策［J］.经济问题探索，2011（4）：168-172.

［56］秦峰.基于产业视角的工艺美术发展研究［J］.文化产业，2022（3）：121-123.

［57］邬艳红.论国际化条件下中国化妆品产业的发展思路［D］.成都：四川大学，2007.

［58］熊鹰.中华老字号化妆品品牌转型策略研究［D］.南昌：南昌大学，2013.

［59］王马若燕.民国海派风在老字号化妆品包装设计中的应用——以百雀羚为例［J］.今传媒，2019（9）：150-151.

［60］周晓虹.模仿与从众：时尚流行的心理机制［J］.南京社会科学，1994（8）：4.

［61］武汉纺织大学传媒学院.时尚与传播评论［M］.武汉：长江出版社，2015.

［62］赵春华.时尚传播学［M］.北京：中国纺织出版社，2014.

［63］赵振祥，魏武.媒介融合生态下视觉媒介的技术进步与时尚传播发展［J］.西南民族大学学报（人文社会科学版），2020（6）：143-149.

［64］王慧.时尚传播的模式与特征研究［J］.时代报告（奔流），2022（4）：107-109.

［65］方庆，刘丽娴．当代数字化动态时尚传播模型研究［J］．东南传播，2021（12）：1–5.

［66］王菲．媒介融合时代时尚传播的文化使命［J］．文化创新比较研究，2022（17）：72–76.

［67］王梅芳，艾铭，程沛，曲雯．发展中的中国时尚传媒状况分析［J］．现代传播（中国传媒大学学报），2015（6）：32–38.

［68］吴祎昉．新时代基于圈层关系的时尚品牌文化传播模式探索［J］．纺织导报，2019（8）：97–100.

［69］熊兴，陈文晖．对我国时尚传播产业发展的思考［J］．艺术设计研究，2020（6）：5–9.

［70］崔保国，郑维雄，何丹嵋．数字经济时代的传媒产业创新发展［J］．新闻战线，2018（11）：73–78.

［71］胡翼青，张一可．如何破局：数字经济时代传媒业的挑战与机遇［J］．南方传媒研究，2021（6）：3–9.

［72］许旭兵，颜文溢．数智赋能时尚设计的视觉内容生产与传播路径［J］．河南社会科学，2023（7）：79–87.

［73］小宫隆太郎、奥野正宽．日本的产业政策［M］．北京：国际文化出版公司，1988.

［74］中国社科院工业经济研究所等．现代日本经济事典［M］．北京：中国社会科学出版社，1982.

［75］李璐．法国时尚产业研究［D］．北京：首都经济贸易大学，2012.

［76］吴小杰，贾荣林．北京时尚产业发展蓝皮书［M］．北京：中国纺织出版社有限公司，2023.

［77］陈文晖，熊兴．中国时尚产业发展蓝皮书［M］．北京：中国纺织出版社有限公司，2023.